10 juin 1944

ORADOUR

ARRÊT SUR MÉMOIRE

SARAH FARMER

10 juin 1944

ORADOUR

ARRÊT SUR MÉMOIRE

Perrin
www.editions-perrin.fr

ISBN 2-262-02212-7

INTRODUCTION

Parmi tous les crimes allemands de la Seconde Guerre mondiale, le massacre de six cent quarante-deux hommes, femmes et enfants à Oradour-sur-Glane par les soldats de la SS le 10 juin 1944 est certainement l'un des plus connus. Quatre jours après le débarquement allié, ce samedi-là, dans l'après-midi, les SS encerclèrent le bourg d'Oradour situé dans les collines du Limousin. Ils rassemblèrent les habitants sur le champ de foire puis séparèrent les hommes des femmes et des enfants. Les hommes furent conduits dans les granges avoisinantes, alignés et fusillés. Les femmes et les enfants furent enfermés dans l'église qui fut incendiée ainsi que le reste du bourg. Les habitants qui étaient absents ce jour-là ou qui avaient échappé à l'encerclement retrouvèrent une scène d'horreur, de carnage et de dévastation.

En 1946, le gouvernement français expropria les survivants d'Oradour et décida la préservation des ruines. Les vingt hectares de maisons, de fermes et de magasins effondrés devinrent le « village martyr » de la France, témoignage des souffrances de la nation pendant l'occupation allemande. L'absence de toute activité de résistance à Oradour facilita les efforts d'universalisation du sens de cet événement en montrant une population innocente victime de la barbarie. Le récit commémoratif, mais aussi et surtout le site lui-même, racontent au visiteur l'histoire d'un village français idéal, parfaitement innocent et cependant victime de la barbarie nazie.

Les événements du 10 juin 1944 ont été racontés en détail dans de nombreux livres. La présente étude s'intéresse à la place de cet événement dans la mémoire nationale française. Comment et pourquoi, dans l'après-guerre, cette histoire particulière a-t-elle émergé de la masse de toutes les histoires possibles ? Comment les politiques ont-ils été conduits à choisir Oradour village martyr comme symbole national ? Comment la commémoration du massacre, la préservation des traces physiques de destruction ont-elles influencé la postérité de l'événement ? En examinant les significations attribuées au massacre et la transformation d'Oradour en monument national, cette étude explore la formation de la mémoire collective française de la Seconde Guerre mondiale.

Elle raconte le procès d'après-guerre qui eut un impact significatif sur la mémoire et la commémoration du massacre d'Oradour. Mon étude de la communauté des survivants prend en considération les moyens personnels et intimes grâce auxquels, à travers le souvenir, ces gens ont cherché à accepter la perte énorme qu'ils ont subie.

Au cours de la dernière décennie, les chercheurs dans un certain nombre de domaines des sciences humaines et sociales ont utilisé différents concepts de mémoire pour explorer une immense variété de phénomènes et de sujets : les arts traditionnels de la mémoire, le concept de « mémoire moderne », les rapports entre histoire et mémoire, la participation aux rites du souvenir d'un passé historique, la survivance des traditions orales, les mémoires écrits et le témoignage oral, les souvenirs d'enfance qui sont au fondement de la psychanalyse freudienne et les autres formes de psychothérapie (en particulier, la notion de souvenir refoulé et les attaques dont cette notion a fait l'objet), les réactions individuelles et collectives à la torture politique, aux catastrophes naturelles et aux tueries de masse à l'échelle d'un génocide. De plus en plus, c'est la mémoire qui fournit la dimension morale de bien des discussions courantes sur ce qui définit l'individu, des quêtes de justice politique et du désir d'un avenir meilleur[1].

Il m'a semblé utile, tout particulièrement dans une étude historique, de limiter l'usage du mot « mémoire » afin de distinguer entre souvenir de l'expérience passée, invocation de l'expérience des autres, tradition historique ou culturelle (souvent évoquée sous le nom de mémoire historique ou culturelle). Tout en devant beaucoup, comme tant d'autres, aux travaux de Maurice Halbwachs, je suis devenue de plus en plus sceptique à l'égard du concept de « mémoire collective », en grande partie parce qu'il n'envisage pas la possibilité d'une autonomie de l'individu par rapport aux souvenirs partagés avec le groupe auquel il appartient[2]. Ce qui ne diminue pas ou ne contredit pas l'intuition clé d'Halbwachs selon laquelle le souvenir est une action et une pratique sociales (nous avons besoin des autres pour nous souvenir) et cette activité est un élément majeur de la constitution de l'identité des groupes. Ce livre se préoccupe d'un aspect particulier de la mémoire sociale : la commémoration, définie comme l'acte, pour le membre d'un groupe, de se souvenir et la constitution d'un mémorial public d'événements passés[3].

Toute commémoration révèle beaucoup de choses sur la relation d'une société à son passé dans la mesure où elle établit une médiation entre le témoignage individuel et le souvenir collectif, entre les perspectives différentes et souvent conflictuelles des groupes intéressés (familles, associations, autorités gouvernementales, partis politiques), entre le passé, le présent et le futur, entre les expériences vécues et les travaux des historiens, entre l'oubli et le souvenir. Ce livre explore les formes variées de la mémoire présentes sur le site d'Oradour et leur contribution respective à la compréhension du massacre et de sa place dans l'expérience française de l'Occupation.

Les groupes qui s'organisent pour le maintien et la communication d'une mémoire collective ou les autorités publiques qui érigent des mémoriaux ou célèbrent des anniversaires cherchent à rassembler autour de leur conception des événements et donc à influencer la mémoire publique. Toutefois, ces efforts de commémoration ponctués sont plus souvent par les dissensions que par le consensus, tout particulièrement en ce qui concerne la période complexe et déchirée de la Seconde Guerre mondiale.

L'incorporation de l'histoire récente dans le tissu de la mémoire nationale a posé des problèmes particulièrement aigus aux Français depuis l'après-guerre. Les autres puissances alliées — les États-Unis, le Royaume-Uni, le Canada et l'Union soviétique — pouvaient se référer à la Seconde Guerre mondiale en des termes aussi simples que « guerre juste ». La France avait, elle aussi, des thèmes grandioses à célébrer : l'activité de la Résistance et les batailles de la Libération avaient été officiellement glorifiées depuis la fin de la guerre. Toutefois, l'épisode de la Seconde Guerre mondiale avait créé des animosités profondes et durables en France, comparables à celles des guerres franco-françaises de la Révolution française, de la Commune de 1871 ou de l'affaire Dreyfus dans les dernières années du XIXe siècle. Bien plus traumatisantes que les blessures infligées à la société française par la défaite en 1940 et l'occupation allemande furent les luttes fratricides des Français. Le débarquement allié en juin 1944 déclencha d'amers règlements de comptes et des exécutions sommaires jusqu'à l'automne, quand le gouvernement provisoire put établir son contrôle administratif sur le pays, et les tribunaux assumer la tâche épineuse de l'épuration. L'enthousiasme débordant à l'égard du général de Gaulle ne dissimula que brièvement les divisions créées par l'Occupation et le régime de Vichy.

L'historien Robert Frank l'a exprimé on ne peut plus clairement :

> La défaite de 1940, l'Occupation, le régime de Vichy et la guerre civile sont bien présents dans la mémoire des Français. Mais ce qui est tristement mémorable n'est pas aisément commémorable[4].

La guerre avait découpé la France selon des frontières géographiques aussi bien qu'idéologiques. En 1940, les termes de l'armistice avaient établi le découpage suivant : le Nord et l'Ouest étaient occupés par les Allemands ; la zone sud, dite « libre », était administrée par Vichy ; une autre frontière, le long de la Somme, coupait le Nord et le Pas-de-Calais du reste de la France ; les départements du Bas-Rhin, du Haut-Rhin et de la Moselle furent annexés *de facto* par le IIIe Reich. L'armée italienne occupait les départements frontaliers du Sud-Est. Pour beaucoup de gens, l'Occupation, marquée par la censure de la presse, la restriction des déplacements et le rationnement alimentaire, eut pour effet de brider leur vie et de rétrécir leur monde. Dans les régions où l'Occupation se fit particulièrement sentir ou dans lesquelles la Résistance fut très active, les souvenirs des habitants prirent une intense coloration régionale. Ce régionalisme est aussi responsable de la difficulté à créer en France un sens cohérent du passé national pour la période 1940-1944.

Les problèmes auxquels les Français ont été confrontés pour la commémoration de la Seconde Guerre mondiale apparaissent plus clairement quand on prend en compte la culture de la commémoration qui suivit les années 1914-1918. Pour la Grande Guerre, le monument aux morts a symbolisé, de manière univoque, les pertes considérables subies dans les tranchées. Depuis 1922, le 11 novembre est l'unique fête nationale. Et dans la tombe du soldat inconnu, les restes d'un corps anonyme symbolisent toutes les pertes.

Au lendemain de la Grande Guerre, il eût été difficile de trouver un village de France qui n'eût pas édifié un monument aux morts. Cette initiative d'érection des monuments aux morts fut véritablement un mouvement populaire émanant des communes[5]. Les monuments aux morts devinrent le symbole du traumatisme de la guerre. Même si l'on peut noter la richesse et la diversité du style et de la symbolique, il y a une indéniable constance dans leur architecture. Ils manifestent la cohésion physique de la nation et sont devenus presque aussi typiques du paysage français que les églises de village. Les monuments aux morts permirent aux communes de participer au deuil de la nation, alors que la liste des noms des morts a symboliquement ramené des hommes dont les corps étaient enterrés à des centaines de kilomètre de là[6].

En 1945, le général de Gaulle souhaita mobiliser les sentiments d'unité et de fierté que les Français avaient connus en 1918. Maître d'œuvre des « mythes mobilisateurs », de Gaulle cherchait consciemment à englober la honte de la défaite, de l'Occupation et de la collaboration dans un récit continu et héroïque de la victoire française sur l'agresseur allemand[7]. Pour la première célébration nationale de la fin de la guerre, de Gaulle avait choisi la date du 11 novembre pour commémorer en un grandiose rituel à la fois l'armistice de 1918 et la victoire de 1945.

À la veille du 11 novembre, les cercueils contenant les corps de quinze personnes tuées dans le conflit à peine achevé furent transportés en cortège à Paris. Le lendemain matin, des corbillards portèrent solennellement à l'Arc de Triomphe les catafalques qui furent disposés autour de la tombe du soldat inconnu. De Gaulle prononça un discours dans lequel il utilisa l'image d'une seule guerre, la « guerre de trente ans[8] » (1914-1944). La même nuit, les quinze corps furent inhumés au mont Valérien où avaient été exécutés des milliers de prisonniers pendant l'occupation allemande — et où serait plus tard érigé un monument national en l'honneur des morts pour la France de la Seconde Guerre mondiale[9].

En dépit d'une utilisation élaborée des sites et des symboles de la Première Guerre mondiale, cette cérémonie, même dans son aspect formel, ne pouvait que dissimuler partiellement les fractures causées par la Seconde Guerre mondiale. Alors que le corps anonyme d'un soldat sous l'Arc de Triomphe représentait officiellement tous les morts de la Grande Guerre, le Conseil des ministres avait choisi quinze corps clairement identifiés pour représenter l'expérience de 1939-1945. Il y avait deux résistants (un homme et une femme de la résistance intérieure), deux déportés politiques (un homme et une femme aussi), un FFI, un prisonnier de guerre tué au cours de son évasion et neuf militaires de la France et des colonies. Leurs noms étaient inscrits sur les catafalques, leur identité et les circonstances de leur mort portées à la connaissance du public[10].

Après 1945, le traditionnel culte des morts de la guerre fut remplacé dans la commémoration européenne par un effort sans précédent pour marquer et préserver les sites et les traces de destruction[11]. La conservation des lieux des événements importants prit le pas sur l'érection de monuments traditionnels[12]. En France, par exemple, des plaques commémoratives indiquent les lieux où victimes et combattants connurent leur destin : les sites des faits de guerre de la Résistance, des atrocités commises contre des populations civiles, des exécutions.

La préservation des sites et le recours à la notion de « martyr » étaient aussi liés aux changements intervenus dans la nature même de la guerre. L'Occupation, la déportation de la main-d'œuvre vers l'Allemagne, l'extermination des Juifs, le massacre de populations entières dans les camps de concentration, le rationnement alimentaire, les bombardements et la guérilla, tout cela gomma la distinction classique du front et de l'arrière. La plupart des pertes françaises pour la période 1939-1945 furent des civils, tués dans des circonstances diverses, parfois de la main de leurs compatriotes. Se souvenir de ces morts posait des problèmes tout autres que la commémoration des morts des tranchées de la Première Guerre. Les noms des soldats tués pendant la Seconde Guerre furent fréquemment ajoutés sur les monuments aux morts de la Première. Ces ajouts ne représentaient cependant qu'une faible fraction des victimes de la période 1939-1945. De même qu'ils ne pouvaient représenter une expérience nationale.

La géographie particulière de la guerre et de l'Occupation joua un rôle dans ce mouvement de préservation des sites. De 1914 à 1918, les combats et les dégâts matériels furent largement limités aux lignes de front du Nord-Est. Les monuments aux morts avaient symboliquement rapporté la guerre du front aux villages d'origine des soldats. Pendant la Seconde Guerre, l'Occupation sous ses diverses formes s'étendit à tout le pays. Des régions entières furent ravagées par la guérilla et les batailles de la Libération laissèrent des cicatrices dans tout le pays. En 1945, la guerre n'avait pas à être rapportée au pays ; elle s'y trouvait déjà dans toute sa complexité morale et politique. La préservation des ruines d'Oradour, village martyr au cœur de la France, correspondait à ce nouveau type de commémoration.

D'autres pays ont aussi préservé des traces de la destruction. Les Allemands et les Britanniques ont accordé une attention particulière à la préservation des églises bombardées pour en faire des mémoriaux de guerre. Frauenkirche à Dresde, St Nikolaikirche à Hambourg, St Aegidienkirche à Hanovre ont été délibérément maintenues à l'état de ruines[13]. Des fragments de ruines ont été incorporés dans les plans de reconstruction de

Kaiser-Wilhelm-Gedächtniskirche à Berlin et de la cathédrale de Coventry en Angleterre. Les restes de deux églises bombardées dans la Cité à Londres ont été transformés en mémoriaux du Blitz[14].

Des zones entières dans lesquelles des tueries avaient eu lieu furent préservées : ainsi les villages martyrs d'Oradour et de Lidice (République tchèque), les plages du débarquement américain en Normandie, les hauts lieux de la Résistance dans le Vercors, les camps de concentration en Allemagne et en Pologne[15]. Après la Première Guerre, un puissant ressentiment populaire avait imposé qu'on paye un tribut aux morts et qu'on fasse le deuil des morts innombrables de la guerre. Après la Seconde, le sentiment écrasant d'une moralité dépravée telle qu'elle s'était incarnée dans les crimes nazis incita les survivants à accumuler des preuves pour condamner les responsables. Le souci initial de commémoration des pays qui avaient subi la domination nazie fut d'établir la nature criminelle du régime nazi et de renforcer leur propre légitimité en préservant la scène du crime. Un village martyr ou un camp de concentration servait moins à symboliser une perte qu'à fournir un témoignage direct de la destruction de communautés entières. Les ruines d'Oradour et les baraquements d'Auschwitz furent préservés en tant que faits bruts qui parleraient d'eux-mêmes.

Ces mémoriaux transmettaient un message différent de celui des monuments aux morts traditionnels. La France victime et martyre prit une importance nouvelle comme thème de commémoration. Bien que la nation ait été depuis longtemps considérée comme sacrée, l'utilisation croissante du terme de « martyr » dans la commémoration reflétait l'importance sans précédent de l'idéologie au cours de la Seconde Guerre mondiale ; la lutte contre le nazisme était tenue pour un enjeu moral supérieur à celui constitué par le combat contre les ambitions nationalistes de l'Allemagne en 1870 et 1914.

Mais, surtout, la représentation de certaines populations en martyrs contribua à ennoblir l'expérience humiliante de la défaite et à dissimuler la passivité pendant l'Occupation. L'histoire d'innocents villageois massacrés par les nazis contenait le message implicite selon lequel,

quel que fût le choix politique, tout Français était exposé ou était un martyr potentiel. Dans un pays où la Résistance avait reçu une sorte de consécration officielle, Oradour fournissait une autre possibilité : le martyre de Français pacifiques et sans défense. De ce point de vue, le symbole d'Oradour jetait un voile pudique sur la politique brutale du gouvernement de Vichy. Oradour peut être considéré sans exagération comme le temple d'un culte séculaire de la mémoire qui emprunte son imagerie au catholicisme.

Ceux qui décidèrent la préservation des ruines d'Oradour entendaient figer un moment particulier dans le temps, celui du 10 juin 1944 après la destruction de la ville. L'impossibilité d'arrêter le temps et la mémoire est un des thèmes majeurs de ce livre. Car de même que la mémoire est constamment en mouvement, de même les sites commémoratifs évoluent sans cesse. La biographie d'Oradour s'enchevêtre dans les formes de la mémoire, les préoccupations esthétiques et les forces politiques qui se sont exprimées sur ce site commémoratif.

En 1953, le procès dramatique de soldats qui avaient participé au massacre modifia à la fois la mémoire de l'événement et sa commémoration. Quatorze Français d'Alsace furent conduits devant le tribunal militaire de Bordeaux : ils avaient été enrôlés dans les SS et se trouvaient parmi les soldats qui perpétrèrent le massacre à Oradour. Au cours du procès de Bordeaux, Oradour qui avait été le symbole de la barbarie nazie et de l'innocence française devint brusquement la cause d'une amère guerre franco-française, entre deux régions qui avaient des expériences et des souvenirs très différents du temps de guerre. Le procès de Bordeaux révéla que le système judiciaire ne pouvait gérer l'héritage douloureux de l'Occupation. Le devoir du tribunal était toutefois de considérer l'affaire dans le cadre strict de la loi, indépendamment des pressions politiques et affectives. La tâche du tribunal dans une démocratie libérale telle que la IVe République était de se prononcer sur les cas particuliers des individus accusés et non de fournir le verdict de l'histoire. Pour parvenir à un verdict, les juges durent faire un choix entre reconnaître les « malgré-nous » (c'est ainsi que l'on désigne les enrôlés de force alsaciens) et respecter la peine des familles d'Oradour et le désir de vengeance du Limousin. Ce fut le souci de l'unité nationale qui guida l'intervention de l'Assemblée nationale dans la procédure judiciaire. En accordant l'amnistie aux Alsaciens, elle choisissait le pardon dans l'intérêt de la communauté nationale. Le sentiment de trahison provoqué par le vote d'amnistie conduisit la communauté à s'isoler dans son affliction et à prendre ses distances avec le gouvernement français. Les familles des victimes et le conseil municipal renvoyèrent les médailles de la Légion d'honneur et de la Croix de guerre qui leur avaient été décernées. Les représentants du gouvernement ne furent plus invités aux cérémonies commémoratives du 10 juin. L'affichage à l'entrée des ruines du nom des députés qui avaient voté l'amnistie provoqua la consternation.

Le temps et les intempéries ont infligé aux ruines leurs propres altérations. Les architectes responsables de la préservation du site ont toujours été confrontés au problème dans la mesure où les ruines sont éphémères et soumises à une constante détérioration. La pluie a délavé les décombres noircis d'Oradour, et les murs délabrés se sont effondrés sous l'effet du gel. Bien que des ouvriers réparent les ruines et taillent le lierre et les ronces, le délabrement et les progrès de la végétation menacent de transformer une scène d'horreur en un site mélancolique, voire romantique. La biographie d'Oradour s'enchevêtre dans les formes de la mémoire, les préoccupations esthétiques et les forces politiques qui se sont exprimées sur ce site commémoratif.

La mémoire, à l'instar des ruines, s'est révélée impossible à fixer de manière permanente. Tout comme les ruines se sont effondrées, le paysage mental des survivants et de tous ceux qui ont traversé les années de guerre s'est déplacé avec le temps. Les survivants du massacre ont vieilli et disparaissent inexorablement. Ce passage de générations et l'effacement des ruines ont conduit le conseil municipal d'Oradour, les survivants et leurs enfants à chercher de nouveaux moyens de protéger le souvenir du massacre et de le transmettre aux générations futures.

En 1989, le conseil municipal, en liaison avec le Conseil général de la Haute-Vienne, a décidé de créer un

« compagnon culturel » des ruines. En 1993, à l'approche du cinquantième anniversaire du massacre, le ministre de la Culture a annoncé que l'État français apporterait une contribution substantielle au financement de ce projet. Le 16 juillet 1999, le président Jacques Chirac a inauguré le « Centre de la Mémoire » d'Oradour[16].

Le Centre constitue à présent le seul moyen pour le public d'accéder aux ruines. Les portes des anciennes entrées des ruines de la vieille ville ont été verrouillées et le visiteur est obligé de passer par le Centre pour entrer. Pour ceux qui veulent comprendre ce qui s'est passé à Oradour, le Centre propose une exposition détaillée, rigoureusement documentée, sophistiquée, qui replace le massacre dans son contexte historique. Un film de douze minutes restitue le déroulement des événements du 10 juin 1944 — ce que faisaient autrefois les guides choisis par l'association représentant les familles des victimes du massacre. Aujourd'hui, soixante ans après le massacre, le contrôle de la forme donnée au souvenir des événements du 10 juin 1944 est définitivement passé entre les mains des conservateurs, des administrateurs, des historiens et des muséologues.

Le Centre de la Mémoire d'Oradour fait écho à l'évolution générale de la présentation de l'histoire du XXe siècle. Le désir de perpétuer la mémoire du passé récent a conduit à la construction des musées-mémorials qui combinent un intense message commémoratif et moral avec une présentation de l'information historique. Les sites des camps de concentration allemands, le Mémorial de la Bataille de Normandie, le Musée pour la paix à Caen, l'Holocaust Memorial Museum à Washington D.C. et le Centre d'Oradour expriment une tendance nouvelle dans l'histoire populaire qui vise à gommer les distinctions entre histoire et mémoire. De tels musées ont peut-être une valeur importante pour faire prendre conscience au spectateur que l'histoire est dans une grande mesure une interprétation du passé et n'est jamais que l'expression d'un certain point de vue. Mais ils ont été critiqués dans la mesure où le respect inspiré par la mémoire compromet la réflexion critique et analytique dans l'enquête historique[17].

Ce musée-mémorial montre aussi à quel point les États, en accordant au moins leur caution morale et en assurant souvent le financement, considèrent à présent la mémoire comme une forme importante de patrimoine culturel. Alors que les musées nationaux, établis de longue date, conservent et présentent les richesses de la haute culture, le musée-mémorial conjure la disparition de certains souvenirs qui sont aujourd'hui considérés comme une ressource nationale menacée. Le musée-mémorial pourrait bien remplacer les sites de la Seconde Guerre mondiale en tant que point focal de l'activité commémorative. Dans le cas d'Oradour, la décision de construire un musée répond à l'idée que les ruines ont perdu leur pouvoir d'évocation.

L'incertitude concernant l'avenir d'Oradour fait écho à un souci plus général en France sur la manière de garder en mémoire la Seconde Guerre mondiale. Le mythe d'une nation de résistants s'est effacé en 1971 devant les révélations du film de Marcel Ophüls, *Le Chagrin et la Pitié*. Le mythe s'est encore plus terni avec la publication en langue française, deux ans plus tard, du livre de l'historien américain Robert Paxton. Étudiant de manière systématique la volonté de collaboration avec l'occupant nazi du régime de Vichy et ses initiatives en matière de législation anti-juive, Paxton a établi la parenté du régime de Vichy avec la droite traditionnelle française ainsi qu'avec les éléments fascistes de l'entre-deux-guerres. Le mythe de la nation résistante a fini de s'éroder complètement sous l'effet de l'observation scrupuleuse effectuée par une nouvelle génération d'historiens français. Les tentatives du général de Gaulle de lier entre elles les deux guerres mondiales n'ont pas survécu à la mise en question systématique de cette période. Il semblerait même qu'au cours des dernières années les souvenirs des deux guerres aient servi des propos contradictoires. Pour les générations d'après-guerre, l'image de Pétain incarnant la trahison de la France est surimprimée sur celle du héros de Verdun.

La narration d'une histoire, que ce soit dans une œuvre en prose ou dans une cérémonie commémorative, impose certains choix quant aux événements qui seront publiquement célébrés et quant à ceux qui seront tus.

En ce sens, la commémoration inclut non seulement l'organisation de la mémoire mais encore celle des silences. Au cours des dernières décennies, les Français ont commencé à regarder en face les exactions du régime de Vichy. La reconnaissance du rôle de l'État français dans la déportation des Juifs, par exemple, fait désormais l'objet d'une commémoration officielle. En février 1993, le président François Mitterrand déclarait que, le 16 juillet, date anniversaire de la rafle du Vel'd'Hiv de juillet 1942, serait « une journée commémorative des persécutions racistes et antisémites commises sous l'autorité de fait dite "gouvernement français (1940-1944)" ».

Cependant la reconnaissance officielle de la responsabilité de la France restait encore ambiguë. Mais en 1995, le nouveau président Jacques Chirac parla clairement du rôle des autorités françaises dans cet événement. Ce fut un signe que l'opinion publique française était prête à examiner la place de Vichy dans l'histoire de la nation.

L'exploration de l'expérience française de la dernière guerre, au lieu de compter sur les mythes de l'après-guerre, laisse entrevoir un long travail de réécriture de l'histoire de la nation pour les années 1940-1944. Il est encore difficile de savoir si le récit du village martyr d'Oradour trouvera sa place au sein d'une histoire plus complète.

I

LE MASSACRE

Les ruines de la petite ville d'Oradour-sur-Glane se situent à vingt-deux kilomètres au nord-ouest de Limoges, dans la région du Limousin. Rural et faiblement peuplé, le plateau du Limousin est, pour de nombreux Français, une contrée que l'on traverse pour rejoindre le sud de la France. L'attrait de la région réside dans la verdure de ses pâturages, son relief vallonné et un mode de vie qui n'évolue que lentement.

Chaque année, près de 300 000 personnes quittent l'autoroute pour s'engager dans les routes départementales de la Haute-Vienne et vont visiter les vestiges du village martyr. Un tiers des visites annuelles a lieu au mois d'août. La plupart sont des Français qui s'arrêtent sur le chemin de leurs vacances d'été. Les étrangers sont majoritairement des Britanniques et Néerlandais qui se dirigent vers des lieux de villégiature dans le Sud-Ouest. Durant les chaudes journées estivales, une multitude de parents accompagnés de leurs enfants, des groupes d'amis, des couples parcourent la rue principale, scrutant les carcasses des maisons, remplissant l'église dans laquelle furent enfermés et brûlés vifs les femmes et les enfants d'Oradour[1]. Les rails couverts de rouille du tramway qui traversait le bourg, les lettres élégamment gravées dans la pierre de la façade de la poste, les devantures de magasins éventrées, les plaques qui rappellent les noms et les professions des gens qui vécurent là autrefois, tout cela évoque la vitalité d'une France rurale aujourd'hui disparue, l'époque durant laquelle les rues d'Oradour regorgeaient d'activité.

L'ancien bourg

Avant sa destruction, Oradour était un bourg : un village de marché, ramassé, situé entre les collines sauvages des monts de Blond et la vallée de la Vienne, centre de l'importante communauté rurale environnante. Le recensement de 1936, dernier opéré avant la guerre, indique que 330 personnes habitaient dans le village même, pour la plupart artisans et commerçants. La ville comptait quatre épiceries, trois boucheries, deux boulangeries, une pâtisserie-café, un marchand de vins, trois boutiques de tissus, trois couturières, un tailleur, trois salons de coiffure, trois cordonniers et un sabotier. Les notables locaux — un notaire, deux docteurs, un pharmacien, un receveur des postes et un prêtre — résidaient aussi dans le bourg[2]. Le reste de la commune (1 574 habitants, des familles de cultivateurs pour la plupart) était réparti dans les 53 hameaux et lieux-dits éparpillés dans les environs du bourg[3]. Les contrastes sociaux les plus nets existaient au sein du bourg bien plus que dans la campagne. Quelques familles bourgeoises, au cours des générations, avaient accumulé pouvoir et sécurité matérielle. La famille Desourteaux, par exemple, comptait parmi ses membres plusieurs professions libérales et commerçants. Le docteur Paul Desourteaux partageait son cabinet médical avec son fils Jacques et vivait dans une imposante maison de la rue principale, la rue Émile-Desourteaux, ainsi baptisée en mémoire de son grand-père, qui fut maire d'Oradour de 1892 à 1906. Ses trois autres fils, Hubert, Paul et Étienne, étaient respectivement propriétaire d'un garage, épicier et secrétaire de la mairie.

Durant l'entre-deux-guerres, Oradour était aussi un centre très animé : nombreux cafés, trois clubs de musique, une équipe de football et deux associations de vétérans de la Grande Guerre. Le dimanche, des clubs de Limoges venaient en tramway pour passer la journée sur les bords de la Glane où des concours de pêche étaient organisés[4]. Les échanges de la société et du commerce avaient créé une communauté étendue et très liée à la fois.

Les fermiers locaux venaient à Oradour pour régler toutes sortes d'affaires qui pouvaient consister en une visite chez un des deux charrons, le forgeron et le maréchal-ferrant. Les marchandises qui devaient être pesées pouvaient l'être sur la balance publique (« poids-public »), située au coin de la rue principale et de la route de Saint-Junien et dont le responsable était également cafetier et coiffeur. Leurs épouses s'aventuraient en ville moins fréquemment mais ne manquaient jamais, lors des jours de marché bimensuel, de se rendre chez l'épicier ou chez M. Dupic, le marchand de tissus de la rue principale. Les écoles élémentaires de la commune étaient en ville, attirant les enfants des hameaux alentour. En 1944, 64 garçons et 106 filles de la commune étaient inscrits dans les écoles d'Oradour. Les plus petits d'entre eux se rendaient à l'école maternelle.

Au printemps 1944, Oradour-sur-Glane était un havre de paix, prospère, largement épargné des privations de la guerre. Le souci le plus important pour les familles consistait en l'absence des hommes réquisitionnés pour le STO (Service du travail obligatoire) ou encore prisonniers de guerre depuis la courte campagne de 1939-1940[5]. Tout compte fait, les gens vivaient bien à Oradour ; le Limousin essentiellement agricole restait relativement privilégié pour ce qui était de l'alimentation, en comparaison d'autres régions. L'occupation allemande à Limoges semblait bien loin. Interrogé en 1988 sur le sentiment de la présence de la guerre, un survivant du massacre, Marcel Darthout, fit la réponse suivante :

> Pas tellement. Oui et non, mais en général pas tellement. On mange bien à la campagne. On trouve un peu ce que l'on veut. On trouve des volailles. Bon, le pain, c'est un gros problème. On a vu du pain qui n'était pas très bon, mais on arrivait à trouver du pain blanc. On arrivait à trouver de la farine blanche. C'était pas mal. C'était une vie très agréable[6].

La présence allemande, qui ne datait que de novembre 1942 dans cette région, resta beaucoup moins contraignante qu'elle ne le fut à Paris ou dans le Nord. Aujourd'hui, les gens d'Oradour prétendent qu'aucun Allemand, du moins en uniforme, n'avait été vu dans Oradour pendant la guerre, jusqu'au jour du massacre. Selon M. Darthout :

> Autour de nous proprement dit, pas grand-chose, pas grand-chose. On ne voit rien, à part ce 11 novembre. Je crois que c'est en 1942, où les Allemands... ont envahi la zone libre. On ne les a pas tellement vus, les Allemands, à Oradour. On ne les a jamais vus, à part le 10 juin.

Pendant la guerre, profitant de l'isolement relatif de cette région, certains habitants nantis de Limoges vinrent cacher leurs voitures dans les granges d'Oradour. Se remémorant ses souvenirs de famille, un habitant d'Oradour a exprimé ce qui semble être l'impression la plus répandue :

> Eh bien, finalement, on considérait un peu qu'on était... hors de la guerre, nous... [On] pensait qu'on ne serait pas concernés par la guerre... Enfin, pas beaucoup, quoi[7].

La sécurité et le confort apparent d'Oradour avaient aussi attiré ceux, moins fortunés, dont les vies avaient été perturbées par la montée du fascisme. Au cours des premiers mois de 1939 étaient arrivés des réfugiés espagnols qui fuyaient par les Pyrénées, après la défaite des milices républicaines devant les troupes du général Francisco Franco. En février 1939, 2 700 Espagnols trouvèrent refuge en Haute-Vienne. Même si un bon nombre d'entre eux rentrèrent chez eux quelques mois plus tard, 1 400 restèrent dans des camps d'internement ou « centres d'hébergement » en Haute-Vienne. Un groupe de vingt loyalistes espagnols s'installa dans la commune d'Oradour[8]. D'autres étrangers arrivèrent au début des hostilités : en septembre 1939, le gouvernement français fit évacuer 380 000 habitants du département du Bas-Rhin — pour la plupart des femmes et des enfants — pour les conduire dans le Limousin, la Dordogne, le Périgord et la Charente. Oradour fut désignée pour accueillir 400 réfugiés de Schiltigheim, une banlieue industrielle de Strasbourg.

Pour les Alsaciens comme pour les « habitants de l'intérieur », la cohabitation se révéla difficile. Quatre-vingts pour cent des Alsaciens ne parlaient pas français et étaient souvent considérés avec suspicion et dédain par leurs hôtes qui les avaient surnommés les « Ya-Ya », allusion à leur façon de dire « oui ». De leur côté, les

Alsaciens trouvèrent l'hébergement dans le Limousin archaïque et le régime alimentaire spartiate. Les gens de la Croix-Rouge, enquêtant sur les conditions de vie des réfugiés alsaciens, signalèrent « beaucoup d'incompréhension entre ceux qui hébergent et ceux qui sont hébergés » !

> Les Limousins offrent leurs topinambours et leurs châtaignes, et les Alsaciens répondent : « Chez nous, c'est pour les cochons. » Les Limousins, aux yeux des Alsaciens, sont sales, emploient très peu d'eau, parlent rarement de se laver, mais ils disent : « Ces Alsaciens sont sales ! Imaginez-vous qu'il leur faut les WC dans la maison ! C'est dégoûtant[9] ! »

De plus, l'Alsace était une région profondément catholique où, à la différence de toutes les autres régions de France, l'instruction religieuse était autorisée (lorsque l'Alsace rejoignit la France en 1918, après avoir été annexée par l'Allemagne en 1871, elle fut autorisée à maintenir l'instruction religieuse dans les écoles que la loi française avait supprimée en 1905). Lorsque les réfugiés alsaciens voulurent faire poursuivre cette instruction dans les régions radicales et sécularisées du Limousin et du Périgord (bastions traditionnels de la gauche), cela ne fit pas le meilleur effet[10].

Fuyant l'avance allemande de 1940, des millions de Français et de Belges se précipitèrent vers le sud de la France. La Haute-Vienne, déclarée département d'accueil, reçut le quatrième plus important contingent de réfugiés[11]. Après l'armistice de juin 1940, la quasi-totalité des Alsaciens retournèrent chez eux, mais de nouveaux réfugiés les remplacèrent.

En août 1940, lorsque les nazis annexèrent l'Alsace et le département de la Moselle en Lorraine, ils expulsèrent sommairement la population francophone. Environ quatre-vingts habitants de Charly, près de Metz, vinrent s'installer à Oradour avec leur prêtre et leur instituteur. Ils créèrent leur propre école et bon nombre d'entre eux trouvèrent du travail dans la région.

Une population de réfugiés plus fluide, venant de la région parisienne, de Montpellier et d'Avignon, vivait en pension chez l'habitant ou dans des hôtels et des auberges. Certains d'entre eux étaient des Juifs qui cherchaient à s'éloigner des centres urbains. Robert Pinède, par exemple, avait quitté Bayonne avec sa famille, après avoir été « spolié » de sa tannerie par le régime de Vichy[12]. Il avait des contacts professionnels à Saint-Junien, ville industrielle du cuir, et il était venu dans la région à la recherche d'un travail.

Il est difficile de savoir exactement combien de gens résidaient dans le bourg à la veille du massacre. L'estimation la plus fiable pour la commune entière donne une population d'au moins 1 650 résidents[13].

Oradour recevait aussi des visiteurs locaux. Cinq tramways quotidiens faisaient l'aller et retour entre Limoges et Saint-Junien, avec un arrêt à Oradour. Le voyage de Limoges à Oradour prenait un peu plus d'une heure. Le samedi, pendant les années de guerre, les habitants de Limoges venaient faire leurs provisions de viande et autres produits de détail. Les Limougeauds faisaient souvent le voyage aller et retour dans la journée, effectuaient leurs achats dans la matinée et prévoyaient un pique-nique ou une partie de pêche sur les rives de la Glane l'après-midi.

Arrivant à Oradour de Limoges, le tram s'arrêtait d'abord à la limite de la ville, avant le pont. C'était l'arrêt pour les hameaux de Laplaud, Les Bordes et Le Mas-du-Puy. Le tram continuait ensuite, traversait le pont puis filait le long de la route principale, laissant sur la gauche l'impressionnante église romane du XIIe siècle avec son chœur voûté, ses chapelles et sa nef du XVe siècle. L'Église avait progressivement perdu pied dans la région depuis la Révolution française, mais Oradour avait été autrefois un centre religieux important sur le plan local. Le nom d'Oradour est, dit-on, dérivé du latin *oratorium*. Les « oradours » étaient en général des chapelles rudimentaires de forme carrée, placées à l'intersection de routes importantes[14].

Une petite place de marché et le café-hôtel Milord faisaient face à l'église. Quelques mètres plus loin, la route du hameau des Bordes bifurquait sur la droite. Le long de la route principale, le tram passait devant des boutiques, des granges, un garage, des ateliers, des habitations privées, l'école des filles et l'entrée de la grande place du marché. De l'autre côté du champ de foire se trouvait la maison du docteur Paul Desourteaux, médecin d'Oradour et maire pendant la période de la guerre. Le régime de Vichy avait destitué Joseph Beau, maire socialiste élu en 1936, et placé le docteur Desourteaux à la tête de la « délégation spéciale » qui administrait la ville[15]. En arrivant à l'extrémité nord du bourg, le tram s'arrêtait à la petite station proche de la poste, avant de repartir vers Javerdat et la petite ville de Saint-Junien à treize kilomètres de là, au sud-ouest.

Le 10 juin 1944

Il y avait souvent une grande activité le samedi à Oradour et ce samedi-là — quatre jours après le débarquement allié en Normandie — ne faisait pas exception à la règle. Les enfants étaient présents à l'école car une visite médicale était prévue dans l'après-midi. Pour les jeunes gens qui avaient l'habitude de se retrouver en ville, il y avait ce jour-là l'attraction supplémentaire d'une distribution de rations de tabac. Le samedi après-midi était généralement consacré à un rendez-vous au café Duchêne, qui faisait également office de coiffeur, ou à faire quelques courses.

À 14 heures environ, le calme du début d'après-midi fut troublé par l'apparition de troupes allemandes en provenance du pont de la Glane. Hors de vue, près de la rivière, des soldats allemands bloquaient déjà l'entrée de la ville, tandis que d'autres avaient été envoyés pour encercler le bourg. Au point le plus bas de la ville, Marcel Darthout, un jeune homme de vingt ans, et Clément Broussadier, âgé de vingt-cinq ans, attendaient la réouverture du salon de coiffure après la pause du déjeuner. Ils furent les premiers à voir la colonne de soldats, de véhicules blindés et de camions remonter la rue principale en direction du centre du bourg.

À l'autre bout de la rue principale, des soldats contrôlaient aussi l'entrée et d'autres se déployaient pour achever l'encerclement de la ville. Pendant ce temps, des blindés patrouillaient dans les fermes et les champs voisins pour y arrêter les hommes qui travaillaient. Des sentinelles furent disséminées autour de la ville avec l'ordre de tirer sur quiconque essayait de s'échapper. Entre-temps, les soldats fouillèrent les maisons et envoyèrent le crieur public à travers la ville pour rassembler la population sur le champ de foire central. Les cent vingt soldats qui se trouvaient ce jour-là à Oradour appartenaient au 4e régiment d'infanterie de la 2e division blindée « Das Reich » de la Waffen SS, envoyée quelques jours plus tôt dans la région pour combattre la Résistance.

Selon les rescapés, la plupart des habitants d'Oradour obéirent aux ordres, n'ayant rien à craindre, pensèrent-ils, qu'un contrôle de routine. Quelques jeunes hommes, redoutant la déportation vers l'Allemagne pour le travail obligatoire, se dissimulèrent dans les granges, les greniers et les caves. À la limite occidentale du bourg, Martial Brissaud, âgé de dix-neuf ans, se cacha dans le grenier pendant que les Allemands fouillaient sa maison. Il s'échappa ensuite dans le jardin, où il resta dissimulé jusqu'à ce qu'il puisse fuir dans le bois. Martial Beaubreuil, âgé de trente-deux ans, et son frère, Maurice, âgé de vingt ans, étaient en train de déjeuner avec leur oncle et leur tante, lorsqu'ils virent les Allemands arriver. L'aîné des frères était un prisonnier de guerre évadé. Le plus jeune, un candidat pour le programme de travail obligatoire de Vichy qui envoyait les jeunes Français en Allemagne. Les deux frères se cachèrent dans un placard secret dans un coin de la cuisine, que les soldats allemands ne purent découvrir quand ils fouillèrent la maison[16]. Martial Machefer, le cordonnier, qui louait une maison au coin de la rue principale et de la place du marché, avait lui aussi des raisons d'avoir peur. Militant communiste, Machefer savait qu'il était surveillé par la police ; il avait déjà fait l'objet d'une enquête et le 21 novembre 1941 la police avait perquisitionné chez lui[17]. Machefer brûla rapidement des papiers compromettants et, sur l'injonction de sa femme, quitta le bourg par la route de Saint-Junien, qui partait vers l'ouest juste devant sa porte. À la sortie du bourg, il tomba sur un groupe de soldats allemands qui lui demandèrent ses papiers. Machefer, qui boitait à la suite d'une blessure reçue pendant la Grande Guerre, sortit sa carte de mutilé de guerre. Les soldats lui firent retirer ses chaussures, examinèrent la blessure puis le laissèrent partir[18].

Ces hommes qui purent s'échapper furent les exceptions. Les soldats SS envahirent rapidement le bourg, chassant les gens de leurs maisons et les dirigeant vers la place du marché. Ils se rendirent dans les quatre écoles d'Oradour et ordonnèrent aux instituteurs et à leurs élèves de rejoindre la place du marché. Un seul élève leur échappa. Lorsque les soldats entrèrent dans l'école en préfabriqué des enfants réfugiés de Lorraine, Roger Godfrin, âgé de huit ans, s'enfuit par la porte du fond. Il se cacha un moment dans les hautes herbes et puis courut en direction de la rivière. Les soldats allemands lui tirèrent dessus, mais il put traverser[19]. Le seul autre enfant à échapper au massacre fut André Pinède, un petit garçon juif, âgé de neuf ans. Son père, Robert Pinède, le cacha avec ses deux sœurs aînées (âgées de dix-huit et vingt-deux ans), avant de se rendre sur la place du marché avec sa femme[20]. Les trois enfants restèrent cachés pendant des heures sous les marches d'un escalier dans une aile de l'hôtel Avril. Plus tard dans la journée, alors qu'ils traversaient les jardins en direction des bois, ils furent arrêtés par une sentinelle allemande qui les laissa passer.

En moins d'une heure, les Allemands avaient rassemblé la population du bourg sur la place du marché. Les soldats, armés de fusils et de mitraillettes, la tenaient sous étroite surveillance. Le docteur Desourteaux, qui avait été appelé dans un hameau voisin, fut arrêté alors qu'il revenait vers Oradour et conduit sur la place.

Il devint alors clair qu'il ne s'agissait pas d'un simple contrôle d'identité. Vers 15 heures, les soldats séparèrent les femmes et les enfants des hommes. Après avoir donné l'ordre aux hommes de se tourner et de faire face aux murs des bâtiments qui entouraient le champ de foire, les soldats allemands poussèrent les femmes et les enfants vers l'église où ils furent enfermés. Aidé d'un interprète, un officier s'adressa aux 250 hommes environ qui étaient sur la place. Il annonça que les SS avaient entendu parler d'une cache d'armes et de munitions à Oradour, et il demanda à tous ceux qui possédaient une arme de faire un pas en avant. Cette demande restant sans effet, l'officier se tourna vers le maire, Paul Desourteaux, pour qu'il désignât des otages parmi les hommes rassemblés[21]. Le maire refusa et proposa de se constituer comme otage avec ses fils. Il se dirigea avec un groupe de soldats allemands vers la mairie. Lorsqu'il ressortit, les Allemands semblaient avoir renoncé à prendre des otages. Le maire rejoignit les autres hommes sur la place et l'officier annonça que ses soldats allaient fouiller le bourg.

À un signal de leur commandant, les soldats SS divisèrent les hommes rassemblés en plusieurs groupes et les poussèrent vers six granges et garages distincts, autour du champ de foire. Les seuls à survivre pour témoigner de ce qui allait se passer furent six jeunes gens appartenant au groupe de soixante-deux hommes enfermés dans la grange Laudy[22]. Marcel Darthout se souvient que, dans la grange, les hommes échangeaient des propos nerveux pendant que des soldats mettaient en place une mitrailleuse et que d'autres montaient la garde. L'attente dura une dizaine de minutes environ. Puis on entendit la détonation d'un pistolet : ce fut le signal général pour tous les pelotons d'exécution autour du champ de foire. Dans la grange Laudy, quelqu'un poussa un cri avant que la mitrailleuse ne fauche tous les hommes qui s'y trouvaient. Un soldat passa ensuite parmi les morts et les mourants pour donner le coup de grâce. Les corps furent recouverts de paille et la grange fut incendiée. Les six jeunes survivants avaient été protégés par les corps effondrés sur eux. Marcel Darthout a décrit ce moment :

> On se sent pris par les balles qui nous ont fauchés. J'ai plongé... Tout le monde sur moi. Et ça tirait toujours. Et ça criait. Et ça pleurait. J'avais un ami qui était sur moi et qui se plaignait. Et puis c'était fini. Plus de tir. Et ils sont venus sur nous, montant sur nous. Et ils ont achevé au fusil. Ils ont achevé le copain sur moi. J'ai senti quand il est mort[23].

Alors que la fumée envahissait la grange, les six hommes trouvèrent une porte conduisant à une autre grange et des appentis voisins, où ils se cachèrent pendant près de deux heures. Quand ce refuge commença à prendre feu, ils réussirent à s'échapper par les jardins en direction du cimetière. Cinq hommes seulement purent prendre la fuite. Pierre-Henri Poutaraud fut abattu par une sentinelle allemande. Darthout, blessé aux jambes, ne put s'échapper, mais parvint à se cacher dans un buisson à cinquante mètres du cimetière. À la tombée de la nuit, en entendant des gens qui marchaient dans le cimetière et parlaient le patois limousin, il appela à l'aide[24]. À 19 heures, les cinq rescapés de la grange Laudy étaient en sécurité à l'extérieur d'Oradour qui était la proie des flammes. En fin d'après-midi, les SS avaient commencé à piller magasins et maisons, mettant le feu à toute la ville et abattant tous ceux qui avaient pu rester cachés jusqu'alors.

Les femmes avaient été enfermées dans l'église pendant tout le massacre des hommes. Vers 17 heures, deux soldats entrèrent dans l'église pour placer sur l'autel une grosse caisse. Puis ils sortirent en déroulant une longue mèche qu'ils allumèrent avant de refermer les portes. Quelques instants plus tard, la caisse explosait brisant les vitraux de l'église et libérant un gaz asphyxiant. Au milieu de ce chaos, les soldats ouvrirent les portes et mitraillèrent les occupants de l'église. Puis ils amassèrent de la paille et des fagots qu'ils espergèrent de liquide inflammable avant d'allumer le bûcher ; enfin ils abandonnèrent le bâtiment et les occupants aux flammes.

Seule une personne put s'échapper. Marguerite Rouffanche, âgée de quarante-sept ans, se trouvait avec d'autres personnes dans la sacristie pour trouver un peu d'air. Quand l'église se mit à brûler, elle rampa derrière l'autel où elle trouva un tabouret qui servait à allumer les cierges. Marguerite Rouffanche se hissa jusqu'à une fenêtre et sauta trois mètres plus bas. Elle s'aperçut qu'elle avait été suivie par une jeune femme qui lui tendit son enfant avant de sauter. Tous trois furent pris par une rafale de mitrailleuse qui tua la mère et le bébé. Blessée, Marguerite Rouffanche put cependant ramper jusqu'au jardin du presbytère où elle resta cachée dans les rangées de pois.

Au soir du 10 juin, les Allemands arrêtèrent le dernier tram en provenance de Limoges. Les SS firent descendre les 22 résidents de la commune d'Oradour avant de renvoyer le tram vers Limoges. Ces passagers furent retenus pendant deux heures puis relâchés sans explication. Terrifiés, ils se réfugièrent dans les villages voisins ou passèrent la nuit dans les bois. Une colonne de soldats SS et de véhicules quitta Oradour entre 9 heures et 10 heures du soir. D'autres soldats restèrent en arrière pour surveiller l'incendie du bourg.

Au matin de 11 juin, quand les Allemands furent partis, des gens des hameaux voisins et ceux du village qui avaient passé la nuit dans les bois s'aventurèrent dans le bourg en ruine. Il ne restait plus d'Oradour qu'une masse fumante de maisons, de fermes et de magasins brûlés[25]. 642 personnes avaient été tuées[26]. Les pertes se répartissaient de la manière suivante : 393 personnes vivant à Oradour (résidents de longue date ou réfugiés), 167 personnes des villages et des hameaux de la commune, 33 personnes de Limoges, 25 personnes provenant de différentes parties de la Haute-Vienne. En plus des Limousins, environ 84 réfugiés de différentes parties de France ou d'Europe avaient également péri[27]. Environ 80 résidents d'Oradour survécurent : les hommes de la grange Laudy, Roger Godfrin, Marguerite Rouffanche, 28 personnes qui restèrent cachées et purent ensuite s'échapper, 36 personnes qui se trouvaient en dehors d'Oradour ce jour-là (comme le boucher Desvignes, qui était au marché de Saint-Victurnien, et le postier Gabriel Senon, qui faisait sa tournée). À ces 80 survivants il faut ajouter 12 hommes, qui étaient soit prisonniers de guerre, soit enrôlés dans le STO ou dans les chantiers de jeunesse[28].

André Desourteaux, petit-fils du maire et âgé de vingt ans, travaillait à la poste de Limoges pendant la semaine. Il revenait le samedi ou le dimanche à Oradour, chez ses parents, qui avaient une épicerie dans la rue Émile-Desourteaux. Le dimanche 11 juin, il mit sa bicyclette sur le train jusqu'à Saint-Victurnien et fit le reste du trajet par la route. En entrant dans la ville, il rencontra son ami Martial Brissaud, qui lui annonça que tout le monde était mort. André Desourteaux venait de perdre ses parents, ses deux sœurs, trois oncles et ses deux grands-pères[29].

Toute la journée, les survivants du massacre et les habitants des villages voisins vinrent à Oradour, à pied ou à bicyclette, à la recherche de parents ou d'amis. Marguerite Rouffanche fut découverte en fin d'après-midi, blessée mais vivante, étendue derrière l'église. La fumée d'Oradour en flammes avait été vue jusqu'à Limoges, Saint-Victurnien et Bellac.

Le massacre affecta aussi les villages alentour. Bien que villages et hameaux fussent demeurés intacts, ils perdirent leurs enfants qui se trouvaient ce jour-là à l'école d'Oradour. Le Mas-du-Puy est un cas typique : sur les 44 résidents recensés en 1936, 14 périrent à Oradour, parmi lesquels 4 mères et 8 enfants en bas âge. Les mères, inquiètes de ne pas voir leurs enfants rentrer, s'étaient rendues à Oradour et périrent dans l'église[30].

La terreur n'était pas encore à son terme. Aux premières heures du lundi matin, un groupe de soldats allemands, probablement envoyé de Limoges, fit son entrée dans le village et entreprit d'enterrer les morts dans des tombes creusées à la hâte derrière les granges qui se trouvaient à proximité de l'église et dans les jardins alentour. Ils sortirent des corps à moitié carbonisés de l'église, en empilèrent d'autres dans une cave, les couvrant de divers débris et des carcasses déformées de landaus. Après quelques heures, incapables de venir à bout de cette tâche, ils quittèrent Oradour désormais cité des morts.

II

LES LENDEMAINS DU MASSACRE

Le dimanche après-midi, le préfet de Vichy pour la région de Limoges, Marc-Paul Freund-Valade, avait appris la nouvelle du massacre par la rumeur publique, les communications téléphoniques ayant été coupées dans la région. Les autorités d'occupation refusèrent de lui accorder un laissez-passer avant le mardi 13 juin. Il se rendit ce jour-là à Oradour, accompagné par l'évêque de Limoges, monseigneur Rastouil, le préfet délégué, M. Mechery, et le sous-préfet de Rochechouart, M. Bellac de Chamboran.

Le 14 juin, les premières équipes de secours de Saint-Junien et de Saint-Victurnien arrivèrent sur le lieu du massacre. Ils commencèrent à exhumer les corps que les Allemands avaient rapidement enterrés, et les transportèrent dans le cimetière, seul endroit du bourg laissé intact par les SS. Le lendemain, un tram spécial conduisit à Oradour un inspecteur de santé et 148 secouristes de Limoges : une équipe de la Croix-Rouge internationale, une équipe de la défense passive de Limoges, des techniciens des ponts et chaussées du département ainsi que des séminaristes pour superviser les enterrements et donner l'absolution[1]. Pendant cinq jours, ils recherchèrent les corps, enterrèrent les animaux morts et assainirent la ville. L'équipe de secours, qui rentrait tous les soirs à Limoges, rapportait les détails du carnage[2].

Les nouvelles du massacre avaient d'ores et déjà provoqué l'horreur et la peur dans Limoges. Le 16 juin, un agent des Renseignements généraux faisait le rapport suivant :

> Ce ne fut que le lundi 12 juin qu'on sut que le samedi 10, dans le courant de l'après-midi, le bourg entier d'Oradour avait été la proie des flammes et que toute la population avait été passée par les armes ou brûlée, à la suite d'opérations de police effectuées par les autorités occupantes. L'émotion fit place à l'horreur et à la consternation quand on eut la certitude que de nombreux enfants et des femmes avaient trouvé une mort affreuse dans l'incendie de l'église.

Ce rapport s'achève sur l'image d'une population paralysée par une telle brutalité et par la peur d'autres violences perpétrées soit par les Allemands, soit par la Résistance :

> On peut résumer l'attitude de la population en disant qu'elle est frappée de stupeur et qu'elle s'attend au pire, craignant au surplus que des actes inconsidérés perpétrés par des agents étrangers ou des terroristes ne l'entraînent dans une catastrophe sans précédent.

Le 15 juin, le préfet de région, M. Freund-Valade, envoya un long rapport au gouvernement de Vichy, décrivant en détail le massacre et signalant que l'évêque et lui-même avaient personnellement protesté contre une telle exaction auprès du chef des autorités d'occupation, le général Gleiniger. Freund-Valade précisait qu'il s'était élevé contre « de telles méthodes de répression contraires à toutes les lois de la guerre, et dont l'atrocité soulève l'indignation et l'horreur dans toute la région[3] ». Monseigneur Rastouil adopta une position strictement religieuse, décrivant sa « douloureuse indignation quand j'apprends que l'église d'Oradour-sur-Glane a été souillée par l'exécution dans ses murs de centaines de femmes, de jeunes filles et d'enfants et profanée par la destruction du tabernacle et du ciboire consacrés[4] ».

À Limoges, alors que la peur empêchait toute expression d'outrage et de dégoût, des membres du clergé n'hésitèrent pas à prendre la parole. Le 18 juin, le ministre du culte protestant, Albert Chaudier, fit un sermon au cours duquel il décrivit brièvement le massacre et s'insurgea contre « ces méfaits inexpiables, ces crimes inexcusables », insistant sur « la solennelle, la déchirante, la nécessaire protestation de l'Église de Jésus-Christ devant le massacre hallucinant qui nous a plongés dans la consternation et dans le deuil ». L'évêché catholique annonça une messe de funérailles pour les victimes d'Oradour le 21 juin. Le journaliste Pierre Poitevin, dans le livre qu'il a consacré en 1944 au massacre, décrit l'événement de la manière suivante :

> [...] une journée de deuil et [...] une grandiose manifestation de sympathie pour honorer les martyrs d'Oradour, en même temps que de protestation contre la barbarie teutonne. Tous les magasins et tous les cafés étaient fermés. Les administrations publiques et le journal, *Le Courrier du Centre*, avaient sorti leurs drapeaux, mis en berne et cravatés de crêpe. Et malgré la crainte et la terreur qu'inspiraient les Allemands, malgré la possibilité d'incidents [...] une foule immense se rendit ce mercredi matin à la cathédrale.

Poitevin a estimé que 20 000 personnes ont assisté à ce service et que la cathédrale débordait littéralement de monde[5].

Devant la consternation et le tollé provoqués par le massacre, les autorités allemandes et Vichy tentèrent de limiter l'information et la discussion publiques de l'événement. Au matin du 19 juin, le chef du service de censure eut une réunion avec les représentants français du bureau de censure et les directeurs des journaux de Limoges. Selon Poitevin : « [Il] estima qu'il était nécessaire de faire le silence dans la presse sur cette affaire. » Peu de temps après, l'agence Havas reçut l'ordre de ne plus annoncer les services des funérailles — annonces requises par les familles des victimes[6].

Toutefois, le gouvernement de Vichy pensa faire une visite de condoléances. Le 29 juin, dans une lettre au préfet, un représentant du maréchal Pétain fit part de sa « profonde émotion » en apprenant « le traitement cruel et inhumain qui a été imposé à la commune d'Oradour-sur-Glane et à sa population ». Le maréchal se proposait, « dès que les circonstances le permettraient », d'envoyer un membre de son cabinet à Oradour « afin de s'incliner en son nom sur les lieux où tant d'innocentes victimes [...] ont trouvé la mort la plus atroce[7] ». Cette visite n'eut jamais lieu. En tout état de cause, il est peu probable que le représentant de Vichy eût été bien reçu. La Résistance avait déjà capitalisé le ressentiment public en intitulant un de ses tracts « Le crime horrible des hitlériens à Oradour-sur-Glane », signé par l'organisation de la résistance communiste, les Francs-tireurs et partisans français (FTP). Déposé le 20 juin dans les boîtes aux lettres à proximité de l'hôtel de ville de Limoges, le tract rejetait par avance tout geste de conciliation de Vichy :

> [...] Pétain se gardera bien de venir s'incliner sur les restes calcinés des enfants et des femmes d'Oradour[8].

Depuis 1940, les défenseurs de la collaboration à Vichy, Pierre Laval et ses partisans, avaient justifié leur politique en prétendant qu'elle protégeait les Français des pires aspects de l'occupation allemande. Le massacre d'Oradour consacrait la banqueroute de la politique du « moindre mal ». Dans son livre publié quelques mois après le massacre, Pierre Poitevin a dénoncé l'incapacité de Vichy à faire face à cet événement :

> Un tel cataclysme [...] aurait dû [...] provoquer l'arrivée des autorités françaises, le transport de la justice sur les lieux tant pour organiser des secours que pour faire des constatations médico-légales et assurer les mesures d'ordre public. Or ni le préfet régional, ni les magistrats du parquet, ni le médecin légiste, ni le service sanitaire ne se rendent à Oradour. Le sous-préfet de Rochechouart se contente de faire une courte apparition, d'aviser de « rendre compte » à l'administration supérieure, seule qualifiée pour prendre toute décision utile [...] La peur des Allemands d'abord, la crainte du maquis ensuite empêchent sans doute le représentant du gouvernement de Vichy de prendre ses responsabilités alors qu'il dispose de tous les pouvoirs[9].

Le fait que Freund-Valade, comme il en fit part dans son rapport, ne fut pas autorisé à se rendre à Oradour, souligne bien toute l'impuissance de Vichy face aux autorités allemandes.

La Résistance utilisa naturellement Oradour afin d'attaquer le régime de Vichy, qui ne bénéficiait plus alors que du soutien de l'extrême droite la plus entêtée. Les groupes de la Résistance locale (les FTPF alliés aux sympathisants du général de Gaulle tels que le MUR) annoncèrent la nouvelle du massacre à l'appui de leur appel à soutenir le débarquement allié :

> [...] les Français savent leur devoir. Pour éviter que partout la France connaisse de tels crimes, par milliers ils se lèvent pour la lutte libératrice. Limousins, contre la terreur des hordes nazies, contre les traîtres de la Milice au service des boches, rejoignez sans tarder les rangs combattants[10].

La nouvelle du massacre d'Oradour-sur-Glane se répandit dans la région puis à l'étranger avant d'être rapportée par la presse nationale. Le 12 juin, Gaston Hyllaire, un des responsables locaux des Mouvements unis de la Résistance (MUR), se rendit sur les ruines et envoya un rapport à Londres sur le massacre[11]. Ce ne fut que deux semaines plus tard que l'événement fut connu à travers toute la France.

Pendant la guerre, particulièrement durant les derniers mois, les contraintes en matière de communication et de transport, la censure de la presse firent que certaines régions pouvaient communiquer avec l'étranger tout en restant isolées des autres régions de France. Cette situation s'était mise en place de 1940 à 1942 au moment où le pays avait été divisé par toutes sortes de démarcations, dont la plus célèbre est la démarcation entre zone libre et zone occupée — rendant difficile et dangereux tout déplacement.

La ligne de démarcation ne fut pas supprimée après l'occupation de la totalité du territoire français en novembre 1942 : on était encore tenu en 1944 de présenter son identité en franchissant cette ligne dont la surveillance fut accrue après les débarquements alliés[12].

Les liaisons ferroviaires et le téléphone étaient souvent coupés pendant des jours. En juin 1944, les Allemands avaient interdit tout déplacement hors des villes entourées par la Résistance. Limoges faisait partie de ces villes. La plupart des journaux clandestins ne paraissaient, quand ils paraissaient régulièrement, qu'une fois par mois.

Le 15 juin, au moment où le préfet Freund-Valade faisait son rapport à Vichy, l'agent consulaire à Limoges informait du massacre le chef de la légation suisse à Vichy[13]. Le 26 juin, le journaliste Pierre Limagne notait : « La radio anglaise commence à parler de l'affaire d'Oradour-sur-Glane mais en le tenant de la presse suisse ; cette dernière la doit certainement à des informateurs peu fiables à Vichy. D'où de nombreuses erreurs[14]. » Deux jours plus tard, Radio Alger rapportait la nouvelle du massacre[15]. Ce ne fut pas avant le mois de juillet cependant que l'histoire des atrocités commises à Oradour atteignit une publicité nationale, grâce à la presse clandestine de la Résistance.

En juillet, toutes sortes de journaux de la Résistance (*Libération, Résistance, La Marseillaise,* etc.) rendirent public le massacre d'Oradour. Le 1er août, *Les Lettres françaises*, journal « littéraire » de la Résistance, publièrent une édition spéciale consacrée à Oradour[16]. L'élément capital de cette édition spéciale était le témoignage de M. Jean Pailler, machiniste de la SNCF, qui s'était rendu à Oradour le 10 juin pour voir sa famille qui s'y était réfugiée. Il fut stoppé aux abords du bourg avec le groupe du tram et relâché plus tard. M. Pailler passa la nuit au hameau des Bordes et se rendit à Oradour le lendemain matin. Son témoignage, publié sous le titre « Sur les ruines de la morale : Oradour-sur-Glane », décrivait tout ce qu'il avait vu avant de rentrer à Paris une fois certain que sa femme et ses enfants étaient morts. *Les Lettres françaises* imprimèrent 20 000 exemplaires de cette édition spéciale[17].

Une fois Limoges et Paris libérés (respectivement le 22 et le 25 août 1944), de nombreux journaux et stations de radio sortirent de la clandestinité ou reprirent leur activité après des années d'interdiction pendant l'Occupation. La Libération vit naître des centaines de nouveaux journaux. Les organes de presse qui avaient collaboré furent fermés, et la presse de la Résistance s'empara de leurs bureaux. Au milieu de cet élan de liberté, il y eut une large discussion, notamment dans la presse régionale, au sujet du massacre survenu deux mois et demi plus tôt à Oradour-sur-Glane.

L'outrage subi par Oradour paraissait d'autant plus violent que les Allemands n'avaient pas jusqu'alors engagé d'opérations massives contre les populations civiles françaises. Un article à la une du *Centre libre*, en date du 24 août, exprimait le choc provoqué par cet événement :

> « Exterminer » ? Nous ne savions pas exactement ce que cela signifiait. Voici qu'au cœur de la France, au centre de la campagne limousine, l'extermination hitlérienne a passé[18].

Comparant le comportement des Allemands au cours des deux guerres mondiales, Richard Cobb a fait la remarque suivante :

> [...] au cours de la Première Guerre mondiale, les relations entre civils et militaires furent l'inverse de celles qu'elles furent pendant la Seconde. Plus l'Occupation se prolongeait et meilleurs étaient les rapports entre Français et militaires allemands. La plupart des atrocités et brutalités furent commises au moment des grands succès de l'offensive allemande en août et septembre 1914. En 1944, les troupes allemandes se révélèrent féroces pendant leur retraite dans le sud-ouest de la France à l'égard des populations avec lesquelles elles avaient eu peu de contacts[19].

Certes, dans bien des régions de la zone sud, les Allemands n'avaient été qu'entrevus brièvement en 1940 au moment de l'invasion du pays. Ils refluèrent ensuite vers le nord. L'occupation de toute la France n'eut lieu qu'après les débarquements alliés en Afrique du Nord. Cette occupation se limita aux villes importantes et aux villes de garnison, et fut en général assez discrète. La plupart des troupes allemandes stationnées à Lyon et dans les environs, par exemple, se préparaient à aller sur le front russe et ne furent jamais vues à Lyon[20]. La population des zones rurales n'avait aucun contact quotidien avec les Allemands, à l'inverse des zones urbaines. L'exception à cette règle était constituée par les régions où se trouvait la Résistance, telles que la Dordogne et le Limousin. Ces régions avaient été sanctionnées dès le printemps 1944 avec l'envoi de troupes pour combattre les groupes de plus en plus nombreux de maquisards.

Le contexte de la Résistance

L'histoire d'Oradour, telle qu'elle apparaît dans le souci de préservation des ruines, dans la littérature officielle et dans le discours des guides, constitue le paradigme de l'innocence outragée : un paisible bourg ne participant à aucune activité de Résistance détruit par un beau jour d'été. Une grande partie de la littérature sur le sujet, les propos du maire d'Oradour et des membres de l'Association nationale des familles des martyrs d'Oradour-sur-Glane (ANFM) insistent sur le fait qu'il n'y avait pas eu de Résistance à Oradour et que rien n'explique que cette ville ait été désignée à la destruction. Toutefois, l'historien qui élargit légèrement son champ d'investigation ne peut qu'être frappé par le contexte de représailles contre la Résistance dans lequel se situe le massacre. C'est en fait de cette façon que le massacre d'Oradour fut décrit dans les journaux de la Résistance durant les derniers mois de la guerre et les premiers jours du gouvernement provisoire : l'événement fut intégré à une constellation d'actes de représailles et d'intimidation commis par les Allemands.

Tout au long de la guerre, la presse de la Résistance, cherchant à rallier à sa cause le plus de Français possible, donnait des comptes rendus des assassinats, des exécutions et des pendaisons des résistants et des partisans. Pendant l'été et l'automne de 1944, les journaux de la Résistance rapportèrent toute une série d'événements comparables à celui d'Oradour — la plupart ayant eu lieu avant le massacre du 10 juin. Dans les journaux et les chroniques de 1944 et 1945, ces événements étaient souvent cités et discutés. Ainsi, quelques jours avant la libération de Paris, *Ce soir* publia un article en première page, dont le titre était « Français, n'oubliez jamais Ascq, Châteaubriant, Oradour-sur-Glane » :

> Pendant quatre ans, nous avons tous vécu dans l'horreur, nous nous sommes habitués à entendre à voix basse dans notre famille, parmi nos amis, des nouvelles sinistres,

> prisonniers fusillés, immeubles entiers dont les habitants choisis au hasard comme otages étaient sauvagement abattus, fermes brûlées avec leurs occupants. C'était là notre information quotidienne. Cependant, quelques effroyables massacres qui dépassaient par leur ampleur la sauvagerie habituelle de l'occupant ont rendu tristement célèbres plusieurs villages de France. Les noms de Châteaubriant, Oradour-sur-Glane, Ascq sont sur toutes les lèvres [...][21].

Dans les paragraphes qui suivaient, la rédaction avait accordé une importance égale aux trois événements.

Le massacre de Châteaubriant avait été le premier cas d'exécution d'otages à devenir tristement célèbre dans tout le pays. Le 22 octobre 1941, en représailles d'une attaque contre des officiers allemands à Nantes, 27 prisonniers du camp d'internement de Châteaubriant en Loire-Atlantique et 21 détenus de la prison de Nantes furent fusillés dans une carrière. Parmi les 27 otages de Châteaubriant, il y avait 6 communistes. Au moment où ils furent emmenés, ils se mirent à chanter *La Marseillaise* que reprirent en chœur les prisonniers du camp. Dans les camions qui les emmenaient, ils chantaient encore, et les habitants de Châteaubriant se découvraient en signe de respect. Selon l'historien de la Résistance, Henri Noguères, bien que les victimes de Châteaubriant ne soient pas les premiers otages fusillés par les Allemands, leur martyre « [...] demeure, plus que tout autre, gravé dans les mémoires. C'est lui qui désormais évoquera de façon exemplaire tous les massacres d'otages[22] ».

Le massacre d'Ascq eut lieu trois ans plus tard près de la gare de cette sinistre ville ouvrière située à huit kilomètres à l'est de Lille. Nombre des habitants d'Ascq étaient des cheminots. À travers la France, les cheminots avaient formé un des réseaux de résistance les plus actifs, à la fois dans le sabotage des lignes et dans la transmission des informations[23]. Dans la nuit du 1er avril 1944, un train transportant des troupes SS et de l'armement dérailla sous l'effet d'une bombe placée à l'entrée de la gare d'Ascq. Quelques instants plus tard, un officier et des soldats SS firent irruption dans la gare et abattirent le chef de gare et son assistant. D'autres soldats furent envoyés dans les maisons voisines de la gare pour y prendre des otages. 26 hommes — dont le prêtre d'Ascq — furent abattus dans leurs propres maisons. Les SS alignèrent ensuite 60 hommes sur la voie ferrée et les fusillèrent.

Le bruit de cette horreur se répandit immédiatement et gagna Lille et Paris. Le lendemain, à l'aube, des tracts avaient été affichés afin d'appeler à une grève entre 11 h 30 et 12 h pour suivre le cortège funèbre des victimes[24]. Les cheminots s'arrêtèrent de travailler pendant une heure sur tout le réseau du Nord. Des employés du dépôt de Landy à la gare du Nord à Paris organisèrent une parade devant le monument aux morts près de la gare[25]. Les journaux de la Résistance ne purent en faire mention dans leurs éditions d'avril, mais, au mois de mai, *L'Humanité, Les Lettres françaises, Combat, Le Franc-tireur et Résistance* firent leur première page sur le massacre d'Ascq. Cet épisode ne fut pas oublié après la guerre et, en 1948, le président Vincent Auriol posa la pierre de fondation du monument aux victimes d'Ascq à l'endroit où ils avaient été fusillés[26].

À la fin du printemps et au début de l'été 1944, les principales atrocités rapportées dans les journaux furent les pendaisons d'otages en mars à Nîmes et les massacres de civils par la division *Das Reich* à Tulle et à Oradour-sur-Glane en juin. Le 2 mars à Nîmes, les SS immobilisèrent le trafic dans le centre de la ville et pendirent en public 15 otages et 3 résistants en représailles d'une escarmouche avec le maquis qui avait tué 25 soldats allemands. L'édition d'avril de *Franc-tireur* (édition Sud) et l'édition de mai des *Lettres françaises* donnèrent des comptes rendus détaillés de ces événements afin de montrer « à quelles bêtes féroces Vichy a lâchement et sciemment livré la France[27] ». Durant l'été 1944, les journaux clandestins des deux zones présentèrent ces événements (y compris Oradour) comme une série de représailles nazies aux activités de la Résistance.

Vichy fit de même et lia les atrocités à la Résistance en invoquant la provocation de citoyens français déloyaux. Le massacre d'Oradour avait provoqué une telle indignation que Xavier Vallat, porte-parole du gouvernement de Vichy, en fit le sujet d'un éditorial à la radio le 27 juillet.

À une lettre d'un lycéen dont le professeur était mort à Oradour, Vallat fit la réponse suivante :

> [...] ce jeune enfant sensible veut savoir ce que je pense des représailles allemandes [...]. Je m'en vais lui dire : la mort de sa grande amie est une chose affreuse et le cœur de tout Français, quel qu'il soit, se serre devant la rigueur impitoyable de certaines représailles. Mais ce qui est encore plus grave, c'est de penser que ce sont des Français qui sont moralement responsables de la mort de cette femme et de bien d'autres. Dans le village [...] il n'y avait pas d'Allemands avant le 8 novembre 1942 et il n'y en aurait pas eu davantage aujourd'hui si, à cette date, des Français désobéissant au Maréchal Pétain en Afrique du Nord n'avaient pas provoqué l'occupation de la zone sud. Et si, depuis, dans ce village, d'autres Français désobéissant aux conseils et aux ordres du Maréchal n'avaient pas causé, au nom d'un faux patriotisme, des troubles graves, des soldats allemands n'auraient pas été amenés à faire supporter à une population innocente la cruelle conséquence des méfaits de quelques bandits[28].

Alors que la victoire alliée était imminente, Vallat voulait rappeler à ses auditeurs le lien entre Résistance et représailles.

La Résistance dans le Limousin

Le lien était bien réel. Le printemps de 1943 avait été un tournant pour la Résistance en France ainsi que pour l'engagement de la population locale dans le conflit. Les militants communistes, agissant indépendamment de la direction du parti, avaient organisé le premier maquis dans le Limousin et dans le Puy-de-Dôme au printemps de 1942. Quand, le 16 février 1943, le Premier ministre Pierre Laval institua le STO, il donna un argument de plus à nombre de jeunes gens qui rejoignirent le maquis. Le programme de relève, qui avait été annoncé le 22 juin 1942 afin de remplacer des prisonniers de guerre par des volontaires, n'avait pas fourni assez de main-d'œuvre. L'invasion allemande de la zone sud en novembre 1942 avait accru la pression de l'occupant sur l'économie et la main-d'œuvre françaises[29]. Quand des milliers d'hommes voulurent échapper au travail forcé, les résistants de longue date formèrent le maquis afin d'organiser et de protéger les « réfractaires » jeunes et inexpérimentés.

Les « réfractaires » qui venaient dans le Limousin trouvaient les réseaux communistes déjà en place, particulièrement dans la région sud-ouest du département où le parti communiste était solidement implanté depuis les années trente[30]. À travers la France, les communistes étaient habitués à opérer de manière clandestine. Quand le parti fut interdit en septembre 1939, pour avoir soutenu le pacte germano-soviétique, les dirigeants communistes français donnèrent des instructions aux militants afin que soient créés des cellules et des réseaux secrets. Au moment où le gouvernement de Vichy mit en place une politique de harcèlement des communistes, ceux-ci renforcèrent leurs réseaux clandestins. Quand le parti communiste français appela à la lutte contre l'occupant nazi après l'invasion de l'URSS en juin 1941, les structures nécessaires à la Résistance étaient déjà en place.

Les maquis les plus actifs du Limousin étaient ceux qui étaient organisés et dirigés par le militant communiste Georges Guingouin dans les collines du sud-ouest de la Haute-Vienne et du nord de la Corrèze[31]. Dans la mesure où le maquis ne reçut pas d'armes avant les derniers temps de la guerre, la méthode adoptée fut celle du sabotage. Au printemps de 1943, Guingouin avait organisé une campagne contre les réquisitions allemandes dans la région. À l'été, il concentra l'action sur les transports et les réseaux de communication. Les ponts, les voies ferrées et les lignes téléphoniques étaient particulièrement vulnérables et, en raison des distances à couvrir, n'étaient pas gardés. C'étaient des objectifs peu risqués[32]. En juillet 1943, son maquis attaqua des lignes téléphoniques d'un intérêt vital pour les Allemands. Au printemps et durant l'été 1944, le maquis du Sud-Ouest se révéla un des adversaires les plus farouches des Allemands et de Vichy.

Il faut noter que la résistance dans les campagnes ne se limitait pas à des activités de guérilla et que l'action plus paisible, mais non moins dangereuse, des gens qui aidaient les résistants, les réfugiés, les immigrants, les Juifs et toute autre personne menacée par les autorités de Vichy et d'occupation, était le cœur de la Résistance.

C'est dans ces domaines que les femmes ont joué un rôle central[33].

Bien que les socialistes aient été le parti le plus puissant dans le Limousin, les communistes jouèrent un rôle déterminant dans l'activité de résistance. Alors que le parti communiste avait maintenu une sorte de forum avec ses cellules clandestines, le parti socialiste était complètement dispersé, en raison de l'interdiction des partis politiques édictée par le gouvernement de Vichy le 10 juillet 1940. Ce fut un avantage politique déterminant pour le parti communiste. Leur engagement complet dans la Résistance fit que les actions de cette dernière furent souvent attribuées à la direction communiste. Les socialistes se joignirent aux différents mouvements qui s'allièrent au général de Gaulle au cours de la seconde moitié de la guerre[34]. Bien que la direction socialiste n'ait pas organisé la Résistance au nom du parti, cela ne découragea pas les militants d'agir de leur propre chef et de rejoindre les réseaux existants[35].

Les communistes traitèrent d'« attentistes » les groupes de résistance qui choisirent d'attendre le meilleur moment pour attaquer[36]. La stratégie du parti communiste consistait à exploiter tous les moyens et toutes les opportunités pour frapper Vichy et l'occupation allemande. Il s'agissait de créer un climat d'insécurité parmi les troupes ennemies. Les communistes pensaient aussi que de telles attaques convaincraient la population de la possibilité de la résistance. En engageant l'ensemble de la population dans le combat, ils espéraient créer un climat insurrectionnel qui, après le débarquement allié, conduirait à un engagement massif de la population dans la « lutte finale »[37].

De Gaulle et la plupart des membres de son entourage à Londres n'envisageaient le combat de la Résistance qu'en accord avec un plan général, conçu, défini et dirigé par les Forces françaises libres[38]. De plus, les proches du général de Gaulle doutaient de l'efficacité des tactiques de la Résistance intérieure, pensant que des actions limitées et isolées n'auraient qu'un effet minimal sur la machine de guerre allemande et qu'elles entraîneraient des représailles disproportionnées contre les populations civiles[39]. Il y avait peu d'endroits en France où les actions de la Résistance pouvaient être engagées de telle manière que les Allemands répondent par des opérations militaires plutôt que par des représailles contre les populations civiles[40]. Les attaques contre les troupes et le personnel allemands provoquaient des représailles immédiates et sévères. De Gaulle déconseilla les actions de ce type. Les attaques directes contre les Allemands devinrent ainsi le fait des éléments les plus activistes, à savoir les FTP communistes. Cela fut particulièrement vrai dans le Limousin[41].

La menace de représailles allemandes ou françaises grevait les relations des maquis avec la population locale. Leur survie et leur succès dépendaient du soutien de la population rurale. Ils avaient besoin de la nourriture et du silence protecteur que seule celle-ci pouvait leur fournir. Toute personne soutenant de quelque manière l'activité des maquisards s'exposait à un danger extrême.

En mars 1944, les Allemands commencèrent une campagne de répression à travers toute la France en réponse à l'activité croissante de la Résistance. Jusque-là, les Allemands avaient été en mesure de protéger les voies de communication et de transport. La libération approchant, le maquis menaçait non seulement l'ordre public mais était encore capable de mettre en danger la sécurité des troupes d'occupation. Le nombre des maquisards s'étant accru considérablement au cours de l'hiver 1943-44, les Allemands ne voulurent plus laisser aux autorités françaises le soin du « maintien de l'ordre »[42].

Au printemps, les Allemands aidés de la Milice lancèrent une campagne de « nettoyage » des maquis dans les départements du Jura, de l'Ain, de la Savoie et de la Haute-Savoie, du Gard, de la Lozère, de l'Ardèche, de la Dordogne, de la Corrèze et de la Haute-Vienne[43]. Les représailles contre les populations civiles faisaient partie intégrante de leur tactique. Ce fut la première fois que les Allemands soumirent des civils à des mesures de répression systématiques. Henri Amouroux raconte :

> C'est dans les premières semaines de 1944 que les Allemands entreprennent, systématiquement en effet, des actions de représailles collectives ne s'exerçant plus seulement contre des otages pris dans des camps de concentra-

tion mais contre des villageois ou des citadins raflés au hasard[44].

Bien conscients que les maquis ne survivraient pas sans la complicité des populations locales, les Allemands cherchèrent, en pratiquant un terrorisme systématique, à couper le lien vital qui unissait le maquis à la population civile.

Dans un rapport du 15 avril 1944 adressé à Vichy, le préfet de la Corrèze, Pierre Trouillé, décrivait la « semaine sanglante » du 31 mars au 7 avril, durant laquelle les troupes allemandes vinrent « nettoyer » le maquis :

> Elle [la répression] se présente sous la forme d'une dévastation qui s'abat sur cités et villages et qui touche bien davantage les habitants que les irréguliers disséminés dans les bois. On a le sentiment très net que l'Occupant veut frapper d'effroi les populations et changer leur opinion en leur démontrant que les maux qu'elles subissent sont la conséquence directe de l'existence du « maquis » qu'elles ont commis la faute de tolérer.

Trois mille personnes furent arrêtées, parmi lesquelles 55 furent fusillées et 1 500 mises en prison. Des maisons et des fermes furent brûlées. Trouillé cite la commune de Lonzac où 17 personnes furent fusillées et 23 maisons brûlées. Trois cents « réfractaires » furent capturés et déportés en Allemagne. Selon Trouillé, l'impact de cette opération sur l'opinion publique fut énorme :

> Si les autorités d'occupation ont voulu frapper un grand coup sur le plan psychologique, elles y sont sans conteste parvenues. Jusque-là, la population avait vécu dans le voisinage du « maquis », souvent mêlée à lui, dans une totale inconscience de l'avenir[45].

Il semble que les représailles allemandes aient atteint leur objectif, au moins pour un temps. Henri Amouroux rapporte une réaction similaire pour une autre région où la Résistance était active : le plateau du Vercors, à l'est de Grenoble. Une note écrite par un sympathisant de la Résistance après l'attaque allemande relève le fait que le sentiment public « [...] a fléchi au premier coup dur ».

L'auteur se plaint que « [les maquisards] s'en prennent aux boches, en tuent, puis s'en vont. Et quand la Gestapo est venue [...] elle a pu opérer en toute tranquillité. Les maquis se sont bien gardés de se montrer[46] ».

Il est difficile de juger, au vu des témoignages dont l'historien dispose, de l'efficacité de cette politique allemande. Même si certains ont pu avoir peur et se soumettre par ressentiment à l'égard de la Résistance, il semble qu'une partie significative de la population ait conçu une véritable haine à l'égard des nazis et se soit engagée dans un soutien actif des maquis. Dans son étude sur le Puy-de-Dôme, John Sweets a montré que la population locale a généralement soutenu la Résistance tout en condamnant ses actions les plus audacieuses qui mettaient les civils en danger[47].

Une fois les Alliés débarqués en Normandie, toutes les forces de la Résistance, dans le Limousin comme ailleurs, se soulevèrent conformément aux instructions données pour le jour J. Dans la nuit du 5 juin, après la décision du général Eisenhower, la BBC avait envoyé des messages codés à la Résistance pour qu'elle engage des opérations de sabotage. En déclenchant toute une série d'actions à travers la France, Eisenhower espérait entretenir la confusion des Allemands sur le lieu réel du débarquement et permettre ainsi à ses troupes d'établir une tête de pont sur la côte normande. Le 6 juin, le général de Gaulle enchaîna avec son appel à la mobilisation de toute la nation :

> C'est la bataille de France et c'est la bataille de la France. Tous les fils de la France, où qu'ils soient, qui ils soient, ont le devoir simple et sacré de combattre l'ennemi par tous les moyens à leur disposition.

Dans le Limousin, cette région que les troupes allemandes, qui s'y trouvaient stationnées, avaient surnommé la « petite Russie[48] », il y eut une réaction immédiate. Selon Henri Noguères, dans la Corrèze, la Haute-Vienne, la Creuse et l'Indre, tous les plans de sabotage furent exécutés immédiatement. Les lignes téléphoniques et les voies ferrées furent coupées et les maquis engagèrent de « véritables opérations militaires » contre les Allemands[49].

Les garnisons allemandes dans toute la France firent le compte rendu des désordres. Le quartier général de l'armée allemande pour la zone sud reçut de Bordeaux le message suivant :

> Les départements de la Dordogne et de la Corrèze sont contrôlés par des terroristes. Certaines parties du département de l'Indre et la ville de Tulle sont occupées par des bandes armées. La ville de Limoges est assiégée. Périgueux et Brive attendent des attaques de ces bandes armées[50].

Le haut commandement allemand, sous-estimant l'importance de l'attaque alliée, ne jugea pas nécessaire d'envoyer toutes les unités combattantes sur le front de Normandie. Il dirigea un certain nombre d'unités pour combattre les foyers tenus par la Résistance.

Le 6 juin 1944, une partie de la division blindée de la compagnie SS « Das Reich » quitta Montauban pour le Massif central afin d'y attaquer les maquis[51]. Le 8 juin, le maréchal von Rundstedt (commandant suprême des forces allemandes sur le front de l'ouest) donna l'ordre au reste de la division blindée « Das Reich » de quitter sa garnison de Montauban et de traverser la France pour se rendre en Normandie. La route côtière par Bordeaux eût été plus rapide et plus sûre mais la division « Das Reich » avait pour mission de « nettoyer » les maquis, d'intimider la population et de reprendre le contrôle des axes routiers principaux du Sud-Ouest et du Centre. Von Rundstedt prenait soin d'informer ses officiers que « des succès limités au cours de telles opérations étaient inutiles[52] ». Il ordonnait des mesures brutales :

> Il faut écraser les forces de résistance au moyen d'attaques rapides et enveloppantes. Pour le rétablissement de l'ordre et de la sécurité, les mesures les plus énergiques devront être prises afin d'effrayer les habitants de cette région infectée à qui il faudra faire passer le goût d'accueillir les groupes de Résistance et de se laisser gouverner par eux. Cela servira en outre d'avertissement à toute la population[53].

Les officiers de la division avaient une grande expérience de ce type d'opérations. La division « Das Reich » avait combattu sur le front de l'Est à la fois contre les partisans et l'armée russes. Le nom du général Heinz Lammerding, qui prit le commandement de la division à la fin de 1943, apparaît sur les documents ordonnant la destruction totale de villages entiers et de villes qui étaient supposés avoir aidé des partisans[54]. Au sein du groupe qui s'était retiré en avril 1944 dans le sud-ouest de la France pour s'entraîner aux futurs combats en Europe, seuls 2 500 hommes appartenaient à l'unité de combat depuis sa création. En avril 1944, les rangs de la division « Das Reich » étaient en grande partie formés par 9 000 garçons âgés de dix-sept et dix-huit ans — nombre d'entre eux appartenaient à la *Volksdeutsche Armee* et avaient été enrôlés en Hongrie, en Roumanie et en Alsace. Toutefois, Max Hastings note : « La grande majorité des officiers et des sous-officiers de la division "Das Reich" était des vétérans expérimentés et aguerris[55]. » Le 8 juin, environ 15 000 hommes équipés de 209 tanks et automitrailleuses firent route au nord[56]. Ils se divisèrent en trois groupes en avançant vers la Dordogne et le Limousin.

Les chefs de la Résistance dans le Limousin ignoraient l'existence de ces mouvements de troupes qui allaient se révéler dévastateurs. Malheureusement pour les habitants de Tulle, le parti communiste était impatient de libérer le territoire dans lequel le FTP contrôlait la majorité des maquis[57]. Sa lutte pour le pouvoir politique dans le Limousin se concentrait sur la libération des capitales administratives de la Haute-Vienne et de la Corrèze. Afin de se mettre en position de force avant le débarquement allié, le secrétariat clandestin du PCF à Paris ordonna des attaques simultanées de Limoges et de Tulle. La direction locale s'opposa à la décision d'une attaque immédiate sur Limoges jugée impossible[58]. L'officier supérieur qui dirigeait les FTP dans les départements de la Haute-Vienne, de la Creuse, de la Corrèze et de la Dordogne accepta de lancer une attaque sur Tulle. La coïncidence malheureuse de cette action et du débarquement inattendu des Alliés en Normandie eut des conséquences tragiques pour les habitants de Tulle.

Le 7 juin, le maquis de Corrèze lança une attaque contre la garnison allemande de Tulle qui tourna en un affrontement sanglant. Le haut commandement allemand pour la France ordonna à la division « Das Reich » de se diriger vers la région de Tulle et de Limoges. Son chef, le général Lammerding, devait se placer sous les ordres du 56e corps de réserve (quartier général de Clermont-Ferrand), chargé de la lutte contre les « terroristes » dans le centre de la France. Le 7 juin, les régiments SS de la division « Das Reich » qui étaient le plus près de Tulle reçurent l'ordre de porter secours à la Wehrmacht assiégée. Leur arrivée à Tulle le soir du 8 juin mit fin au combat. Le maquis, qui n'était pas préparé et équipé pour affronter un tel ennemi, fut contraint à la retraite. Les pertes allemandes avaient été considérables : 37 morts, 25 blessés et 35 disparus[59]. L'après-midi, en représailles, les SS pendirent 99 hommes de la ville aux balcons, aux arbres et aux ponts le long de la route principale. Cent quarante-neuf autres personnes furent déportées en Allemagne[60].

Le lendemain, une unité différente de la même division « Das Reich » perpétra le massacre d'Oradour-sur-Glane. La raison précise pour laquelle ce bourg fut choisi reste encore obscure. Il n'y avait pas de présence de la Résistance à Oradour même. Le maquis le plus proche se trouvait sur les monts de Blond à une douzaine de kilomètres environ. En 1953, on attendait du procès militaire des soldats qui avaient participé au massacre qu'ils fournissent une réponse à cette question. Mais les accusés étaient de simples soldats n'ayant aucune information sur l'origine des ordres. Aucun des officiers responsables n'était présent. Le commandant Otto Dickmann qui dirigeait l'opération avait été tué en Normandie en août 1944. Le commandant de la division « Das Reich », le général Lammerding, put rentrer chez lui à Düsseldorf mais n'a jamais comparu devant un tribunal. En 1983, le procès à Berlin-Est d'un jeune officier, Heinz Barth, n'a apporté aucune lumière nouvelle sur cette question.

D'autres prétendants

Après la guerre, d'autres sites furent en concurrence avec Oradour pour devenir le lieu de la mémoire nationale. En dehors de Tulle, de nombreux villages de France connurent des souffrances qui pouvaient parfaitement correspondre au portrait qui fut fait plus tard d'Oradour : des souffrances à la fois singulières et exemplaires de celles de toute la France. De 1944 à 1946, les agences gouvernementales et des maisons d'édition privées publièrent de nombreux livres et brochures sur les atrocités commises par les Allemands. L'histoire d'Oradour était mêlée aux récits d'autres drames. Ainsi, la brochure intitulée *Récits d'atrocités nazies*, publiée en 1944, fait la liste des traitements infligés aux familles juives de la région parisienne, des pendaisons de Nîmes, des histoires de déportés revenus des camps, des raids allemands dans le Jura en avril 1944, des témoignages sur la vie dans un camp de concentration en Silésie et sur le massacre d'Oradour-sur-Glane[61]. On eut tendance, au début, à lier les histoires de Tulle et d'Oradour, mais le fait que la quasi-totalité de la population d'Oradour ait été tuée, le massacre des femmes et des enfants dans l'église, l'incendie du bourg, tout cela fit oublier progressivement ce qui s'était passé à Tulle. Les années 1944 et 1945 virent un déluge de comptes rendus populaires sur les villages martyrs tels que Mussidan et Mouleydier en Dordogne, Dortan dans le Jura, La Bresse dans les Vosges et Maillé en Touraine. Ces différents endroits répartis dans toute la France formaient le spectre complet des circonstances et des formes de la souffrance des populations civiles. Dans chaque cas, au cours de cette phase radicale de la fin de la guerre, les civils avaient été victimes d'événements qui les dépassaient.

Mouleydier

Le maquis, obéissant aux ordres du commandement FFI, était sorti de son refuge dans les bois le 8 juin 1944 pour prendre le contrôle d'un pont sur la Dordogne et des routes le long de la rivière. Les habitants de Mouleydier trouvèrent au matin le village aux mains des maquisards. Trois jours plus tard, l'armée allemande prit une barricade dressée devant Mouleydier et tua 20 maquisards. Le 21 juin, il y eut une escarmouche près de Mouleydier entre des FFI et une colonne blindée allemande qui fit 6 morts parmi les maquisards. Quelques heures plus tard, les troupes allemandes entrèrent dans le village qu'ils pillèrent puis incendièrent. Ils exécutèrent 12 personnes suspectées d'appartenir à la Résistance et abattirent 4 passants. Les Allemands tuèrent en tout 42 personnes et brûlèrent 202 maisons et fermes dans et autour de Mouleydier[62].

Mussidan

Le 11 juin 1944, à trente kilomètres au nord de Mouleydier, les FTP attaquèrent un train blindé arrêté en gare de Mussidan. En représailles, les Allemands fusillèrent 52 otages, dont le maire. Aujourd'hui, ni Mouleydier ni Mussidan ne sont reconnus en dehors de la région comme des villages martyrs bien que Mussidan ait officiellement demandé à être considéré comme tel par le gouvernement en 1947. Cette année-là, à l'occasion de la visite officielle de Vincent Auriol à Oradour-sur-Glane pour la commémoration du massacre du 10 juin, le maire de Mussidan fit la requête suivante au président de la République :

> La municipalité de Mussidan serait particulièrement heureuse si vous pouviez également le lendemain assister à la cérémonie qui aura lieu le 11 juin dans la ville de Mussidan. Nous avons en effet le triste privilège d'avoir à commémorer le plus gros massacre du département de la Dordogne ; département qui, comme vous le savez, a été particulièrement éprouvé et qui a l'honneur d'être un des premiers départements français au point de vue de la Résistance intérieure[63].

La visite de Mussidan ne fut cependant pas ajoutée au voyage présidentiel.

Dortan

On trouve aussi, dans l'est de la France, des récits des souffrances endurées par les populations civiles. Du 12 au 21 juillet 1944, un détachement de 5 000 soldats allemands prit possession de Dortan dans les montagnes du Jura, près de la frontière suisse. Ils violèrent les femmes, pillèrent la ville, profanèrent l'église et tuèrent 26 personnes, dont le prêtre. En partant, ils mirent le feu au bourg, qui fut réduit à l'état de ruines. Une brochure publiée en 1944 évoque Dortan comme l'archétype du village français :

> C'était un village de France... Un village comme tous les autres villages de France, avec son visage accueillant, les maisons serrées entre lesquelles la route serpentait, son église séculaire, ses usines, ses cours d'eau et son pont ; ses champs et ses bois, ses fermes éparpillées et ses hameaux groupés...
>
> C'était un village de France comme tous les autres villages de France, avec son âme profonde et mystérieuse, son âme rude, semblable au climat jurassien, forgée par les intempéries et la lutte ; avec son cœur fidèle [...][64].
>
> Comme tous les villages, Dortan avait sa place avec la mairie, la bascule, le lavoir et la fontaine... Dortan avait son église ancienne, avec ses offices aux rites immuables, ses saints... Dortan avait son château, émergeant d'un écrin de verdure, un vrai château de la Belle au bois dormant[65]...

Les auteurs avaient une vision de Dortan assez peu différente de celle qui allait être fixée par la commémoration d'Oradour : celle de la quintessence du village français ayant eu le malheur de se trouver sur la route de la barbarie allemande.

La Bresse

L'auteur de *La Bresse, cité vosgienne martyre sous l'occupation allemande* a donné un compte rendu détaillé des souffrances infligées à cette petite ville industrielle des Vosges, près d'Épinal, durant les mois de septembre à novembre 1944 : travail forcé ; réquisitions pour les troupes allemandes ; en septembre, attaque contre le maquis local au cours de laquelle 70 maquisards (dont 51 originaires de La Bresse) et 9 civils furent tués ; déportation de 400 hommes ; et, en novembre, évacuation et incendie de La Bresse. Le décompte final des victimes fut le suivant : 51 « morts pour la France », 42 civils tués, 12 exécutions sommaires, 483 déportés, 330 prisonniers de guerre, 77 déportations pour le STO[66].

Maillé

Maillé en Touraine est de tous les villages martyrs celui qui présente le plus de ressemblances avec Oradour. Au matin du 25 août 1944, des troupes SS en retraite encerclèrent ce village de 480 habitants. Ils prirent possession du village et, durant trois heures, massacrèrent hommes, femmes et enfants à la grenade et à la mitrailleuse. Dans l'après-midi, ils bombardèrent Maillé. On dénombra 124 morts. Bien qu'il y ait eu des maquis dans les environs de Maillé, il n'y avait aucune raison particulière pour que ce village soit anéanti. La Touraine n'était pas une région de maquis pendant l'Occupation, mais les groupes de partisans s'étaient multipliés durant l'été 1944[67]. En août, les FFI et les forces américaines attaquèrent les troupes allemandes en retraite dans la vallée de la Loire. Selon l'ouvrage de référence sur la Libération en Touraine, ces attaques causèrent de nombreuses souffrances aux populations civiles du fait que

> [...] les Allemands ne reconnaissent pas FFI et FTP comme des soldats et se vengent souvent de leurs attaques sur les populations civiles[68].

Dans un récit du massacre, le prêtre de Maillé a expliqué l'attaque allemande comme étant une action de représailles à la suite d'une embuscade visant deux voitures allemandes aux environs du village[69]. Le préfet d'Indre-et-Loire, Fernand Musso, a corroboré l'histoire et mentionné une plainte des Allemands concernant un officier mortellement blessé dans l'embuscade. Il a ajouté cependant qu'aucun corps n'avait été vu et qu'il ne saurait jurer des raisons du massacre[70].

Comme les autres chroniqueurs, l'auteur d'*Un village martyr, Maillé* a fait de la souffrance infligée à son village l'expérience condensée d'une France brutalisée par les Allemands :

> Certes, il n'est pas un pays qui n'ait souffert, qui ne souffre de la guerre dans ses enfants, dans son sang. Mais ici plus qu'ailleurs, l'homme peut contempler avec effroi l'abîme de misère où l'esprit de violence et la primauté de la force l'ont précipité[71].

Il est clair que Maillé aurait pu devenir le symbole du village martyr. Ce ne fut pas le cas. Maillé fut reconstruit et, en 1947, les survivants se contentèrent d'ériger un monument commémoratif du massacre[72].

Ces exemples de souffrances des populations civiles laissent penser que rien dans les événements survenus à Oradour ne rendait ce massacre plus mémorable qu'un autre. Mouleydier, La Bresse, Maillé et Dortan présentent les éléments retenus dans le récit au massacre d'Oradour : la mort de femmes et d'enfants, la destruction du village par le feu, la profanation de l'église. Dans chaque cas, des affrontements entre les Allemands et la Résistance avaient eu lieu.

Toutefois, l'effet cumulé de certains éléments contingents désignait particulièrement Oradour. D'autres villages martyrs semblaient avoir reconnu une sorte de préséance à Oradour. De nombreuses brochures mentionnaient Oradour et comparaient les souffrances respectives de ces différents villages à l'aune du massacre du 10 juin 1944. Cela donna du poids à l'argument de bon sens qui désignait Oradour pour une commémoration nationale en raison des circonstances du massacre et de l'existence des ruines. La destruction d'Oradour avait créé des ruines, et l'annihilation de la population avait anéanti toute velléité de reconstruction sur le site même. Dans les villages où seule une partie de la population avait péri, les survivants avaient souvent préféré reconstruire.

Bien que ces éléments spécifiques aient pu désigner Oradour à la notoriété publique, ils n'expliquent pas ce que ce mémorial en est venu à signifier et comment il a pu capter l'attention des Français. Les circonstances du massacre ne permettaient pas de conférer automatiquement au site une signification quelconque. Elles fournissaient seulement le cadre d'un récit qui était encore à faire. L'élévation de cet événement particulier au rang d'un symbole national ne se fit pas de manière « naturelle » ou automatique. Le massacre devait être détaché du contexte historique et intégré à une mise en scène dramatique et à un récit susceptibles de fournir le symbole de l'innocence outragée.

Immédiatement après la guerre, les massacres et le sort des villages martyrs firent l'objet de commentaires différents dans le contexte de la Résistance. Le gouvernement lui-même publia une brochure, *Terreur en France*, qui traitait d'Oradour dans un chapitre consacré aux expéditions punitives de l'armée allemande et des SS. La première phrase de l'ouvrage établit une connexion nette entre la Résistance et les représailles :

> Retracer l'histoire de la répression en France, c'est aussi par voie de conséquence écrire celle de la Résistance[73].

Une histoire de l'action des SS dans le Limousin et le Périgord soutient aussi cette thèse avec faits et chiffres à l'appui[74]. Parmi les différentes opérations de représailles, celle de Saint-Victurnien eut lieu le 27 juin 1944 — dans ce village situé à onze kilomètres d'Oradour et deux semaines après le massacre du 10 juin[75].

Le guide officiel de l'Association nationale des familles des martyrs d'Oradour-sur-Glane (ANFM), qui fut rédigé en 1946, place Oradour dans le contexte de la Résistance. Dans la préface, le commissaire de la République, Pierre Boursicot, imputait à la répression en cours le massacre d'Oradour :

> [...] depuis des mois, dans la région, une furie sanglante se donnait libre cours. C'était l'épouvante élevée à la hauteur d'une politique, dans le but de terroriser les Français dressés contre l'envahisseur[76].

Des travaux aussi respectés que ceux de Noguères et d'Amouroux insistent aussi sur ce point. Il en est de même pour le livre plus récent d'Albert Hivernaud, *Petite Histoire d'Oradour-sur-Glane*, vendu sur le site des ruines.

Dans la plupart des écrits sur Oradour, une tension apparaît entre le désir d'éclairer la cause d'un tel événement et l'impératif de le laisser inexpliqué. Même les tentatives de fournir des explications plausibles finissent par miner leurs propres conclusions. Un exemple en est donné avec la *Petite Histoire d'Oradour-sur-Glane* de Hivernaud qui écrit :

> Aujourd'hui encore, malgré les efforts des enquêteurs et des historiens, tout ce qu'on connaît de façon certaine, c'est l'identité de la troupe qui opéra[77].

C'est dans les comptes rendus commémoratifs du massacre qu'Oradour est détaché du contexte historique. Alors que le Vercors conserva sa signification originale en devenant le symbole du sacrifice des maquisards, Oradour fut séparé du contexte des représailles liées à la Résistance. La commémoration d'Oradour perpétue le souvenir du massacre absurde de civils français, innocents de toute activité de résistance.

Les analyses savantes fournissent une perspective différente. En 1968, quand l'historien Jacques Delarue proposa le premier compte rendu détaillé et scientifique de l'activité de la division « Das Reich », il plaça les représailles dans le contexte d'une politique d'écrasement de la Résistance. Il nota aussi le phénomène constitué par l'oubli de ce contexte :

> Le drame d'Oradour éclipsait tous les autres crimes de la division « Das Reich ». Le nom du village martyr limousin était devenu un symbole, l'image du crime et de la douleur, et cela est bien compréhensible. Mais cette attitude, en isolant le crime de son contexte général, c'est-à-dire de la vague criminelle qui l'avait entouré, de la longue succession de meurtres, d'assassinats, d'incendies, de destructions, que ce récit a tenté de reconstituer, faisait d'Oradour un fait exceptionnel, une sorte d'incident, d'excès involontaire dû à la guerre, alors qu'il n'était que l'application, plus totale et complète que d'ordinaire, des méthodes quotidiennes de la division Das Reich[78].

Delarue relevait l'écart entre différents types de récits concernant Oradour, l'écart entre les faits historiques, le contexte politique et militaire et le message commémoratif.

Les soucis politiques de l'immédiat après-guerre jouèrent un rôle décisif. Oradour fut détaché du contexte historique afin de limiter les divisions créées par l'activité des maquis. La Résistance était le sujet de vives controverses à la fois en raison de sa forte orientation politique à gauche et à cause des dangers qu'elle avait fait courir à la population. C'est pour cela que Tulle ne parut jamais susceptible de donner lieu à une commémoration nationale[79].

Séparer Oradour du contexte historique permettait d'éluder les tensions politiques délicates et d'insister sur la position de la France comme victime innocente. Ce fut facilité par le fait qu'on ne disposait d'aucune information sur le choix d'Oradour comme objectif de la répression. Aussi la commémoration a-t-elle eu tendance à effacer la distinction entre résistants et civils pour insister sur le danger couru par tout un chacun. Oradour fournissait un intéressant contrepoint à la conception d'une « nation de résistants » : la France était une nation de victimes, martyrisée quels qu'aient été ses choix politiques et son activité pendant la guerre.

Les récits de commémoration du massacre insistent sur les expériences personnelles de l'horreur et non sur la guerre et l'Occupation. L'histoire de la commémoration d'Oradour-sur-Glane est dans une large mesure celle de l'effacement des circonstances historiques et politiques particulières pour parvenir au symbole universel de l'innocence outragée.

III

ENTRETENIR LE SOUVENIR

Oradour-sur-Glane est le symbole des malheurs de la patrie. Il convient d'en conserver le souvenir, car il ne faut plus jamais qu'un pareil malheur se reproduise.

Charles DE GAULLE, 4 mars 1945,
à Oradour-sur-Glane.

En mars 1945, Charles de Gaulle, chef du gouvernement provisoire de la République, fit une visite solennelle à Oradour, au cours d'un voyage officiel à travers le Limousin et le Périgord. Accompagné par le sous-préfet, Guy Pauchou, et un groupe de survivants, de Gaulle parcourut ce qui est depuis devenu le circuit traditionnel à travers les ruines : devant les granges dans lesquelles les hommes avaient été abattus puis le long de la rue principale jusqu'à l'église. La visite du général de Gaulle consacra les efforts poursuivis localement afin de maintenir le bourg dans son état de ruines. Encouragé par l'attention ainsi accordée à Oradour, le ministre de l'Éducation nationale expropria le site et chargea un des architectes nationaux de prendre les mesures de préservation qui s'imposaient. En 1946, grâce à une loi spéciale, Oradour devint un monument historique, et la construction d'un nouveau bourg fut autorisée. Un an plus tard, Vincent Auriol, premier président de la toute nouvelle IVe République, assista à la cérémonie du troisième anniversaire du massacre et posa la pierre de fondation de la première maison du nouveau bourg. En quelques années, la notoriété d'Oradour, lieu de destruction et de souffrance, acquit une dimension nationale en devenant un monument historique administré par le gouvernement français. Ce fut le résultat des contacts et de l'interaction entre groupes locaux et représentants de l'État, lesquels rivalisaient d'influence pour la formation du sens de l'histoire. Le processus de commémoration rassemble les impulsions contradictoires du souvenir et de l'oubli, très puissantes à la fin de la guerre.

Oradour acquit une dimension nationale grâce au travail des individus et des divers groupements qui entendaient donner une signification au site dans lequel mémoire locale et commémoration nationale se déploieraient. À la fin des années quarante, les objectifs des groupes locaux et ceux du gouvernement purent converger ; les associations locales rejoignirent les fonctionnaires et les hommes politiques de Paris qui voulaient faire de la souffrance d'Oradour le symbole de l'expérience nationale. L'Association nationale des familles d'Oradour-sur-Glane (ANFM) fut très coopérative dans la mesure où la mémoire locale était intégrée au souvenir national. Cette harmonie ne dura pas. En 1953, les contradictions entre la raison d'État et les préoccupations locales éclatèrent au cours du procès militaire de soldats allemands et alsaciens qui participèrent au massacre. Quand ils furent condamnés, le tollé fut si grand en Alsace qu'on redouta une crise politique nationale. Dans la semaine qui suivit le verdict, l'Assemblée nationale vota l'amnistie pour les Alsaciens. De leur côté, les gens d'Oradour protestèrent amèrement contre l'État. Le massacre d'Oradour perdait brutalement sa signification de symbole de l'unité nationale dans la souffrance. Ce conflit entre les exigences de la mémoire locale et les buts de la commémoration nationale sera traité plus loin. Il importe pour le moment de montrer comment Oradour, scène chaotique de destruction, devint un monument historique administré par le gouvernement français.

Les efforts initiaux pour commémorer le massacre d'Oradour-sur-Glane prirent place dans le contexte de l'après-guerre. Le désir de marquer publiquement les événements récents de la guerre prit deux formes : la première fut de juger rapidement les collaborateurs et les criminels de guerre ; la seconde fut d'ériger des monuments et d'organiser des cérémonies commémoratives afin d'imprimer durablement la mémoire collective. Dans certains cas, ces deux formes se chevauchaient. Ce fut le cas d'Oradour. Le souci de retrouver et de punir les auteurs du massacre devint la motivation principale des familles des victimes. Les ruines d'Oradour, elles, devaient constituer pour toujours une condamnation silencieuse de la « barbarie nazie ». Le désir de vengeance s'est dissipé avec le temps. Mais, au moment où le monument fut constitué, le désir de justice et la volonté de se souvenir du massacre étaient tous deux présents.

À la Libération, après quatre années de répression, de peur et de censure, les souvenirs et les ressentiments nourris secrètement pouvaient être exprimés et même extériorisés. Les atrocités et les crimes commis par les Allemands étaient certainement des sujets de deuil et d'amertume. Mais il y avait aussi des ferments de haine entre Français et un désir de vengeance à l'égard des exactions du régime de Vichy et de ses partisans. À la fin de la guerre, Vichy avait fait interner, grâce à de très nombreux « informateurs », 70 000 « suspects » — dont la plupart venaient d'Europe centrale[1]. 35 000 fonctionnaires avaient été mis à pied. Le gouvernement de Vichy avait envoyé 650 000 hommes au STO en Allemagne. L'administration de Vichy avait aidé les Allemands à déporter 200 000 personnes, dont seulement 50 000 survécurent. Sur les 76 000 Juifs français et étrangers qui avaient été déportés, 3 % seulement revinrent des camps.

Au printemps de 1943, la France était entrée dans un état de guerre civile d'une intensité croissante, la Milice organisant des attaques de grande envergure contre la Résistance. La Résistance recourait à la violence en assassinant les collaborateurs et les profiteurs du marché noir. Les estimations les plus fiables dont on dispose suggèrent que, durant toute la période de la guerre, 5 200 à 6 700 Français furent tués en France avant le débarquement allié du 6 juin 1944[2].

La guerre terminée, la justice entreprit de régler les comptes plus formellement. Mais, bien avant que le sort de la guerre ne fût décidé, un consensus s'était formé au sein des mouvements de la Résistance sur le lourd tribut à faire payer aux nazis et aux collaborateurs. Après le massacre d'Ascq, les formules suivantes furent forgées par les résistants pour exprimer leur souci de vigilance quant à la justice et au souvenir :

> Un jour les comptes seront réglés. L'heure du châtiment sonnera et nous aurons garde d'oublier les Darnand, les Philippe Henriot et autres miliciens qui nous vantent l'esprit chevaleresque des SS et l'honneur militaire des hommes de la race des seigneurs[3].

L'exigence de châtiments se fit entendre dès l'automne 1943 quand les journaux clandestins de la Résistance métropolitaine commencèrent à dresser des listes noires des informateurs, des provocateurs et des « profiteurs ». Un journal de la Résistance dans le Sud-Est fit clairement connaître ses intentions :

> Sous cette rubrique nous publierons régulièrement les noms des traîtres et des collaborateurs, individus tarés sans foi ni loi, opportunistes ou serviteurs du « Dernier des Judas » qui ont collaboré avec l'Allemand ou ses « Gauleiters » de Vichy. [...] Qu'ils sachent que l'heure de la justice immanente n'est pas lointaine et qu'un châtiment implacable leur est réservé. Nous l'exigerons et ce sera vengeance[4].

Cette question du souvenir avait un double aspect : intimider l'adversaire et affirmer que justice serait faite à la fin de la guerre. Mais la vengeance n'était pas une fin en soi pour la Résistance : elle faisait partie d'une entreprise plus vaste d'élimination de la corruption de la IIIe République, de rédemption des péchés de la collaboration et de réforme sociale complète.

La Libération ouvrit une période de chaos et de troubles politiques et sociaux, durant laquelle ceux qui s'étaient opposés à Vichy et aux Allemands demandèrent des comptes à leurs ennemis — ennemis de l'extérieur et de l'intérieur. Bien que la presse de la Résistance mélangeât souvent les accusations contre les Allemands et contre les collaborateurs français, cela n'eut plus les mêmes conséquences à partir de juin 1944. Une fois les Allemands retirés, ils furent hors d'atteinte des civils français. Tout règlement de comptes entre la France et l'Allemagne ne pouvait avoir lieu que par l'intermédiaire des troupes d'occupation françaises en Allemagne et des tribunaux de guerre internationaux. Les collaborateurs français étaient beaucoup plus vulnérables : ils n'avaient nulle part où aller.

À partir du moment où les Alliés débarquèrent en Normandie le 6 juin, les partisans de la Résistance mirent en mouvement ce qui devint l'« épuration ». Ce fut le premier effort, de courte durée, du nouveau gouvernement pour se débarrasser des aspects négatifs de Vichy — sans opérer cependant un examen global de l'attitude française pendant la guerre.

L'épuration eut deux phases distinctes. La première dura du 6 juin au mois de septembre 1944, au moment où les commissaires de la République du général de Gaulle purent rétablir le contrôle administratif et judiciaire du gouvernement central. Ce fut une période de justice sommaire. Bien que la violence ait été rapidement contrôlée, les statistiques les plus fiables font penser que « 4 500 exécutions sommaires au moins eurent lieu en France dans les mois qui suivirent la Libération[5] ». Les violences les plus importantes eurent lieu dans la zone située au sud de la Loire, celle qui fut libérée par les Français et non par les troupes américaines. Le 15 août 1944, les Américains et les Français débarquèrent en Provence et remontèrent la vallée du Rhône pour rejoindre les forces du général Patton, à Dijon, le 11 septembre. Les Allemands qui étaient cantonnés dans le Sud-Ouest se ruèrent au nord pour éviter l'encerclement, laissant aux mains de la Résistance la zone allant des Pyrénées à la Loire et de l'Atlantique au Rhône.

Ceux qui furent le plus sévèrement frappés par la justice sommaire furent les travailleurs agricoles, les petits fermiers et les artisans. Il y eut aussi parmi les victimes des gendarmes, des policiers et des complices des nazis, auxquels les résistants s'étaient attaqués dès 1943[6]. Dans les petites villes et à la campagne où tout le monde se connaissait, les raisons politiques et les raisons personnelles firent un mélange explosif. On en trouve un exemple éclairant dans le documentaire de Marcel Ophüls, *Le Chagrin et la Pitié*, au cours d'une interview des frères Grave. Alexis Grave dit connaître le voisin qui l'a dénoncé à la police — dénonciation qui a conduit à sa déportation à Buchenwald. Fort heureusement, toutes les situations de ce genre ne conduisirent pas à des représailles : Alexis Grave ne chercha aucun règlement de compte à son retour après la guerre[7].

La seconde phase de l'épuration, celle menée officiellement dans les tribunaux, commença tardivement de l'avis des sympathisants de la Résistance. Ils auraient voulu procéder rapidement à l'épuration mais les obstacles techniques se révélèrent très importants. Ainsi, avant que tout procès puisse avoir lieu, il fallait épurer l'appareil judiciaire lui-même dans la mesure où la plupart des juges de la IIIe République étaient restés en place pendant l'Occupation[8]. Bien que les premiers procès aient commencé en octobre, de Gaulle attendit le 18 novembre 1944 avant de nommer une Haute Cour pour juger Pétain, son Premier ministre, ses membres de cabinet et ses gouverneurs coloniaux.

En fin de compte, la justice officielle de la Libération fut plutôt clémente[9]. Le général de Gaulle accorda son pardon aux femmes, aux mineurs et aux « comparses ». Sur un total de 124 751 cas jugés, 2 853 condamnations à mort furent prononcées en présence des accusés. 767 de ces sentences seulement furent exécutées. Les tribunaux prononcèrent aussi 3 910 condamnations à mort *in absentia*. Les sentences les plus courantes furent les peines privatives de liberté : 2 702 personnes condamnées aux travaux forcés à perpétuité, 10 637 à des peines limitées de travaux forcés, 2 044 à des peines de cachot et 22 883 à des peines de prison. 49 723 personnes furent déchues de leurs droits civiques[10]. La justice rendue après la guerre ne fut pas sévère. Selon les mots mêmes du général de Gaulle :

> Si l'on considère l'évidence massive de la collaboration et le nombre d'atrocités commises contre les combattants de la Résistance, si l'on se souvient des torrents de haine libérés après le retrait de l'ennemi, on peut dire que les

jugements des cours de justice furent rendus avec la plus grande indulgence possible[11].

L'épuration ne débarrassa pas l'administration de tous les collaborateurs. Comme l'ont montré de manière convaincante plusieurs chercheurs, ce fut plutôt le « lampiste » qui fut condamné de manière disproportionnée :

> Les humbles sont en effet plus durement frappés, tandis que les nantis peuvent mobiliser de bons avocats, faire traîner la procédure, susciter des témoignages complaisants, transférer leur dossier en dehors du département d'origine [...]. Toutes les enquêtes confirment aujourd'hui ce constat : l'épuration, loin d'être l'application brutale d'une « justice populaire », de classe, fut plus clémente pour les cadres de la société que pour les « lampistes », pour les personnes installées que pour les jeunes[12].

Lorsque les principaux tribunaux d'épuration cessèrent leur activité en 1947, peu de Français étaient satisfaits du résultat. Selon de nombreux résistants, les procédures avaient manqué de la rigueur nécessaire à une justice d'après-guerre qui aurait dû constituer la pierre de fondation d'une France « pure et dure ». À l'inverse, les Vichystes impénitents dénonçaient les procès dans lesquels ils ne voyaient que l'injustice brutale orchestrée par leur ennemis politiques[13].

L'épuration capta l'attention du pays mais la vigilance s'atténua rapidement. Certains individus furent condamnés mais cela n'entraîna aucune réflexion profonde sur la responsabilité collective de la collaboration. La clémence fut accordée dans l'intérêt de l'unité nationale. Comme le souligne l'historien Jean-Pierre Rioux,

> [...] ainsi fut paré des plus hautes nécessités le point final à l'épuration de masse. Pour survivre et bâtir, la mobilisation du travail et l'affirmation de l'État délivrent une absoute généralisée des fautes passées[14].

De nombreux Français crurent que cela exigeait qu'on oubliât l'abjection du régime de Vichy et les divisions qu'il avait créées. C'est dans ce contexte de consensus forcé que prirent forme les premières tentatives de commémoration du massacre d'Oradour-sur-Glane.

Très peu de ceux qui connaissaient Oradour au moment du massacre étaient à même de faire quelque chose pour préserver les ruines[15].

Cela peut être imputé en partie au fait qu'après le massacre la plupart des survivants se rendirent à Limoges ou chez des parents dans d'autres villes. Dans les jours qui suivirent le massacre, Robert Hébras et André Desourteaux se souviennent qu'ils formèrent une sorte de groupe avec d'autres jeunes gens qui avaient perdu leurs familles. À la fin du mois de juin, les deux hommes rejoignirent le maquis ; après la libération de Limoges, le 22 août 1944, ils s'engagèrent dans l'armée française et ne revinrent dans la région qu'après la guerre. Durant la première année qui suivit le massacre, seules deux personnes restèrent dans le voisinage : Martial Machefer, dont la maison avait été peu endommagée, et Hubert Desourteaux, qui vivait dans la ferme familiale à la périphérie du bourg.

Quand les survivants revinrent enfin, ils étaient plus préoccupés par leurs tragédies personnelles que par les démarches administratives qui allaient aboutir à la constitution du mémorial. Le deuil, le souci de recommencer à vivre et le désir de voir les responsables du massacre punis absorbaient toute leur attention. Après 1953, la politique, la polémique et l'amertume qui entourèrent le procès de Bordeaux occultèrent les souvenirs de l'immédiat après-guerre à Oradour.

L'initiative locale

La préservation d'Oradour fit l'objet d'une initiative locale presque immédiatement après le massacre. Toutefois, cette initiative chercha rapidement un soutien national. En quelques mois, des associations furent créées dans le dessein de perpétuer le souvenir du massacre, de témoigner contre l'horreur et la barbarie nazies, et d'aider les survivants sans ressources. Le rapide classement d'Oradour au registre des monuments historiques constitua un couronnement de l'initiative locale, capable d'impliquer le gouvernement dans la commémoration du massacre. Mais ce « succès » recouvrait d'autres intérêts que les simples intérêts locaux. Oradour devint un haut lieu de la mémoire nationale pour la Seconde Guerre mondiale dans la mesure où la commémoration permit de faire des ruines de ce village massacré le symbole de l'expérience de toute la nation.

Le site commémoratif de Verdun fournit un intéressant contraste avec celui d'Oradour. Antoine Prost a montré que la participation de dizaines de milliers d'hommes dans la bataille de Verdun et les pertes colossales endurées ont donné à ce site sa valeur de symbole national[16]. La barbarie à Oradour emporta 642 vies humaines. Cet événement ne pouvait évidemment pas prétendre avoir une signification pour la nation comme celui d'une expérience commune. Ce n'était d'ailleurs pas l'intention des associations d'Oradour : elles souhaitaient seulement faire connaître à la nation et au monde les horreurs qui s'étaient produites en France. Le gouvernement français, de son côté, voulut faire d'Oradour le symbole de la souffrance de tout le pays.

Quatre mois après le massacre, les premières démarches furent faites pour fonder une association vouée à la préservation des vestiges d'Oradour. Le 2 octobre 1944, le maire d'Oradour soumit au préfet de la Haute-Vienne une liste possible des membres d'un « Comité provisoire pour le sauvetage des ruines et la création d'un sanctuaire à Oradour-sur-Glane ». Au même moment, d'autres associations se formaient à Limoges. M. Georges Frugier-Laverine, un Limougeaud dont la famille était très liée à Oradour, fit part de ses intentions au préfet : commémorer le massacre chaque année ; réunir des fonds pour financer un ossuaire rassemblant les cendres des victimes ; aider les survivants à défendre leurs droits ; informer la France et le monde de l'atrocité commise ; préserver à Oradour « son auréole de gloire faite du sang de ses martyrs[17] ». Ces deux groupes poursuivirent leurs objectifs au sein du Comité du souvenir[18]. Seules quatre personnes d'Oradour même étaient membres du Comité du souvenir : le maire Louis Moreau, Hubert Desourteaux, M. Besson, et Martial Machefer. Marcel Darthout, rescapé de la grange Laudy, et Jeanne Montazeaud, fille du notaire d'Oradour, étaient employés comme secrétaires par le Comité[19]. Entre-temps, une autre association s'était formée pour subvenir aux besoins matériels des survivants : l'Association des sinistrés et rescapés, présidée par Hubert Desourteaux[20]. En février 1945, le Comité du souvenir et l'Association des sinistrés et rescapés se réunirent dans l'Association nationale des familles des martyrs d'Oradour-sur-Glane (ANFM)[21]. Celle-ci est aujourd'hui le seul représentant des victimes du massacre et de leurs familles[22].

La nature de l'événement — le massacre de la quasi-totalité de la population du bourg et le départ des survivants — faisait que la date anniversaire du 10 juin 1944 serait commémorée par des gens qui ne l'avaient pas vécu. La transformation en site commémoratif eut lieu à un moment où Oradour n'était plus qu'un bourg fantôme. L'examen des procès-verbaux du Comité du souvenir, des dossiers administratifs et les interviews des habitants d'Oradour aujourd'hui montrent que la population locale a joué un rôle mineur dans le mouvement initial pour transformer Oradour en mémorial. Ce n'est qu'au printemps de 1945, avec la création de l'ANFM, la construction des baraquements pour loger les survivants et les premières visites des architectes pour dessiner le plan de la nouvelle ville, que les habitants d'Oradour prirent les choses en main. À ce moment-là, les principales décisions concernant l'aspect physique du site commémoratif relevaient déjà du fait accompli.

La requête de Pierre Masfrand

Le docteur Pierre Masfrand, qui n'était pas un survivant d'Oradour mais un notable du Limousin originaire de la ville de Rochechouart, située à treize kilomètres au sud-ouest, et le sous-préfet, Guy Pauchou, furent les premiers à concevoir le site commémoratif à partir des vestiges du bourg détruit[23]. Le 10 octobre 1944, le docteur Masfrand fit la première requête destinée à engager une action officielle :

> Les ruines de ce qui était encore hier une riante petite cité symbolisent éloquemment l'atroce barbarie allemande et nous nous devons d'assurer leur conservation afin qu'elles puissent servir d'enseignement aux générations de l'avenir. C'est dans cet esprit, messieurs, que j'ai l'honneur

de demander leur classement comme monument historique[24].

Pauchou et Masfrand réunirent une impressionnante liste de figures politiques et religieuses locales et de représentants de l'administration dont l'aide serait précieuse dans l'entreprise de préservation des ruines d'Oradour. Le comité comptait parmi ses membres le prêtre d'Oradour, le chanoine du diocèse de Limoges, le délégué de la commission pour l'art religieux à Limoges, l'inspecteur de la santé qui avait supervisé les premiers secours après le massacre, l'architecte du département. À la demande du préfet, des représentants des « mouvements de la Libération et du Front national[25] » (en d'autres termes, des hommes liés à la Résistance ou des résistants) avaient été invités à y participer. Le président du comité de Libération de Rochechouart, le président du Mouvement national de Libération de Rochechouart, un membre du Front national de Saint-Junien, le maire de Confolens, M. Tournier, qui était réfugié à Confolens pendant la guerre, furent inscrits au Comité. Les dirigeants du Comité du souvenir furent les premiers à formuler le projet d'un mémorial.

Le Comité du souvenir eut sa première réunion dans l'après-midi du 21 octobre 1944 dans une maison endommagée qui servait provisoirement de mairie. Deux représentants du ministère des Beaux-Arts étaient présents : M. de Chalup, inspecteur régional des sites, et M. Jean Creuzot, architecte en chef des monuments historiques[26]. Cette réunion fut le point de départ d'une longue et plus tard difficile coopération de l'administration centrale et des instances locales.

Le docteur Masfrand présenta le projet du Comité pour le futur site d'Oradour : la désignation des ruines comme monument historique et la création d'un nouveau bourg « à proximité de l'ancien ». Il n'était pas question de reconstruire sur l'ancien site : « Nous nous devons incontestablement de conserver les ruines d'Oradour-sur-Glane aux pieux souvenirs des générations futures[27]. » Les procès-verbaux de la réunion du Comité indiquent qu'un nombre important de personnes de la région et des départements voisins visitaient déjà les ruines. Le docteur

Masfrand expliqua comment les guides recevraient les visiteurs et les conduiraient aux points clefs : « [...] à l'église, aux habitations, en particulier aux granges tragiques et enfin au cimetière en leur donnant toutes explications utiles. » Il avait des idées en ce qui concernait l'objet de la visite à Oradour mais aussi sur la façon dont les visiteurs devraient se comporter :

> Il ne faut pas que les promeneurs visitant individuellement pénètrent dans les maisons, les dégradent pour recueillir des objets qui leur sont utiles ou pour emporter des souvenirs. Il ne convient pas non plus qu'ils s'installent pour déjeuner ou pour deviser sur les marches qui constituent les seuils des maisons, lesquelles doivent être considérées avec le même respect que des tombeaux[28].

À la réunion suivante du Comité, le 14 novembre, un prisonnier de guerre de retour fut choisi pour jouer le rôle de guide[29].

Le thème directeur du plan du docteur Masfrand exprimait sa conviction qu'en créant un impact émotionnel l'impression la plus durable serait créée : « Le visiteur se souviendra d'autant plus qu'il aura été plus ému et qu'il lui sera donné de sentir davantage dans ces maisons l'invisible présence des habitants. » On obtiendrait cela au mieux en présentant « certaines maisons dans l'état où elles se trouvaient aussitôt après l'incendie ». On pouvait même faire plus que préserver les carcasses des maisons. Le docteur Masfrand envisageait toute une mise en scène destinée à évoquer la vie domestique et familiale que les nazis avaient détruite :

> Un objet que [le visiteur] retrouvera à sa place, par exemple une marmite dans son foyer [...] l'impressionnera souvent au plus haut point.

Le docteur Masfrand était conscient du fait que pour obtenir cet effet il faudrait restaurer soigneusement l'environnement :

> Dans de nombreuses habitations où tous les objets mobiliers ont été anéantis, notre action devra forcément se limiter à la conservation des murailles, mais dans bien d'autres, en particulier dans certains garages où des auto-

mobiles, des camions, des bicyclettes, des objets en métal qui ont échappé à la destruction du feu se trouvent encore, il convient, à moins qu'ils ne présentent par leur bouleversement un caractère particulièrement saisissant, de dégager les véhicules des amas de débris accumulés autour d'eux et de les présenter ainsi d'ailleurs que les autres objets à la place qu'ils occupaient afin de montrer pieusement et fidèlement les lieux tels qu'ils étaient au moment de l'incendie[30].

Dans certains cas, une intervention importante serait nécessaire dans la mesure où les ruines de certaines maisons avaient été fouillées par les équipes de secours et les chasseurs de souvenirs. Le docteur Masfrand ne proposait rien moins que la recréation d'un moment passé — le lendemain du massacre — et sa pétrification. Les vestiges d'Oradour seraient ainsi une commémoration permanente du massacre.

La présentation d'objets sauvés des ruines devait aussi jouer un rôle, selon le docteur Masfrand, dans l'instruction du public. Il annonça un plan de création d'un musée du Souvenir « où seront pieusement conservés et exposés les objets recueillis dans les ruines de la ville, objets qui évoqueront à l'esprit des visiteurs les péripéties les plus marquantes de ce drame monstrueux ». Le docteur Masfrand avait accumulé un certain nombre d'objets qui étaient « particulièrement intéressants à cet égard » : des landaus marqués par les impacts de balles et les restes de la cloche qui avait fondu au cours de l'incendie de l'église[31]. Exposer des objets de l'église comme des pièces de musée ne les transformerait pas simplement en artefacts, mais leur conférerait, compte tenu du contexte de leur présentation, l'aura de reliques religieuses.

À la réunion suivante, le Comité du souvenir insista sur l'importance de conserver les traces de la violence et de la mort. Le docteur Masfrand demanda à ce qu'on protège les impacts de balles sur le mur de l'église. En ce qui concernait les taches de sang dans la même partie de l'église, il fit part aux membres du Comité de sa démarche auprès du conservateur du Louvre pour connaître les procédés de fixation qui permettraient leur conservation[32].

Le dernier aspect du plan du docteur Masfrand concernait l'extension du cimetière et la construction d'une chapelle et d'un ossuaire surmonté d'un monument. Les restes des victimes du massacre avaient été enterrés dans trois fosses communes dans le cimetière. Le docteur Masfrand avait reçu de nombreuses plaintes de la part des mères en deuil qui ne savaient pas sur quelle tombe prier. La construction d'un ossuaire permettrait de rassembler les cendres de toutes les victimes.

Le point de vue de Paris

La proposition du Comité d'inscrire Oradour au registre des monuments historiques marquait l'effort pour traduire en termes culturels le martyre de la France par les nazis. Moins d'une centaine d'édifices avaient été jusque-là jugés dignes de la classification aux monuments historiques : celle-ci avait été réservée à des édifices tels que les cathédrales du mont Saint-Michel ou de Chartres. Du point de vue des architectes et des experts du patrimoine imprégnés de tradition, il était presque absurde de considérer les ruines d'un bourg rural comme un trésor national. Du point de vue des urbanistes, le plan du Comité paraissait tout à fait radical. Si l'on en croit Gabor Mester de Paradj, architecte en chef des Monuments historiques et responsable du site d'Oradour à la fin des années quatre-vingt,

> [dans le passé] on reconstruisait toujours à partir du tissu ancien ou au moins en suivant la trace d'une route. Rares étaient les cas où on a construit une nouvelle ville à partir de rien. Cela a commencé à se produire trente ans plus tard[33].

Après la guerre, des villes en ruines comme Saint-Malo ou La Chapelle-en-Vercors furent reconstruites sur les sites originaux.

Les experts du ministère des Beaux-Arts déclarèrent immédiatement que le projet était irréalisable. L'architecte en chef, Creuzot, exprima ses soucis dans un long rapport au directeur général des Beaux-Arts, trois jours après la réunion du Comité du souvenir à Oradour :

> Il a été décidé d'engager une demande en vue de l'ouverture d'un périmètre englobant d'abord les ruines du village incendié. [...] Ce classement va poser immédiatement un problème particulièrement difficile à résoudre : la conservation des ruines. Car dans l'esprit du Comité provisoire, la conservation du village dans l'état où il a été trouvé après le départ des Allemands est le thème qui doit primer toutes les réalisations d'ordre monumental ou architectural qui ne viendront qu'en complément de la présentation des ruines. [...] Mais est-il possible de maintenir cet état des choses ? L'action de la végétation envahissante est considérable dans le Limousin, les intempéries après un seul hiver peuvent faire des ravages considérables dans les ruines qui subsistent encore.

Au cours de sa visite, Creuzot disait avoir vu les ruines s'effondrer sous ses yeux :

> [...] ces vestiges forment un alignement de hautes piles, dont la silhouette et la couleur sont vraiment impressionnantes ; au cours d'une station de quelques minutes sous la pluie, nous avons vu s'effondrer des parties importantes de ces ruines ; après l'hiver, il n'en subsistera rien[34].

Creuzot avait identifié le problème central qui allait affecter le site d'Oradour jusqu'à nos jours : l'énorme difficulté de conserver des ruines à l'état de ruines. Une note du 24 novembre émanant d'un service du ministère de l'Éducation nationale parvenait à la même conclusion :

> Le Comité provisoire de conservation a exprimé le vœu que les ruines du village soient autant que possible « cristallisées » dans leur aspect actuel. [...] En effet, s'il est relativement aisé de maintenir l'état où elle apparaît après son incendie [...], il n'en est malheureusement pas de même pour l'ensemble du village, en raison de la nature des matériaux employés dans la construction. Les maisons d'Oradour sont, en grande partie, construites en pisé ou en torchis, matériau particulièrement friable, et qui ne peut se conserver à l'état de ruine[35].

Toutefois, après la première réunion du Comité provisoire, il était clair pour M. Creuzot qu'il serait difficile de résister à la pression politique. Il conclut ainsi « [qu'] en tout état de cause, le classement s'impose[36] ».

En effet, les difficultés techniques pour préserver Oradour ne réduisirent aucunement l'extraordinaire enthousiasme que suscitait ce geste politique. L'inspecteur général des sites, Georges Lestel, avait immédiatement ouvert un dossier de classement pour Oradour. Il alla même jusqu'à convoquer tous les inspecteurs régionaux afin de réunir la documentation nécessaire pour des propositions similaires dans le reste du pays :

> Les mesures conservatoires ainsi ordonnées constituent, à mon sentiment, le minimum que puisse faire le service des sites pour assurer la perpétuation nécessaire de ces ignominieuses tragédies[37].

Deux jours plus tard, le 28 octobre, le commissaire de la République à Limoges reçut un télégramme du ministère de l'Éducation nationale annonçant l'ouverture d'une « instance de classement au titre site historique sur totalité ruines agglomération Oradour-sur-Glane et au titre monument historique église[38] ». Tout en soutenant l'esprit du projet, ces experts préféraient pour Oradour la désignation de « site historique » (qui supposait une moindre protection), laquelle leur paraissait une catégorie plus appropriée, compte tenu de la dimension du site. Le chef du bureau des Monuments historiques proposait de transformer en « zone rouge » l'église et les maisons alentour pour les maintenir dans leur état présent. La conclusion implicite était que le reste du bourg serait détruit ou laissé à l'abandon. Le gouvernement français tentait de ne pas assumer la lourde responsabilité de conserver la totalité des ruines. Mais la solution « technique » fut rejetée au cours d'une réunion du Comité provisoire du 14 novembre 1944 :

> M. Masfrand déclare qu'il convient, à son avis, de classer comme site la totalité des maisons du bourg et leurs dépendances. En ne classant qu'une partie, on risquerait de réduire l'intérêt du but poursuivi[39].

En dépit de la réticence des experts de l'administration des Beaux-Arts, la proposition du Comité du souvenir servit de schéma directeur pour le site commémoratif tel qu'il fut réalisé ensuite par le ministère de la Reconstruction et l'administration des Beaux-Arts. Seules quelques suggestions extravagantes ne furent pas retenues — la plus sensationnelle d'entre elles étant que les samedis et les dimanches, jours de la destruction du village et de la plus grande fréquentation des ruines, une flamme et de la fumée apparaîtraient au sommet de la tour de l'église[40]. Le gouvernement provisoire de la République suivit les lignes directrices proposées par le Comité du souvenir, malgré l'avis de ceux qui jugeaient le problème d'un point de vue esthétique ou architectural. Au cours d'une réunion du 28 novembre 1944, le cabinet du président de Gaulle décida de faire d'Oradour « l'objet d'une protection particulière du gouvernement[41] » et adopta quatre mesures proposées par René Capitant, ministre de l'Éducation nationale : le classement de l'église aux Monuments historiques ; le classement des ruines comme « site historique » ; la construction d'un nouveau bourg sur un autre site ; la reconnaissance officielle du Comité du souvenir[42]. Oradour serait désormais invoqué au nom de la nation entière.

Oradour, symbole national

Bien que les personnalités les plus importantes de l'État se soient impliquées dans la commémoration du massacre d'Oradour, la signification symbolique des ruines n'était pas encore très claire. Que représenterait Oradour ? Sa transformation en site commémoratif national supposait qu'on en définisse le symbole. Le sens donné au massacre ne dépassait pas les déclarations vagues sur la nécessité de conserver un témoignage particulièrement frappant de la barbarie nazie. Lestel, inspecteur général des Sites, avait fait allusion au caractère malléable de ce que pouvaient représenter les ruines dans son rapport du 26 octobre 1944 :

> [...] il conviendra ultérieurement d'examiner sous quelle forme devra s'exprimer définitivement la piété nationale à l'égard de ces cités et de ces populations martyres[43].

En d'autres termes, Oradour devait être conservé en tant que symbole utile à la France entière. L'utilité exacte serait à définir plus tard. La référence de Lestel à la « piété nationale » et aux « populations martyres » était une indication de ce qui se préparait. Les initiatives pour commémorer Oradour se situaient dans le contexte de l'après-guerre, où les souffrances infligées par les Allemands étaient soigneusement comptabilisées. Durant une courte période, après le débarquement allié de juin, le compte rendu des opérations militaires avait occupé la quasi-totalité des journaux. Mais, une fois Paris libéré et le gouvernement provisoire de la République installé, les atrocités contre les civils redevinrent le thème primordial de la presse. Dans son éditorial du 5 septembre 1944, le quotidien de gauche *Ce soir* exhortait les Français à se souvenir de leurs martyrs :

> Il importe que des listes des victimes soient dès maintenant dressées, que le martyrologe de notre malheureux pays soit tenu à jour. Soixante-quinze mille hommes ont été mis à mort pendant quatre ans dans la région parisienne. Combien d'autres ont péri dans les tortures, ceux de Châteaubriant, d'Ascq, d'Oradour, de tant de villes où des « terroristes » ont été exécutés pour le seul crime d'avoir trop aimé leur pays. Il faut que ces documents soient publiés, répandus, partout à profusion, qu'ils se gravent dans notre mémoire et dans celle de ce peuple qui a permis que tant de barbarie le déshonore. Quant aux sinistres chambres de supplice, aux murs ensanglantés, aux appareils de torture, il ne faut pas y toucher. Il faut les laisser bien intacts comme les témoins devant lesquels nos descendants viendront exalter la mémoire de nos morts et fortifier leur haine légitime contre leurs meurtriers[44].

Dans cette litanie des martyrs, *Ce soir* ne distinguait pas entre résistants et civils tués au cours de représailles. Les premières cérémonies à la mémoire des martyrs civils d'Oradour eurent lieu sur fond de commémoration de la Résistance. Le temps passant, Oradour serait détaché du contexte de la Résistance pour faire figure de martyr absolu.

L'Aurore, journal plus modéré, souhaitait graver les esprits de la mémoire des crimes allemands afin que l'histoire ne puisse être falsifiée :

> [...] les atrocités de ces derniers mois n'emplissent-elles pas toutes les mémoires ? [...] ces souvenirs doivent être fixés, car l'attention des hommes est naturellement courte. Ils doivent être authentifiés pour éviter toute contestation ultérieure, ou même je ne sais quelle accusation facile de grossissement et de romanesque. L'Histoire n'est pas la légende : elle relève des documents [...] Nous avons connu hier l'Allemagne casquée des champs de bataille et de l'occupation militaire. Nous retrouverons demain l'Allemagne en haut-de-forme ou en chapeau mou des conférences internationales et des congrès politiques. [...] Elle nous expliquera que la domination hitlérienne, seule coupable, si même elle le fut, n'a été qu'un mauvais rêve, qu'il n'en subsiste plus outre-Rhin aucune trace et qu'il est préférable d'oublier ce que nous en avons appris.

Mais le témoignage de la barbarie nazie n'était pas seulement une mise en garde contre l'Allemagne. C'était aussi un message adressé à la communauté internationale et particulièrement aux Alliés, comme le soulignait le même article de *L'Aurore* :

> Nos amis anglais et américains sont arrivés depuis peu. La plupart de ces faits se sont passés avant leur entrée. Certains sont tellement hors nature que leur vérité même n'est pas vraisemblable. Nous passons aussi quelquefois auprès des Anglo-Saxons pour un peuple imaginatif. On leur racontera à plaisir que nous exagérons. [...] C'est pourquoi il faut qu'un recueil officiel soit établi, rassemblant des pièces irrécusables et des photographies démonstratives. [...] Il ne s'agit pas d'alimenter la haine. Il s'agit de proclamer la vérité et de satisfaire la justice[45].

C'est dans cet esprit sans doute que le commissaire de la République demanda, en juillet 1944, au service ferroviaire du département d'augmenter la desserte d'Oradour pendant les quinze semaines au cours desquelles les troupes américaines seraient stationnées à Limoges. Il spécifia que chaque vendredi au cours de cette période

400 soldats devraient pouvoir être transportés de Limoges à Oradour[46].

Un représentant du gouvernement provisoire assista à la troisième réunion du Comité du souvenir afin de transmettre les préoccupations de l'État. M. Billet, attaché au ministère de l'Information, fit part au Comité de l'organisation d'une manifestation intitulée « Crimes et bagnes fascistes », dans laquelle Oradour apparaîtrait. Le docteur Masfrand proposa le prêt des reliques les plus frappantes d'Oradour : un jouet d'enfant criblé de balles, un landau, divers objets retrouvés dans les ruines de l'église (baleines de corsets, fers à cheval, etc.). M. Billet expliqua qu'« une énorme tâche de propagande nationale [était] à accomplir notamment auprès des nations alliées[47] ». La participation du gouvernement au projet de transformation du village martyr en symbole national recouvrait des objectifs politiques plus spécifiques que le souci général de témoigner de la brutalité nazie. C'était un effort, conduit par le général de Gaulle, pour redonner à la France et aux Français une légitimité et un rang sur la scène internationale, en raison des souffrances subies sous l'Occupation.

La visite du général de Gaulle

À l'automne 1944, les Alliés n'avaient pas encore reconnu la souveraineté française. Le président Roosevelt ne voyait en de Gaulle qu'une « entité inconnue », qu'un démagogue potentiel et un dirigeant politique sans mandat. Roosevelt considérait que la France, comme tous les autres pays libérés, devrait être gouvernée par le gouvernement militaire allié d'occupation (AMGOT) jusqu'à ce que des élections puissent avoir lieu. Ce n'est que le 23 octobre 1944 que les Alliés reconnurent le gouvernement provisoire de la République française (GPRF).

Dans cette atmosphère d'incertitude, de Gaulle pensa que la présence physique du chef de l'État favoriserait le retour à l'ordre et lui attirerait un soutien populaire massif qui convaincrait les Alliés de la légitimité du gouvernement provisoire[48]. Pendant la période de sa présidence du gouvernement provisoire, de septembre 1944 à janvier 1946, de Gaulle entreprit quinze voyages officiels en province. Au cours de ces déplacements, de Gaulle soulignait le thème de l'unité nationale. De même qu'il avait cherché à rassembler les différents éléments de la Résistance, de même cherchait-il à rassembler une nation divisée.

Le 4 mars 1945, sur les ruines d'Oradour, de Gaulle fit un discours sur l'unité de la nation dans la souffrance. La visite d'Oradour faisait partie d'un voyage triomphal de deux jours dans le Limousin et en Dordogne. La délégation présidentielle arriva à Limoges par le train de 9 heures, accueillie par le commissaire de la République et cinq préfets des départements du centre de la France. Le président se rendit au square de la Poste, où il déposa une gerbe sur le mémorial de la Première Guerre mondiale. De là, il se rendit à pied à la préfecture, acclamé par une foule importante. « Par milliers les Limousins ont acclamé le général de Gaulle », titrait *Le Libérateur*, journal régional et hebdomadaire d'une page qui était apparu à la Libération[49]. *La Marseillaise*, autre journal, décrivait la ville « frémissante de foi patriotique » et se réjouissait « du contact intime entre le gouvernement et la Nation[50] ». Dans le hall principal de la préfecture, devant les fonctionnaires locaux, le commandant militaire de la région, les différentes délégations et les notables, de Gaulle énuméra les conditions nécessaires pour atteindre les objectifs de réforme et de rénovation[51]. Ensuite, il s'adressa à une immense foule assemblée devant le balcon de l'hôtel de ville.

La célébration de la visite du général de Gaulle se transforma en sombre pèlerinage dans l'après-midi quand il se rendit à Oradour. Cette visite des ruines du village martyr n'avait fait l'objet d'aucune annonce officielle[52]. Au moment des préparatifs, le sous-préfet Pauchou, faisant preuve d'un grand sens de la mise en scène, avait proposé que la visite ait lieu « sans le concours de la foule », afin de ne pas diminuer l'impact des ruines et de ne pas distraire de l'horreur du massacre[53]. Un petit groupe fit visiter les ruines au général de Gaulle. Un journaliste présent dans l'entourage du général de Gaulle a décrit la scène :

> Enfin, soudain, à travers les arbres, on aperçoit, plus tragiques encore sous le soleil, les ruines d'Oradour. Oradour, nom qui sonne comme un glas aux oreilles de tout un peuple ; Oradour qui en un jour vit sa population anéantie et ses maisons ruinées. Par les rues en pente bordées de façades éventrées et noircies, où le vent souffle une plainte sinistre, à travers les ouvertures béantes des fenêtres, le général et sa suite montent jusqu'à la petite place[54].

Sur la place du marché se trouvèrent ainsi rassemblés le sous-préfet Pauchou, le maire d'Oradour, Louis Moreau, les cinq rescapés de la grange Laudy (Yvon Roby, Clément Broussadier, Mathieu Borie, Marcel Darthout et Robert Hébras) ; Marguerite Rouffanche, seule survivante de l'incendie de l'église ; les deux garçons qui avaient pu s'échapper (Roger Godefrin et André Pinède) ; les membres du Comité du souvenir et un certain nombre de familles en deuil. De Gaulle s'adressa à cette assemblée :

> Oradour est le symbole de ce qui est arrivé à la patrie elle-même. Pour réparer et pour conserver le souvenir, il faut rester ensemble comme nous le sommes en ce moment. Un lieu comme celui-ci reste une chose commune à tous. Jamais plus il ne faut qu'une chose pareille puisse arriver en quelque point de la France[55].

Ces phrases du général de Gaulle firent d'Oradour un exemple de l'expérience nationale. Oradour serait le symbole du rassemblement des Français dans la commémoration des horreurs nazies et de la souffrance de la nation. Le point de vue local fut exprimé dans le bref discours du sous-préfet Pauchou. Il réclamait la justice, « le châtiment exemplaire des coupables » et la vengeance. En terminant son discours, il s'écria :

> Vous êtes notre sauveur. Nous vous demandons aujourd'hui de nous venger.

Seule *La Nouvelle de la République* reprit ses propos.

Depuis la place du marché, le général de Gaulle fut conduit à travers les ruines, afin qu'il « revive » le massacre en suivant l'itinéraire des victimes. Le sous-préfet Pauchou dirigea le groupe présidentiel vers les granges où les hommes avaient été abattus et, par la rue principale, vers l'église incendiée. Seul un petit groupe entra dans l'église derrière l'évêque de Limoges. Le « pèlerinage » s'acheva par une « pieuse visite » au cimetière, où le général de Gaulle plaça une plaque de bronze qui portait l'inscription suivante : « À Oradour, témoin de la barbarie allemande. Le gouvernement de la République. » Après avoir daté et signé la première page du livre mémorial du village martyr, de Gaulle repartit pour Limoges. La dernière image de cette visite transmise par les journaux était celle du Président réconfortant la nation en deuil :

> À la sortie du village, sur la route de Limoges, les habitants de la région s'étaient massés au passage du Chef du gouvernement. Celui-ci [...] fit arrêter sa voiture et s'inclina devant de nombreux groupes de personnes en deuil qui, toutes, pleuraient des victimes de la tragique journée du 10 juin[56].

Au message d'Oradour se rattachait celui donné à Grenoble quelques mois plus tôt. De Gaulle avait célébré les efforts de la nation dans l'engagement et les sacrifices de la Résistance. À Oradour, il avait qualifié les souffrances de ce bourg détruit de symbole de l'expérience de toute la nation. Les martyrs et les héros de la France n'étaient plus des résistants mais les citoyens ordinaires d'un village paisible massacrés par des soldats SS en fuite. La visite de Charles de Gaulle à Oradour consacrait la vision d'une communauté paisible, innocente victime de la barbarie nazie. L'effort de commémoration à Oradour, commencé par le Comité du souvenir et appuyé par le général de Gaulle, visait à réduire la tension entre la France des résistants actifs et celle de la grande majorité de la population qui avait survécu à la guerre en s'esquivant. Le message implicite délivré à Oradour signifiait que chaque Français, quel que fût son choix pendant la guerre, avait été en danger.

Les usages du martyre

Le concept de « martyre » englobait largement la souffrance physique endurée par les Français et touchait le cœur des questions morales soulevées par l'Occupation et la collaboration. Dans les commentaires de la presse de l'automne 1944, au-delà de la joie créée par la fin de la guerre, on sentait fermenter l'anxiété et la consternation à l'égard des « défaillances » françaises. Dans son éditorial du 14 octobre, le rédacteur en chef de *L'Aurore* décrivait la France comme un « État victime » dans le contexte de l'après-guerre :

> On dit souvent que les Nations unies se divisent en grands et petits États. Au lieu de petits États, il vaudrait mieux parler d'États victimes, car leur position serait par là mieux définie. Nul ne sait où commencent et où finissent en la matière la grandeur et la petitesse [...]. Par contre, il y a eu un grand nombre d'États occupés et ravagés par les armées hitlériennes et leur situation morale et leur situation politique sont de ce fait très particulières, [...] la France, par exemple, se trouve être l'un d'eux[57].

Honorer les victimes françaises civiles comme des « martyrs » donnait une certaine noblesse à une expérience qui, à bien des égards, n'avait été qu'humiliante ou, dans certains cas, déshonorante.

Le martyre, qui suppose une faiblesse physique et une supériorité morale, procède d'une cause sacrée — dans le cas présent, la cause de la nation. Bien que la cause nationale ait été longtemps représentée comme sacrée, l'usage du terme de « martyre » exprimait alors la croyance selon laquelle la France avait été impuissante face aux nazis. L'acceptation de cette croyance reflétait sans doute la mauvaise conscience à l'égard de la justice de l'après-guerre. L'historien Jean-Pierre Rioux a remis en question la bonne foi des Français sur ce point :

> Et si la « France profonde » n'était pas en 1944-1945 aussi innocente qu'elle voulait le croire en se débarrassant de sa propre image que lui renvoyaient les victimes de l'épuration ? « Le pays, un jour, devra connaître qu'il est vengé », promettait le général de Gaulle dès 1943. Les Français, eux, préféreront se reconnaître avec lassitude dans une République qui ne sera ni une, ni indivisible, comme eux-mêmes. Parce que, notait alors Jean-Marie

Domenach, « c'était comme si on avait peur de l'ampleur même du crime[58] ».

La décision de faire d'Oradour un site commémoratif d'importance nationale relevait de cette indulgence manifestée par le général de Gaulle et la communauté politique à l'égard des fautes commises au cours d'un passé récent.

Au cours de sa visite, de Gaulle non seulement avait donné une signification précise aux ruines, mais il avait aussi fait progresser les choses sur un plan pratique. Jusqu'à ce que le site soit classé, aucun travail véritable de conservation des ruines ne pouvait être entrepris. La visite du général de Gaulle força la décision du ministère de l'Éducation nationale de classer le site. L'administration souhaitait faire d'Oradour un *site historique* alors que le Comité du souvenir et le maire d'Oradour insistaient pour obtenir le statut de *monument historique* pour la totalité du bourg. Le sous-préfet Pauchou profita de la visite du général de Gaulle pour faire pression sur le ministre de l'Intérieur, André Tixier, qui faisait partie de la délégation présidentielle. Le 22 mars 1945, Tixier envoya une note irritée au ministre de l'Éducation nationale, René Capitant, exigeant que la décision de classement du village comme site historique et de l'église comme monument historique soit publiée au *Journal officiel* :

> Il serait important que cette publication intervienne sans délai, au lendemain du voyage du général de Gaulle. [...] À l'heure actuelle, c'est l'ensemble des ruines qui est menacé de disparaître[59].

Au début d'avril, le ministre de l'Éducation nationale ouvrit une instance de classement au registre des monuments historiques pour « l'ensemble des ruines ». L'instance de classement garantissait la protection pour la durée d'un an et permettait ainsi aux services techniques du bureau des Monuments historiques de commencer les travaux de conservation des ruines. En annonçant cette décision, qui constituait l'étape précédant le classement définitif, le ministre de l'Éducation nationale avait noté que cette mesure répondait à des exigences locales[60].

Avec l'aide du général de Gaulle, le Comité du souvenir avait réussi à inscrire Oradour dans le paysage commémoratif officiel de la Seconde Guerre mondiale.

Le classement des ruines d'Oradour comme monument historique était compliqué par le fait même du massacre. La loi qui régit ces classements exige l'agrément des propriétaires qu'il n'était évidemment pas possible d'obtenir dans le cas d'Oradour. Dans ces circonstances, le ministre des Beaux-Arts et le ministre de la Reconstruction décidèrent de simplifier les choses. En avril 1945, l'État expropria les ruines et les terres de l'ancien bourg[61]. Une fois que le gouvernement français eut décidé de devenir propriétaire des ruines, son engagement dans la commémoration du massacre devenait définitif.

Un lieu de pèlerinage national

Le docteur Masfrand avait parlé de piété — la « pieuse conservation » des objets trouvés dans les ruines, le cimetière lieu de « pieux pèlerinage ». Le gouvernement français avait désormais adopté ce vocabulaire. Une note d'information en date du 5 janvier 1945 annonçait le souhait du gouvernement de faire du village martyr un site de « pèlerinage national » et de transformer les ruines en un « temple du souvenir[62] ». Un autre communiqué parlait aussi des ruines comme d'un « musée de la piété nationale[63] ». Le vocabulaire utilisé dans les discussions autour d'Oradour rappelait celui des enquêtes épiscopales sur l'authenticité des miracles ou sur la fondation d'un culte officiel[64].

Frank Delage, auteur du petit livre publié en mars 1945, *Oradour, village martyr*, décrit explicitement la commémoration nationale comme un mélange de nationalisme et de foi religieuse :

> Après cette guerre dont les ravages, s'accroissant sans cesse, ruinent des provinces que d'autres guerres avaient épargnées, après la victoire, après l'écrasement d'un ennemi inhumain, la France voudra avoir ses pèlerinages nationaux : Oradour-sur-Glane, l'innocente martyre, sera au premier rang de ces cérémonies où le peuple français communiera. On ne viendra pas seulement prier pour les

morts en pleurant des souffrances indicibles. Ce seront des anniversaires de foi française en même temps que de foi chrétienne[65].

Le « martyre des innocents » à Oradour servirait de « leçon nationale ». Le pèlerinage vers ce site renforcerait la volonté de restaurer la grandeur de la nation. Tout comme les pèlerins chrétiens régénèrent leur foi auprès des reliques saintes et des martyrs, les citoyens français régénéreraient leur zèle patriotique :

> Le pèlerinage aux ruines d'Oradour doit renforcer chez tous les Français la volonté de rendre à la France sa belle place dans le monde [...]. De la vision du désastre naîtra l'énergie qui prépare les puissances futures. Dans ce modeste village limousin, du contact de la mort et de la ruine surgira la vitalité d'une grande nation qui s'honore d'avoir en détestation l'iniquité et la cruauté, et qui aime la justice, le droit et la paix[66].

Cette notion de « pèlerinage national » n'était pas nouvelle. Elle renvoyait en fait au renouveau religieux sous la IIIe République, répondant à la défaite militaire contre la Prusse en 1871 et aux violences de la Commune de Paris. Comme l'a montré l'historien Thomas Kselman, le début des années 1870 fut marqué par un intense renouveau religieux et une reprise des pèlerinages vers les lieux saints consacrés au XIXe siècle — le plus célèbre d'entre eux étant Lourdes[67]. Ce mouvement de renouveau religieux atteignit son apogée en 1872 quand une commission nationale composée de laïcs et d'ecclésiastiques organisa le premier pèlerinage national à Lourdes[68]. Au cours du dernier tiers du XIXe siècle, Lourdes « devint un sanctuaire national, non officiel mais totalement reconnu[69] ».

De 1871 à 1873, le nombre d'apparitions en France s'accrut et la tradition prophétique française connut une véritable renaissance. L'apparition la plus célèbre se produisit à Pontmain dans le département de la Mayenne le 17 janvier 1871 — dans une zone menacée par les troupes prussiennes. La Vierge apparut à deux enfants en leur disant : « Priez, mes enfants. Dieu exaucera bientôt vos prières. » Quelques jours plus tard,

Pontmain fut épargnée et une enquête épiscopale conclut à la réalité du miracle[70]. Dans cette période de crise politique et sociale qui suivait la défaite de Sedan, les prophéties jouèrent un rôle psychologique et politique important :

> [celui] d'expliquer et de justifier le désordre politique et social comme le résultat de la décadence morale et de l'indifférentisme religieux. Après la description des châtiments expiatoires, les prophéties garantissaient que la France retrouverait son rang et sa puissance dans le monde[71].

C'est cette même combinaison de catholicisme et de nationalisme qui présida à la construction de la Basilique du Sacré-Cœur, à Montmartre[72]. À la suite de la guerre franco-prussienne, le renouveau religieux était le point culminant d'un mouvement à la fois religieux et politique qui avait animé le catholicisme français tout au long du XIXe siècle :

> [...] la croyance en la punition de la France pour les péchés de la Révolution et l'espoir que la prière publique pourrait servir d'expiation[73].

En 1944, il n'y eut aucune expression d'un sentiment de culpabilité de la part des catholiques à l'égard des fautes commises par Vichy. L'Église catholique avait été un soutien de Vichy et du pétainisme. Mais les promoteurs d'Oradour, dans leur rhétorique quasi religieuse, s'appuyaient sur une tradition qui mêlait religion et nationalisme. Avec ce mélange particulier de foi chrétienne et de ferveur nationale, ils donnèrent un sens à la mort des « martyrs d'Oradour » qui avaient été massacrés non en raison de leur foi, mais en raison de leur appartenance nationale. En 1944, la tension était à son comble entre une France victime des nazis et une France fière de sa résistance à l'oppresseur et de son rang parmi les vainqueurs.

La loi spéciale

En France, la décision de classer un édifice aux Monuments ou aux sites historiques est généralement une affaire bureaucratique menée sans publicité. Dans le cas d'Oradour, quatre ministres prirent la mesure exceptionnelle de présenter une loi spéciale à l'Assemblée nationale, afin que les ruines soient conservées et qu'un nouveau bourg soit construit. La loi fut votée sans débat à l'unanimité. Elle fut signée par le président Félix Gouin et promulguée le 10 mai 1946.

Dans l'exposé des motifs de la loi, le gouvernement se faisait l'écho des propos du général de Gaulle, lors de sa visite à Oradour, en mars 1945 :

> Il est nécessaire de laisser aux générations futures le témoignage de la barbarie allemande et des souffrances du peuple français au cours des quatre années d'Occupation. Les ruines d'Oradour-sur-Glane sont un de ces témoignages.

La loi prévoyait formellement la protection des ruines, leur classement comme monument historique et la construction par l'État d'un nouveau bourg :

> Ainsi les pèlerins français et étrangers auront, à côté de l'image de la France meurtrie, celle de la France renaissante[74].

Un rapport, rédigé par la commission de l'Éducation nationale et des Beaux-Arts, de la Jeunesse, des Sports et des Loisirs, et joint au texte de la loi, utilisait les accents les plus émouvants pour développer ces deux points fondamentaux. Cette commémoration d'Oradour serait un appel à la vigilance contre « une politique d'oubli et de défaillance ». Les vestiges d'Oradour, « implacables par leur silence », seraient « le réquisitoire dressé par l'histoire contre tout régime d'oppression et de violence ». Puis, par un glissement considérable, le rapport étendait la valeur commémorative et symbolique des ruines jusqu'à y inclure l'expérience de ceux qui furent déportés dans les camps de concentration :

> Ainsi on fera des ruines d'Oradour-sur-Glane une nécropole nationale où régneront la décence, l'austérité, le respect, le silence. On fera de ces restes les témoins de l'une des plus grandes tragédies de l'histoire, le symbole de ceux

qui ont disparu dans les camps d'extermination et de souffrance[75].

C'était certainement donner à Oradour une dimension symbolique tout à fait déraisonnable. Cette suggestion visant à faire d'Oradour le symbole de toutes les souffrances de la guerre permettrait d'effacer les aspects les plus troublants de l'attitude française pendant la guerre. Assimiler l'extermination dans les camps aux souffrances d'Oradour traduisait le souci de faire de la France une simple victime, l'idée qu'Oradour servirait de cette façon à effacer le rôle de la France dans les persécutions et les déportations. Mais cette dernière proposition ne fut pas retenue dans la loi qui fut promulguée.

Les principes de la préservation des ruines furent développés par Pierre Paquet, l'architecte désigné. Alors âgé de soixante-dix ans, Pierre Paquet terminait une brillante carrière au service de l'administration des Beaux-Arts, où il occupait depuis 1920 la fonction d'inspecteur général des Monuments historiques. Il apporta sa grande compétence au projet d'Oradour. Après la Première Guerre mondiale, il avait occupé un poste au Comité national pour la reconstruction. Il avait aussi supervisé les travaux de restauration de trésors architecturaux tels que l'hôtel de Cluny et la Sainte-Chapelle à Paris. En 1923, on lui avait confié un des joyaux du patrimoine français, le mont Saint-Michel. Bien qu'officiellement à la retraite depuis 1947, Pierre Paquet demeura l'architecte en chef pour les ruines et le nouveau bourg à Oradour jusqu'à sa mort en 1959.

Après avoir accepté sa mission à Oradour en janvier 1945, Pierre Paquet y fit de nombreux voyages pour observer les ruines et choisir le site du nouveau bourg. Le 27 mars 1945, il soumit son programme général de conservation et de reconstruction aux ministres de l'Éducation nationale et de la Reconstruction et de l'Urbanisation[76]. Ce rapport constituait pour le gouvernement un avant-projet de définition du sens et du but de la commémoration.

Pierre Paquet soulignait deux objectifs spécifiques. Le premier consistait à transformer les ruines d'Oradour en un cimetière témoin, évoquant « une des plus grandes tragédies de la guerre ». Ce « lieu sacré » imposerait le respect et le silence. Le second objectif visait à faire des ruines un monument national qui « aux yeux du monde entier perpétuerait [la mémoire de] la sauvagerie de la race allemande[77] ». Pour accomplir cette tâche, Pierre Paquet proposait de détourner la route principale qui traversait le bourg, d'enclore les ruines d'un mur bas, de consolider les ruines qui menaçaient de s'effondrer, de protéger l'église des intempéries, de construire une crypte qui contiendrait les cendres des victimes non identifiées. Un an plus tard, il ajouta à cette liste l'entretien des jardins de l'ancien bourg[78].

Les travaux de protection commencèrent doucement à la fin du printemps de 1945. Une entreprise privée de la ville voisine de Confolens fut engagée pour remplir les tâches les plus urgentes : abattre les murs qui menaçaient de s'écrouler sur la rue principale. Au milieu de l'été, un tramway spécial de Limoges transporta chaque jour une centaine d'ouvriers chargés de nettoyer et de consolider les ruines. Ils réparèrent le faîte des murs calcinés avec de la pierre et du ciment, et renforcèrent les structures chancelantes. Les linteaux de bois furent remplacés par du béton armé. Pierre Paquet notait avec prudence :

> Tous ces travaux sont faits avec le plus grand souci de conserver aux ruines leur aspect sans rien ajouter[79].

Les travaux avançant, Pierre Masfrand, président du Comité du souvenir, supervisa l'installation des meubles et autres objets récupérés dans les ruines. À l'origine, les architectes avaient espéré que les travaux d'entretien des ruines pourraient être assumés par les guides — petits travaux de maçonnerie, jardinage. Mais, au cours des années cinquante, les dommages causés par les intempéries chaque hiver requérirent des travaux importants de réparation exécutés par des professionnels.

Il ne s'agissait pas seulement d'organiser les vestiges matériels. Le comportement du public ainsi que celui de la communauté devait être orienté. À la première réunion du Comité du souvenir, le docteur Pierre Masfrand avait parlé du besoin de guider le public à travers les ruines et d'assurer le respect des lieux.

Pierre Paquet exprima aussi son souci concernant les visiteurs emportant des objets placés dans les ruines. Pour « éviter ce pillage », il décida de faire placer des barres d'acier en travers des portes pour interdire l'accès des maisons en ruine. Il ajoutait dans son rapport :

> Mais c'est une clôture morale, il importe que des gardiens la rendent efficace[80].

Les habitants du bourg représentaient un problème différent. Ils se considéraient encore comme chez eux dans l'ancien bourg et continuaient d'utiliser les terrains à l'intérieur de l'enceinte. Si Oradour devait devenir un monument national, les anciens propriétaires devaient être, eux aussi, tenus à l'écart. En 1947, le fils survivant du docteur Desourteaux fit une requête concernant le jardin de ses parents qu'il voulait cultiver :

> Comme jusqu'à maintenant on ne m'a attribué aucun terrain pour remplacer le jardin en question, j'ai l'honneur de vous demander l'autorisation de cultiver encore cette année et jusqu'à la Toussaint 1947 le jardin de mes parents situé dans les ruines [...] [81].

Tout en exprimant ses regrets, le directeur général de l'architecture donna une réponse négative :

> Les travaux devraient être prochainement terminés. Il importe que le service des Monuments historiques mette fin aux servitudes auxquelles il avait jusqu'ici consenti à titre exceptionnel, en laissant la jouissance des jardins du village à leurs anciens propriétaires [...][82].

Bien que la clôture eût été presque achevée en 1949, cela ne mit pas fin à la circulation dans les ruines. En 1949, le directeur de l'architecture rapporta quatre cas d'habitants d'Oradour traversant les ruines pour se rendre dans leurs champs. L'un d'entre eux se rendait à son jardin à travers les rues de l'ancien bourg, grimpant sur une échelle placée contre le mur d'enceinte derrière l'église. Dans un autre cas, les héritiers d'une grange qui n'avait pas brûlé continuaient de l'utiliser. Jean Creuzot écrivait alors au ministre de la Reconstruction et de l'Urbanisation :

> J'attire votre attention sur cette situation particulièrement préjudiciable au caractère de recueillement que doit avoir cette nécropole nationale[83].

L'architecte en chef proposait la mise en place de portes d'accès aux ruines qui permettraient de les séparer complètement de l'ancien bourg[84].

Au début des années cinquante, le gouvernement avait atteint son but. Toutes les demandes des habitants vivants à l'égard de l'ancien bourg d'Oradour-sur-Glane avaient été écartées. Oradour était désormais un lieu sacré appartenant à la nation.

IV

LE SITE MÉMORIAL

Dans la création et dans l'usage du monument, les architectes et les urbanistes gouvernementaux, travaillant en liaison avec l'Association nationale des familles des martyrs, ont donné une forme aux ruines d'Oradour au sein d'un site pédagogique. La mise en scène des ruines ainsi que leur dégradation avec le temps ont influencé la façon dont ce lieu peut fonctionner comme « lieu de mémoire » et comme site commémoratif. Différentes sortes de gens ont fait usage du mémorial : les survivants, les familles des victimes — à la fois de manière privée et dans le cadre de l'ANFM —, le public en général, les représentants de l'État. Leurs rapports divergents au site ont jeté des éclairages différents sur l'interaction de l'espace et du lieu avec la mémoire, l'histoire, la commémoration et le deuil[1].

Bien que la commémoration nationale ait inclus des éléments concernant le deuil (ainsi en témoigne la visite du général de Gaulle, par exemple), les survivants et les familles des victimes ont aussi porté le deuil de leurs pertes personnelles, et ce en dehors des rites commémoratifs officiels, comme la cérémonie annuelle du 10 juin. Les vestiges matériels d'Oradour suscitent les souvenirs des survivants, souvenirs qui, en retour, les animent. Pour ceux qui vécurent autrefois dans l'ancien bourg, le site d'Oradour est chargé de souvenirs et d'émotions liés à la vie familiale d'autrefois. Pour eux, les ruines ne sont pas simplement le lieu d'une destruction mais encore la scène de leur jeunesse. Ce site a un sens profond bien distinct du sens politique et historique que lui confère la commémoration officielle.

À Oradour, le témoignage verbal — les souvenirs des survivants, les livres consacrés au massacre et le discours des guides — vient en seconde place par rapport au site lui-même. Les comptes rendus écrits ou oraux se réfèrent au récit physique ou visuel que constituent les ruines. Lorsque les survivants relatent l'histoire de leur évasion, ils la placent dans le contexte physique de la ville en ruine en référence aux lieux où ils vivaient et se trouvaient lorsque les soldats SS encerclèrent le bourg. Durant les mois de printemps et d'été, quand les visiteurs affluent à Oradour, les guides officiels des ruines racontent l'histoire du massacre dans l'église. Aux touristes qui les entourent, les guides détaillent les événements de l'après-midi du 10 juin.

Ces discours sont une animation du cadre matériel des ruines et des artefacts issus du massacre. Bien que le site commémoratif d'Oradour soit techniquement limité aux ruines — elles seules constituent le monument historique —, le paysage du mémorial est plus vaste, incluant les vestiges de l'ancien bourg, le cimetière qui longe la partie orientale des ruines et qui appartient à la commune, le nouveau bourg à quelques centaines de mètres au nord des ruines, et le Centre de la Mémoire, à l'ouest, relié aux ruines par un passage souterrain. La commémoration officielle, la mémoire de la communauté, la mémoire des familles et les souvenirs des individus sont liés à ces lieux qui ont désormais une signification sociale. Le fait de se rendre dans ces endroits pour se souvenir — en participant à la commémoration officielle, en signe de deuil ou comme simple visiteur — façonne et renforce la mémoire. Dans l'esprit de ceux qui conçurent le projet de loi de préservation du site, les ruines devaient prendre sens et force par contraste avec le nouveau bourg, et en relation avec les idées de « patrie » et de « nation ».

Dans son travail sur la sociologie de la mémoire, Maurice Halbwachs soutient le point de vue suivant :

> [...] il n'est point de mémoire collective qui ne se déroule dans un cadre spatial [...] et l'on ne comprendrait

> pas que nous puissions ressaisir le passé s'il ne se conservait pas en effet par le milieu matériel qui nous entoure[2].

Selon Halbwachs, les éléments physiques locaux sont essentiels pour le maintien et le rappel des souvenirs.

> [...] la plupart des groupes dessinent en quelque sorte leur forme sur le sol et retrouvent leurs souvenirs collectifs dans le cadre spatial ainsi défini[3].

Dans son effort pour dégager des lois universelles sur la nature de la mémoire, Halbwachs insiste sur la correspondance entre les éléments physiques locaux et la mémoire pour tous les groupes sociaux[4]. L'analyse d'Halbwachs de l'espace et de la mémoire collective vaut essentiellement pour les petites communautés, vivant dans la cohésion — les habitants d'Oradour ont été étroitement liés au cours des temps. Ces sociétés illustrent clairement son assertion selon laquelle « le lieu a reçu l'empreinte du groupe, et réciproquement[5] ». Selon Halbwachs, cette mémoire collective est menacée par l'arrivée de la société moderne, fragmentée. En fait, il croit que c'est précisément un changement ou une rupture dans « les cadres sociaux de la mémoire » (famille, groupe religieux, classe sociale) qui pousse une société à oublier ou à déformer sa mémoire collective[6].

Observant que le cadre spatial est une source de stabilité de la communauté, Maurice Halbwachs propose une explication qui éclaire la situation d'Oradour :

> [...] les événements exceptionnels se replacent aussi dans ce cadre spatial, mais parce qu'à leur occasion le groupe a pris conscience avec plus d'intensité de ce qu'il était depuis longtemps et jusqu'à ce moment, et que les liens qui le rattachaient au lieu lui sont apparus avec le plus de netteté au moment où ils allaient se briser[7].

Devenus propriété de l'État et entretenus par le ministère de la Culture, les seize hectares de ruines constituent le cœur d'une commémoration permanente du massacre. Les autorités publiques estiment à environ 300 000 le nombre des visiteurs annuels. Pendant l'été, un flux constant de visiteurs occupe la rue principale. Certains jours, au plus fort des migrations estivales, on dénombre 10 000 visiteurs.

Le visiteur-type au cours de l'été est français, âgé de trente à cinquante ans, accompagné de sa famille. La plupart des visiteurs viennent des départements de la côte atlantique depuis la Bretagne, de la région parisienne et du nord de la France. Ils font le détour sur la route de leurs vacances. D'autres voient sur l'autoroute le panneau d'Oradour qui les invite à visiter le site. Hors vacances, les visiteurs sont pour l'essentiel des autochtones, des groupes scolaires ou des habitants de la région Limousin qui viennent et reviennent en famille ou avec des amis. Pendant l'été, la proportion des visiteurs étrangers augmente légèrement et s'élève à 22 %[8].

Les ruines d'Oradour furent à l'origine conçues comme un site de pèlerinage national, et tous ceux qui s'y rendent — qu'on les appelle pèlerins, touristes ou visiteurs — sont les héritiers de la tradition catholique du pèlerinage. Ce n'est pas par hasard que les ruines sont dites « village martyr » et que les survivants du massacre sont appelés des « miraculés » — terme utilisé pour désigner les pèlerins malades miraculeusement guéris. Oradour peut sans exagération symboliser l'autel d'un culte séculaire de la mémoire, utilisant l'imagerie catholique pour exprimer une bonne partie de sa signification. Même parmi les non-croyants, les « miraculés » d'Oradour font l'objet d'une vénération qui n'est pas tellement éloignée de celle dont faisait l'objet le miraculé qui, après la guérison, était « considéré comme un objet de culte, un symbole vivant de la providence et de la pitié de Dieu[9] ». Ce qui ne veut pas dire que la survie des rescapés reçoive directement une signification religieuse positive. Au contraire, le fait que Dieu ait permis que des femmes et des enfants puissent mourir dans une église a provoqué une perte de la foi chez les croyants à Oradour[10].

À Oradour, on peut dessiner un paysage commémoratif qui rend visibles différentes formes de mémoire associées à l'événement du massacre. L'intérêt accordé au site, ce que chacun trouve important, varie en fonction de l'objet de la visite. Les ruines sont le lieu de la commémoration nationale par l'État et par le public anonyme. Le cimetière accueille le deuil des familles des victimes et d'une communauté disparue. Le nouveau bourg combine certains aspects de la commémoration et du deuil, compte tenu de sa situation géographique et de sa population. Les survivants du massacre et les familles des victimes forment le noyau du nouveau bourg et ont entretenu un sentiment de communauté au sein de l'ANFM.

Bien entendu, il y a des phénomènes de superposition et de stratification. Ainsi, les ruines sont non seulement au centre de la commémoration nationale, mais aussi au centre des souvenirs personnels des survivants soucieux de retrouver leur passé.

En arrivant par la route de Limoges, on découvre les ruines et, droit devant, se dessine le clocher de la nouvelle église au sommet d'une petite colline. Sur la gauche, de l'autre côté des ruines, on peut voir la ligne basse du Centre de la Mémoire ; Construit à flanc de colline, ce bâtiment a été soigneusement dessiné afin de ne pas s'imposer à la vue sur les ruines ou sur la nouvelle ville. Toutefois, à mi-chemin entre les ruines et la nouvelle ville, il occupe une place à part entière dans le paysage.

L'inauguration du Centre de la Mémoire en 1999 a introduit un élément entièrement nouveau dans le paysage du mémorial. Parmi toutes les transformations apportées, la plus évidente a consisté dans la réorientation de l'approche des ruines par le visiteur. Après l'achèvement du mur d'enceinte en 1949, les visiteurs pouvaient entrer par trois portes. Par la suite, l'entrée fut limitée à deux portes, situées à chaque extrémité de la rue principale. Depuis l'ouverture du Centre, ces portes ont été fermées. Les résidents d'Oradour peuvent les utiliser grâce à un verrouillage à code, mais tous les autres visiteurs doivent passer par le Centre pour accéder aux ruines. On suit un sentier qui descend une colline jusqu'à l'entrée du Centre de la Mémoire. On peut s'attarder dans les salles de l'exposition permanente, visiter l'exposition temporaire, fouiner dans la libraire, ou bien continuer tout droit, à travers un passage souterrain, et déboucher sur l'entrée des ruines.

Une fois la porte passée, on s'avance sur un chemin de campagne bordé par les murs des maisons (ce petit bout de chemin est l'ancienne « route de Saint-Junien »). L'atmosphère est à la fois lugubre et apaisante. On entend chanter les oiseaux et, à distance, le sifflement des voitures qui passent sur la route. Au bout d'un moment, on tombe sur la cour d'une ferme à droite. Une petite pancarte provoque l'horreur et la curiosité : « Puits tragiques ». Dans cette ferme, les nazis ont jeté des cadavres dans les puits. On trouve là, comme aux endroits où des habitants furent fusillés, un panneau « Recueillez-vous ».

En reprenant le chemin, on arrive à la rue principale. Les rails du tramway régional, maintenant rouillés, occupent toujours la partie centrale de la rue. En tournant à gauche et en remontant la rue principale, on trouve sur un grand bâtiment des lettres gravées dans la pierre, indiquant que l'on se trouve devant la poste.

De retour sur la rue principale, en descendant vers l'église, on passe devant un mur élevé. Une plaque signale que l'imposante maison de pierre est celle des deux docteurs locaux, Paul et Jacques Desourteaux. Pendant longtemps, c'était une des rares plaques dans les ruines portant le nom d'individus. En 1990, le service départemental de l'architecture a installé des plaques sur tous les bâtiments du champ de foire et de la rue principale indiquant la profession et le nom des personnes qui y avaient vécu. Cet accent mis sur les individus a déplacé le sens donné jusque-là aux ruines, à savoir celui d'une mort collective, anonyme. La lecture des noms de professions qui n'existent plus (feuillardier, charron, sabotier) donne le sentiment non seulement d'un village disparu, mais d'une époque révolue.

On arrive alors à ce qui était le centre du bourg. La plupart des maisons sont de plain-pied. Des barrières de bois empêchent l'accès à l'intérieur des maisons en ruine, où les gravats et les morceaux de métal jonchent le sol. On peut voir une machine à coudre sur le rebord d'une fenêtre. Ces maisons modestes se sont détériorées plus rapidement que les édifices publics et les rares maisons de pierre. Les efforts pour ralentir la dégradation sont visibles : le long des façades de la rue principale la blancheur du ciment neuf contraste avec le gris du mortier d'origine.

En traversant la place du marché, on s'arrête devant une plaque de pierre évoquant un autre épisode de mort violente : « Ici lieu de supplice, un groupe d'hommes fut massacré et brûlé par les nazis. Recueillez-vous. » À l'aide de la carte fournie dans le livre officiel sur Oradour et dans les brochures plus récentes, on peut localiser les cinq granges et garages autour de la place où les hommes d'Oradour ont été abattus. La place du marché est aujourd'hui une grande étendue verdoyante délimitée par les façades des maisons qui laissent entrevoir le ciel à travers leurs fenêtres béantes et leurs toits effondrés. Par endroits, seuls subsistent des chambranles de portes et des pans de murs. Sur la place, on peut voir aussi la carcasse d'une vieille voiture. Des cartes postales en vente au Centre de la Mémoire et dans le nouveau bourg indiquent que c'est la voiture du docteur Jacques Desourteaux. Le compte rendu officiel du massacre rapporte que le docteur Desourteaux avait été appelé dans un village voisin quand les soldats allemands entrèrent dans Oradour. À son retour, sa voiture fut arrêtée. Un soldat monta à son côté et lui ordonna de rejoindre le reste des habitants du bourg rassemblés sur la place du marché.

En descendant la rue Émile-Desourteaux, on arrive au parvis de l'église. Bien que les tuiles du toit et du clocher aient brûlé dans l'incendie, la nef et le transept, construits en granite aux XVe et XVIIe siècles, furent seulement altérés par la fumée noire. Sur le mur extérieur, un crucifix de fer est toujours en place. Pendant les mois d'été, les touristes se rassemblent pour entendre le récit des événements du 10 juin 1944. Vêtus de la veste bleue du service des Monuments historiques, les guides ont à la fois l'autorité de porte-parole officiels et le pathos d'habitants du bourg. Le gouvernement a toujours autorisé l'ANFM à choisir les guides parmi ses membres. Le rôle des guides (à la fois guides et parties prenantes) correspond à l'idée selon laquelle ceux qui ont souffert du massacre sont les témoins et les hérauts de cet événement.

Le discours des guides mêle exposé dramatique et exhibition des preuves de la barbarie. Ils racontent à leurs auditeurs horrifiés comment la population fut rassemblée, les hommes abattus dans les granges ensuite incendiées, les femmes et les enfants mitraillés puis réduits en cendres dans l'église. Devant l'autel, les restes d'une voiture d'enfant criblée de balles évoquent les 205 enfants massacrés. Le sort des huit « miraculés » et celui de l'église sont enveloppés de mystère, de tragédie et de religiosité. Les guides dirigent le regard des visiteurs vers des fragments tordus de la cloche là où elle est tombée. Ils indiquent que cette cloche de bronze a fondu sous l'effet de la chaleur alors que l'autel en bois est resté intact, tout comme le confessionnal. Ils désignent le côté droit de l'église. Là, à l'opposé de la porte d'où les soldats allemands firent feu, on peut voir des taches de sang sur le sol et les impacts de balles dans les murs et sur la plaque de marbre dédiée par Oradour à ses « morts glorieux » de la Première Guerre mondiale. Ils invitent ensuite les visiteurs à circuler dans l'église puis à se rendre au cimetière où les cendres et les ossements des six cent quarante-deux martyrs reposent dans l'ossuaire. En face du cimetière se trouve une crypte, ajoutent-ils, où les visiteurs peuvent voir les objets personnels des victimes ramassés dans les ruines.

En quittant l'église pour se rendre au cimetière, on remonte sur quelques mètres la rue Émile-Desourteaux et on tourne dans la deuxième ruelle à droite. Les ruines d'une grange sont remplies des carcasses rouillées de vieilles voitures. Plus loin, une plaque marque le lieu où l'on découvrit le corps de Pierre-Henri Poutaraud, le mécanicien. Poutaraud avait réussi à s'échapper de la grange Laudy avec cinq autres rescapés, mais avait été abattu par une sentinelle à la périphérie du bourg.

L'allée de l'entrée principale du cimetière divise ce dernier en deux parties égales et mène le visiteur, au-delà des tombes, à l'immense ossuaire et à un ensemble de plaques commémoratives dominant le côté ouest. L'effet n'est pas sans rappeler l'approche de l'autel d'une cathédrale. La colonne de l'ossuaire, en forme d'une gigantesque lanterne des morts, s'élève depuis une grande plate-forme, elle-même légèrement surélevée, sur laquelle se trouvent deux petits cercueils de verre exhibant des reliques : les ossements des martyrs d'Oradour retrouvés dans les ruines. Les cendres des corps non identifiés ont été placées dans la colonne qui est encadrée par huit plaques de marbre noir, montées sur un mur bas derrière l'ossuaire. Ces plaques portent les noms et les âges des six cent quarante-deux victimes. Au cours des années, des groupes de vétérans, des partis politiques, des syndicats, des associations de veuves, des municipalités et des cantons ont fait le pèlerinage à Oradour pour y laisser leurs plaques, de formes et de couleurs variées, qui rendent hommage aux victimes. Elles ont été montées sur une grille située devant le mur, entre les listes de noms. Sur le sol, au pied du mur, les familles des victimes non identifiées ont placé des plaques funéraires individuelles.

La crypte

En repartant, le visiteur passe par une porte de fer forgé et, par un sentier de graviers, est conduit au lourd portail de pierre d'un édifice aveugle. Par un escalier étroit, il descend dans un vestibule sombre. Les cadres de deux bicyclettes d'enfant sont appuyés sur le mur. La chambre intérieure de la crypte est fraîche, sombre et silencieuse comme une chapelle. Sur une plaque dans le mur sont gravés le nombre des victimes et une citation de Balzac : « De toutes les semences confiées à la terre, le sang versé par les martyrs est celle qui donne la plus prompte moisson. » Des objets sont artistiquement disposés dans des vitrines. L'atmosphère est empreinte de respect et de retenue. On est en présence des reliques des martyrs. C'est en effet en ce sens que l'ANFM concevait cette présentation d'objets quand elle demanda, en 1948, le droit d'édifier une maison du Souvenir :

> [...] dès le lendemain de la Libération, l'Association nationale des familles des martyrs d'Oradour-sur-Glane entendait faire survivre le souvenir de cet horrible massacre et avait recueilli pieusement, dans chaque maison éventrée, dans les écoles, dans l'église, une quantité assez importante d'objets ayant appartenu aux victimes et qui ont, pour nous, la valeur de reliques. [...] Dans nos esprits, ces objets devraient être exposés dans une grange miraculeusement épargnée et située près de l'église. [...] Nous pourrions ainsi réaliser ce que nous estimons être un devoir impérieux et un témoignage de fidélité à la mémoire de nos martyrs, en même temps qu'un rappel permanent de leur sacrifice aux pèlerins appelés à venir à Oradour[11].

Au centre de la pièce, quatre armoires de verre, dont les étagères sont éclairées, ont été disposées en cercle. Des étiquettes écrites à la main indiquent que ces reliques ont été ramassées dans les granges où les hommes furent abattus. Les reliques sont exposées et classées conformément au sexe des propriétaires, reflétant ainsi la procédure même du massacre. Les armoires au centre contiennent ce que les hommes avaient dans les poches au moment du massacre. Deux d'entre elles contiennent des montres à gousset brisées. Une autre montre des couteaux de poche, des papiers d'identité, une carte de rationnement pour le tabac et une photo de l'équipe de football locale. La dernière armoire contient des pièces de monnaie et des billets marqués par les flammes.

Contre le mur du fond de la crypte, des rangées d'étagères de verre exposent des objets ayant appartenu à des femmes et à des enfants : un dé à coudre, un fer à repasser, des ciseaux de tapisserie, des clefs, des cuillères, une tasse, une chaussure de porcelaine, une statuette de chien, la figurine d'un pêcheur, des boutons et une machine à coudre de poupée. Ces objets, pour la plupart en bon état, évoquent une image tendre de la vie domestique quand les femmes travaillaient à la maison avec les enfants jouant autour d'elles. Le bas de ces étagères est rempli de sable donnant à l'ensemble une note de découverte archéologique. Sur le sable se trouvent les pièces de monnaie jetées par les visiteurs dans les interstices de plaques de verre. Ce geste rappelle la pratique catholique des troncs d'église ainsi que la coutume de la « bonne fontaine » qui perdure dans certaines parties du Limousin[12]. Alors que les objets masculins illustrent une mort soudaine et violente, peu de choses parmi les objets des femmes et des enfants rappellent au visiteur les conditions historiques particulières de la guerre et de l'Occupation : ils représentent plutôt la vision innocente d'un âge d'or.

Pélerins ou touristes ?

Il y a une histoire culturelle qui découle de la pratique catholique au XIXe siècle et qui permet de rendre compte du phénomène du pèlerinage à Oradour. Bien qu'il y ait des affinités avec la culture commémorative des anciens combattants de la Première Guerre mondiale et avec la visite des champs de bataille, l'antécédent le plus notable d'Oradour remonte au phénomène du pèlerinage de masse à Lourdes et vers les autres sites miraculeux au cours de la renaissance religieuse durant la IIIe République.

C'est à Lourdes, pendant la fête de l'Annonciation le 25 mars 1858, que la Vierge apparut à une jeune paysanne, Bernadette Soubirous, près d'une source où elle priait. En quelques semaines, des guérisons miraculeuses furent signalées. Au cours de la décennie suivante, un culte national de Notre-Dame de Lourdes se développa, attirant des pèlerins d'origines sociales et géographiques beaucoup plus variées que les traditionnels cultes des miracles[13]. Le culte de Lourdes fut le premier à bénéficier de l'extension du réseau ferroviaire et de l'alphabétisation au cours de la seconde moitié du XIXe siècle. En 1866, avec l'extension de la ligne de Tarbes, 3 700 pèlerins se rendirent à Lourdes en train. L'économie locale se développa pour accueillir des pèlerins de plus en plus nombreux. De 1899 à la veille de la Seconde Guerre mondiale, plus d'un demi-million de pèlerins se rendirent à Lourdes chaque année. Ces pèlerins étaient les précurseurs des Français qui prendraient la route dans les années cinquante quand l'accès à l'automobile et l'institution des vacances estivales ouvriraient l'ère du tourisme de masse[14].

Oradour a été initialement conçu et décrit comme un lieu de pèlerinage. Toutefois, ceux qui ont passé un certain temps dans les ruines depuis plusieurs années ont noté une transformation des attitudes qui dénote une évolution vers une conception touristique du lieu. En 1988, le docteur Robert Lapuelle, maire d'Oradour depuis trente ans, se promenait au milieu de la foule estivale et prêtait l'oreille. Il a noté avec consternation le changement :

> [...] dans les années qui ont suivi la guerre, les gens qui venaient connaissaient la guerre, étaient très attachés à ce qui s'était passé. Et peu à peu les choses ont évolué vers une sorte de tourisme. [...] j'ai constaté que c'était devenu non plus un lieu où l'on se recueille, où l'on réfléchit, mais

> une étape d'un voyage, une sorte de promenade. Et ça nous fait un petit peu de peine[15].

Le docteur Lapuelle avait observé une des différences fondamentales entre tourisme et pèlerinage. Selon Alphonse Dupront, une différence essentielle entre ces deux activités réside dans le fait que le pèlerin, par définition, cherche un but fixe et sacré, une consécration spirituelle. Par contre pour le touriste, avant le départ, aucun endroit du voyage n'est désigné comme étant nécessairement le point d'accomplissement.

Certes, alors que le pèlerinage implique une quête expiatoire ou une guérison, le tourisme est souvent caractérisé comme une activité de loisir, de distraction. Mais ainsi que le démontre Alphonse Dupront, bien que tourisme et pèlerinage apparaissent au premier coup d'œil telles des activités divergentes, ils manifestent de nombreuses affinités et ne peuvent pas toujours être clairement distingués.

Le lien primaire de ces deux formes de « migrance collective » est la participation des foules. La foule impose un élément de sacralité.

> La ruée, d'autant plus qu'elle se fait tyrannique, n'est jamais sans aveu. Elle dit ce que l'égotisme insulaire ou littéraire des touristes pionniers, aux premières décennies du siècle passé, dissimulait jalousement : la quête vitale d'autre chose[16].

Ainsi pèlerinage et tourisme partagent-ils un élément de spiritualité, même si le touriste est ému par le sens de l'histoire plutôt que par la présence du miraculeux ou du merveilleux.

Les visiteurs d'Oradour sont aussi les héritiers d'une transformation des sensibilités, au cours du XIXe siècle, qui a fait qu'on a accordé une place de plus en plus grande à l'élément visuel dans les activités culturelles. Les historiens culturalistes de la France fin-de-siècle ont beaucoup écrit sur l'influence du « réalisme » comme nouveau mode de perception du monde qui identifiait « réalité » et vérité. L'historienne Vanessa Schwartz a noté combien cette fascination pour le réel s'étendait, au-delà des beaux-arts et de la littérature, aux formes de divertissements populaires dans lesquels la distinction entre la réalité et sa représentation est souvent effacée. Dans des activités telles qu'aller à la morgue pour y voir des cadavres, dans les musées de cire pour y voir les dioramas d'événements et de personnages réels, les foules parisiennes exprimaient leur intense intérêt pour la « réalité[17] ». Dans le cas d'Oradour, les visiteurs viennent voir le site réel d'une atrocité, les traces d'un acte violent tout autant que les objets qui ont appartenu aux victimes. Si ce désir d'authenticité a ses racines dans la pratique catholique des pèlerinages sur les sites miraculeux, une sensibilité plus récente, datant de la fin du XXe siècle, recherche le frisson provoqué par la présence de la « chose réelle[18] ».

La visite des anciens

Les ruines d'Oradour-sur-Glane sont le lieu de deux formes extrêmes de souvenir : la commémoration particulièrement formelle de la part de l'État et les réminiscences des survivants. Ce qui est commun à la commémoration et au pèlerinage, c'est le fait qu'il ne soit pas nécessaire de disposer d'un souvenir personnel de l'événement pour participer à son rappel. C'est là une distinction majeure du savoir ou du lien acquis à travers la commémoration et de celui acquis dans le souvenir d'une expérience personnelle. Le site de l'ancienne communauté est devenu l'endroit le plus public du mémorial. Mais, pour les quelques personnes qui ont grandi dans l'ancien bourg et qui sont encore vivantes aujourd'hui, c'est l'endroit le plus privé qui soit. Alors que le touriste est choqué par les traces d'une mort violente, pour les anciens d'Oradour, les ruines sont le site de leurs souvenirs d'enfance, de leurs souvenirs les plus intimes. Bien entendu, les survivants participent à la cérémonie commémorative du 10 juin 1944 ainsi qu'aux autres cérémonies organisées par l'ANFM[19]. Leur présence est d'une grande importance dans la mesure où la communauté les considère comme les réceptacles de la mémoire. Mais, au cours des dernières années, ils se sont aussi rendus dans les ruines à la recherche de leur propre passé.

Pour André Desourteaux et Robert Hébras, le pouvoir d'émotion représenté par les ruines d'Oradour tient au fait que c'est le site de leur jeunesse. Ils ont grandi ensemble, amis d'enfance puis condisciples, à Oradour. Au moment du massacre, André Desourteaux et Robert Hébras avaient respectivement dix-neuf et vingt ans. À l'exception d'un oncle qui put se cacher à l'arrivée des Allemands, André Desourteaux a perdu toute sa famille proche : ses parents, ses deux sœurs, ses quatre grands-parents, et plusieurs oncles et tantes. Robert Hébras est un « miraculé » : un des cinq hommes à avoir survécu au massacre de la grange Laudy. Il a perdu sa mère et ses deux sœurs. Mais le fait d'être un « miraculé » n'est pas ce qui l'affecte le plus :

> Oh, mais ça c'est... Non, ça n'a rien à voir. C'est une chance que j'ai eue, c'est tout. Pour moi, ce qui compte... On a perdu notre famille, on a perdu tout ce qu'on pouvait avoir. On a perdu notre jeunesse à Oradour. On a tout perdu... Du jour au lendemain, vous n'avez plus rien. Faut quand même penser, on n'a plus cette vie familiale où on se met à table le soir, à midi, où on a tout le monde, avec ces avantages et ces inconvénients de la famille. On se trouve seul comme... comme un chien errant[20].

André Desourteaux a lui aussi perdu tout ce qui le liait à sa jeunesse et à sa famille, à ce lieu et à ses habitants. Desourteaux était un nom connu à Oradour. Des deux côtés de sa famille, des parents avaient été maires du bourg. La rue principale portait le nom de son arrière-grand-père, Émile Desourteaux, qui fut le maire radical d'Oradour de 1892 à 1906. Son fils Paul lui succéda et fut maire jusqu'en 1919, date à laquelle il fut battu par le grand-père maternel et socialiste d'André Desourteaux, Joseph Beau. Beau conserva la mairie jusqu'en 1941. Le gouvernement de Vichy le remplaça par Paul Desourteaux qui, radical, était censé mieux s'entendre avec les autorités de Vichy qu'un maire socialiste. Il fut abattu dans une grange avec les autres hommes d'Oradour, après avoir tenté de se constituer comme otage avec sa famille.

André Desourteaux est un homme de petite taille, sec et enjoué, qui vit à Limoges dans un quartier modeste situé derrière la cathédrale, près de la Vienne. Il passe ses étés à Oradour dans sa maison du nouveau bourg. Depuis qu'il a pris sa retraite d'employé des postes en 1985, il a consacré ses hivers à une recherche historique sur Oradour. Il s'est lancé dans ce projet il y a une dizaine d'années, en lisant à la bibliothèque municipale de Limoges le journal régional de 1900 à 1939. Il a laborieusement recopié tous les articles concernant Oradour. Chez lui, il a rassemblé ses notes dans des classeurs. Pour André Desourteaux, c'est le bourg tel qu'il l'a connu avant le massacre qui importe :

> Pour moi, Oradour s'est arrêté le 10 juin 1944. C'est tout. Tout le reste après, c'est autre chose. Pour moi qui ai fait pas mal de recherches sur le passé d'Oradour, pour moi, Oradour a toujours été dans le temps[21]...

C'est sa façon de se réapproprier le passé — le sien comme celui de ses parents et grands-parents. En recopiant les états civils d'Oradour au tournant du siècle, il n'a pas seulement appris qui étaient les résidents du bourg et où ils vivaient :

> J'arrive pratiquement à connaître les gens de mon pays que je n'ai pas connus en fait. Je connais maintenant les gens que j'ai mal connus avant. Je les connais mieux maintenant que je ne les ai connus avant[22].

Il s'anime tout particulièrement quand il décrit la riche vie sociale de la région avant la guerre. Avec fierté, il fait la liste des foires, des fêtes, des bals et des sociétés de chant :

> Ça prouve la vitalité du pays. Vous aviez un bal pratiquement tous les dimanches.

Bien qu'il soit actif au sein de l'ANFM, André Desourteaux ne s'est mis à parler directement du massacre à sa famille que des années plus tard.

> Jamais on n'en a parlé, jamais on a approfondi véritablement la question. On élude... On passe à côté, on biaise.

Et puis, en 1983, à l'âge de cinquante-neuf ans, il a commencé à visiter les ruines en famille ou avec des amis proches. Les Desourteaux essaient de donner à ces visites un caractère privé. « Nous n'aimons pas y aller quand il y a du monde », dit sa femme. L'atmosphère n'est pas à la tristesse ou au deuil, mais plutôt à la redécouverte. « Il se rappelle des histoires, des blagues, on rit, on pleure jamais. » Ces visites ont aussi un caractère de rituel :

> On s'arrête toujours au même endroit. On se raconte les mêmes choses[23].

André Desourteaux donne une explication psychologique de son intérêt pour le passé d'Oradour. C'est sans doute le refus d'accepter la perte :

> C'est peut-être le choc qui fait que cette coupure brutale, on ne l'a jamais acceptée... C'est très difficile d'accepter ça, vous savez, c'est très difficile.

Est-ce un acte de refus ou d'intégration du passé ? André Desourteaux cherche sa voie dans le présent. Il a commencé sa recherche méthodique sur Oradour en partant du passé le plus éloigné. Il remonte lentement vers le présent :

> On arrive à remonter en 1700. On arrive à retrouver beaucoup de choses... Et je n'ai pas tellement approfondi le passé immédiat. Ça vient. Ça va venir. Mais, enfin, c'est tout un ensemble[24].

Son espoir est qu'en rassemblant l'histoire d'Oradour, la rupture créée par le massacre sera recouverte :

> On rejoint un petit peu l'histoire générale du pays. [...] Avant le massacre, il existait des gens qui ont disparu brutalement le 10 juin 1944. Le bourg a repris vie ensuite mais sans ces gens-là. Il n'y a pas réellement une continuité, elle se recréera certainement au fil des générations, je l'espère. Mon vœu le plus cher est qu'elle soit recréée là, l'histoire de tout le pays..., des gens qui ont vécu puis disparu. D'autres gens sont venus. J'espère que ces gens-là, que nos arrière-petits-enfants se souviendront qu'Oradour a existé avant l'arrivée de leur famille — bon, il y aura peut-être une continuité quand même[25].

Marcher à travers les ruines avec André Desourteaux à la fin d'un après-midi d'été revient à faire le tour de ses souvenirs d'enfance. Comme pour bien des survivants, l'approche de la vieillesse contribue à raviver cet intérêt pour le passé et ces souvenirs d'enfance. Ses observations regorgent de détails historiques infimes, ses souvenirs sont remplis de nostalgie.

En arrivant du nouveau bourg, nous prenons un sentier qui longe les ruines et entoure le cimetière. Nous sommes là au-dessus du site, et nous pouvons voir sur la droite les jardins abandonnés et l'arrière des maisons effondrées qui bordent la rue Émile-Desourteaux. Nous passons devant trois maisons nouvelles sur la gauche. Quelques instants plus tard, nous entrons dans les ruines par une petite porte à proximité du cimetière. C'est la porte du fond utilisée par les habitants du bourg qui veulent se rendre au cimetière sans avoir à traverser les ruines.

En descendant vers l'église, André Desourteaux indique quelles étaient les belles maisons d'Oradour. En se penchant, on peut voir à l'intérieur de larges marches qui indiquent la présence autrefois de grandes cages d'escalier. Derrière l'église, André Desourteaux s'arrête devant un linteau gravé datant du XVe siècle. Juste à côté se trouve la fenêtre par laquelle Marguerite Rouffanche s'est échappée de l'église en flammes. L'Oradour qui intéresse André Desourteaux n'est pas celui que les touristes viennent voir.

Continuant sur la rue principale, André Desourteaux montre un puits qui se trouvait dans la cour d'une petite ferme. Un peu plus loin, nous passons devant l'épicerie que tenaient ses parents avant d'arriver au mur de pierre qui entoure la maison dans laquelle vivaient les familles de son oncle et de son grand-père, les deux docteurs. Nous avons atteint notre destination. André Desourteaux escalade le mur effondré du jardin et m'invite à le rejoindre. Des pancartes et des barrières de bois disposées un peu partout dans les ruines par le service des Monuments historiques interdisent aux visiteurs de pénétrer à l'intérieur des maisons. Mais la loi non écrite d'Oradour veut que ces règlements ne s'appliquent qu'aux touristes. Les habitants du vieux bourg peuvent toujours rentrer chez eux.

Les restes du cabinet où les docteurs Desourteaux recevaient leurs patients se trouvent immédiatement de l'autre côté du mur. On peut encore marcher sur quelques carreaux noirs et blancs. À l'arrière de ce cabinet, sur la gauche, se trouve la carcasse d'une voiture appuyée sur le mur du jardin. En retrait de la route et entourée d'une grande pelouse s'élève la belle maison des Desourteaux. Le jardin calme et verdoyant n'est pas complètement abandonné : l'herbe a été récemment tondue par un jardinier.

Pour les anciens d'Oradour, leur maison de famille, plus que les ruines, constitue le centre de leurs souvenirs, comme l'explique Robert Hébras :

> L'émotion la plus profonde, c'est quand même quand je passe devant chez moi... Enfin, où c'était chez moi.

Et pas devant la grange dont il s'est miraculeusement échappé ?

> Non, la grange... Non, je me répète mais le fait d'être rescapé, c'est un grand mot. On en a trop parlé. Bon, j'ai eu de la chance de survivre à ce massacre, mais c'est vraiment..., enfin pour moi, c'est aléatoire[26].

Pour Marcel Darthout, lui aussi rescapé de la grange, l'expérience est similaire. Il se rend dans les ruines pour la commémoration annuelle le 10 juin, le 1er novembre pour la Toussaint ou quand des amis ou des parents le lui demandent. Il se rend plus volontiers au cimetière :

> Je vais au cimetière mais dans les ruines pas tellement. Pour moi, non. Mais je considère qu'elles sont absolument nécessaires. Mais pour moi, non. Non, les ruines sont des ruines et moi, je vois dans ma mémoire ma maison telle qu'elle était. Je retrouve dans ma mémoire les images telles que je les ai vues. Alors les ruines ne m'apportent pas grand-chose[27].

Dans *La Poétique de l'espace*, Gaston Bachelard a exploré ce lien puissant qui noue la mémoire personnelle à ce qu'il appelle « le fond poétique de l'espace de la maison » :

> Les questions abondent : comment des chambres secrètes, des chambres disparues se constituent-elles en demeures pour un passé inoubliable[28] ?

Comme Maurice Halbwachs, Bachelard a compris le lien entre espace et mémoire. Mais, alors que Halbwachs rejetait les connotations psychologiques sur la mémoire individuelle, Bachelard a ouvert une nouvelle voie à l'enquête psychologique sur la mémoire qu'il a baptisée « topo-analyse » :

> Bien entendu, grâce à la maison, un grand nombre de nos souvenirs sont logés. [...] Nous y retournons toute notre vie en nos rêveries. Un psychanalyste devrait donc donner son attention à cette simple localisation des souvenirs. [...] nous donnerions volontiers à cette analyse auxiliaire de la psychanalyse le nom de topo-analyse. La topo-analyse serait donc l'étude psychologique systématique des sites de notre vie intime. Dans ce théâtre du passé qu'est notre mémoire, le décor maintient les personnages dans leur rôle dominant[29].

Certes, pour bien des anciens d'Oradour, les ruines fournissent le cadre physique et psychique de leurs souvenirs intimes. André Desourteaux vit un concept formulé par Bachelard :

> Pour moi quand je rentre dans les ruines, tout n'est pas mort. En vieillissant, je revois ma jeunesse et toutes les bêtises qu'on a faites dans ce bourg. Bon... et je suis chez moi. Bien que ce soit... un vide réel... en moi-même, ce n'est pas vide. Les gens sont là. À chaque porte, à chaque fenêtre il y a un visage. Ce n'est pas forcément triste[30].

Pour son amie d'enfance, Jeannette Montazeaud, les ruines ont la même fonction, bien que l'expérience soit pour elle douloureuse :

> Autrefois, les ruines ne me gênaient pas. Maintenant que je vieillis, je deviens plus sensible. Je vois tout le monde. C'est tout à fait pénible[31].

Pour eux, l'existence des ruines rend leur passé personnel plus accessible, comme l'explique André Desourteaux :

> Quand je vais au bourg, je ne vois pas ce que vous voyez. [...] Pour moi, la vie d'Oradour est figée toute vivante. Si Oradour avait été reconstruit sur place, nous aurions vu la même chose. Si les ruines n'étaient pas là, je me souviendrais de moins de choses[32].

Jeannette Montazeaud, qui vit aujourd'hui dans le nouveau bourg près de la nouvelle église, fait écho à ce sentiment :

> Les ruines ont une influence morale sur le souvenir. C'est beaucoup plus présent[33].

Les ruines ne semblent pas nécessaires au souvenir. Le type de mémoire décrit par Bachelard, par exemple, est inspiré par l'image mentale de la maison de l'enfance et non par l'objet physique lui-même. Jeannette Montazeaud déclare ressentir la même chose avec ou sans les ruines. Lucette Bichaud, son amie d'enfance, confirme : elle n'a pas besoin des ruines pour évoquer le passé et ne s'y rend que pour les cérémonies du 10 juin, des Rameaux et de la Toussaint. L'expérience de Lucette Bichaud indique que, pour certains survivants, l'éloignement de l'événement du 10 juin dans le temps rend l'accès au passé plus facile :

> Avec le temps, ça devient plus facile d'évoquer le vieux bourg. Avant, tout ce que je voyais, c'était la destruction[34].

Toutefois, la lente dégradation des ruines peut aussi jouer un rôle dans cette évolution. À mesure que les ruines s'affaissent sous l'effet de l'érosion, les traces de la mort violente s'effacent aussi. Pour Lucette Bichaud, cela devrait permettre de se souvenir de la vie avant le massacre. Donc sans être nécessaires, les ruines ont néanmoins une influence sur la mémoire. Les survivants d'Oradour ne peuvent être indifférents à leur présence. Certains trouvent excessivement pénible de vivre en présence de ce traumatisme. Jeannette Montazeaud déclare, pensive :

> La seule chose que je n'aime pas, c'est que le nouveau bourg soit si proche. J'aimerais pouvoir ouvrir ma fenêtre et ne pas voir les ruines[35].

À André Desourteaux, les ruines permettent de se rappeler son propre passé. Mais elles soulignent aussi la différence du passé et du présent, et renforcent l'aspect immuable de ses souvenirs.

Le cimetière

Le touriste vient à Oradour voir les ruines de l'ancien bourg. Et, bien qu'il soit sur l'itinéraire proposé par le guide, le visiteur le mieux intentionné peut fort bien passer devant le cimetière sans mesurer son rôle central pour la mémoire et la commémoration à Oradour. Le cimetière et la rivière de la Glane sont les deux seuls endroits que le massacre ait laissés intacts. Le cimetière est la seule partie du vieux bourg qui ait survécu aux événements du 10 juin 1944 ; c'est le seul lien avec le passé qui fonctionne encore aujourd'hui et continue d'évoluer. Dans ce petit espace saturé, on découvre différentes strates correspondant au deuil privé des familles et à la commémoration formelle organisée par l'ANFM. Histoire, sentiment et interprétation s'empilent, et constituent un collage qui est plus complexe que l'image du moment figé dans le temps représentée par les ruines. L'étude d'Oradour renvoie constamment à cette partie du site.

À la première visite, on est enveloppé par une forêt de signes qui rappellent le massacre. Mais ceux qui ont passé quelque temps dans le cimetière prennent conscience des différentes zones qui dessinent une carte d'identité historique de la communauté. Les tombes les plus anciennes se situent près de l'entrée principale. On trouve là de jolies pierres tombales, décorées de plaques en émail peintes à la main, qui datent du siècle précédent. En avançant vers le fond du cimetière, on se rapproche du présent, et les traces du massacre commencent à apparaître. Les corps des victimes identifiées ont été placés dans les tombes de leurs familles. Sur les pierres tombales, les parents ont placé des plaques funéraires, représentant souvent un livre ouvert avec un portrait de la personne décédée. Les épitaphes traduisent l'amertume et la colère : « Madeleine Bois, 1935-1944. À notre petite Mimi chérie, brûlée par les barbares nazis le 10 juin 1944. » Une autre plaque évoque le destin de l'institutrice du bourg : « À la mémoire de notre pauvre petite martyre, Denise Bardet, institutrice, née le 10 juin 1920, brûlée avec ses chères élèves par les Allemands, le 10 juin 1944. » Une autre plaque évoque la fin tragique d'un garçon de dix-huit ans : « À notre fils Lucien Raymond Clavaud, élève-maître au lycée Gay-Lussac, martyr du 10 juin à l'âge de dix-huit ans. Regrets éternels. » Chaque plaque représente un éclat de la mosaïque qu'est cette communauté traumatisée[36]. Dans le cimetière la mémoire du massacre croise l'histoire ancienne de la communauté.

Au cimetière d'Oradour, on ne doit jamais perdre de vue un fait fondamental : le cimetière appartient à la commune. C'est le seul endroit de l'ancien bourg sur lequel les gens d'Oradour aient un contrôle total. En 1953, l'ANFM a commencé à faire construire son propre ossuaire. Cet ossuaire et les listes des victimes constituent une véritable déclaration au monde extérieur. Le cimetière est à la fois la scène théâtrale de la commémoration organisée par l'ANFM et l'espace plus intime du deuil et du souvenir.

Pour les survivants du massacre, c'est le cimetière, et non les ruines, qui marque leur deuil. Les ruines sont le lieu d'une commémoration par l'État d'une mort collective, anonyme. Les gens se rendent au cimetière pour se souvenir dans le contexte de la famille et de la communauté. Le cimetière devint le point focal du deuil de la communauté immédiatement après le massacre. Deux tombes collectives furent creusées pour accueillir les corps retirés des ruines. Des photographies du premier anniversaire du massacre montrent des femmes en pleurs devant ces tombes couvertes de fleurs, de couronnes et de croix. De l'autre côté du mur du cimetière, le gouvernement fit construire une chapelle provisoire en bois pour abriter les cercueils contenant les cendres des victimes.

Le cimetière prit une importance toute particulière pour les femmes qui venaient sur les tombes de leurs enfants et de leurs maris. Il devint leur seul lieu de rencontre pour partager leur peine. Les hommes se rencontraient au travail ou grâce à l'équipe de football — la renaissance de cette dernière fut considérée comme la reprise de la vie communautaire. Mais les femmes, notamment celles des villages environnants, ne disposaient d'aucune structure de sociabilité. Elles restaient isolées en dehors de ces visites au cimetière.

Aujourd'hui, les femmes qui ont perdu leurs enfants dans le massacre ont atteint un âge avancé. Jusqu'à son départ pour une maison de retraite en 1992, Marguerite Hivernaud se rendait tous les jours au cimetière. Chaque jour, en début d'après-midi, elle prenait la petite route qui descend au cimetière, en compagnie de sa fille Amélie. Elles se recueillaient sur les tombes collectives et sur celle de son mari et de ses deux fils. Parfois, les deux femmes revenaient au nouveau bourg par les ruines.

Marguerite Hivernaud appartenait à une génération de femmes profondément marquées par le deuil. Elle a porté des vêtements de deuil depuis 1918, date à laquelle son frère a péri dans un des derniers combats de la guerre. Après le massacre, Marguerite Hivernaud n'a plus jamais assisté à la moindre festivité : mariages, baptêmes ou premières communions. Le noyau des survivants et de leurs familles, représenté par l'ANFM, a décidé d'observer une « génération de deuil », soit une période de vingt ans. Quelques femmes du même âge que Marguerite Hivernaud n'ont jamais abandonné le deuil.

Préserver les vestiges d'un village est une entreprise radicalement différente de celle qui consiste à ériger un monument qui, selon le style de l'artiste, sera une représentation plus ou moins abstraite. Les ruines d'Oradour n'étaient pas censées représenter ou symboliser la destruction du 10 juin 1944. Elles étaient présentées au visiteur laissé libre de toute interprétation ou médiation — les faits nus, la preuve directe de l'événement lui-même. Bien qu'il soit l'exemple le plus frappant, Oradour n'est en aucune façon le premier ou le seul endroit dont les Français aient cherché à perpétuer la mémoire grâce à une représentation littérale de la destruction.

En 1919, la ville de Verdun a considéré différents projets de reconstruction après quatre années de guerre — les dommages les plus importants ayant été infligés par les bombardements intensifs d'artillerie durant les dix mois de la bataille de Verdun en 1916. D'un côté, un groupe de citoyens dirigé par l'ancien maire de Verdun avait proposé de conserver à l'état de ruine la partie la plus touchée du centre de la ville et de construire de nouveaux quartiers aux environs, sur des terrains cédés par l'État. Les défenseurs de ce projet soutenaient qu'il permettrait une reconstruction rapide et la renaissance économique de la ville, les ruines témoignant du sacrifice de Verdun et attirant les touristes. D'autres prévoyaient les pires problèmes avec ce projet, qualifié dans la presse locale de « Verdun-Pompéi » — notamment la dégradation rapide des ruines et la disparition de leur impact émotionnel. Une forte opposition des citoyens se forma pour obtenir la reconstruction de la ville sur le site qu'elle avait toujours occupé.

Bien que les mérites de ce plan aient été vigoureusement défendus dans la presse locale, le maire et les autres élus ne considérèrent jamais cette proposition comme un projet sérieux[37]. Ce possible précédent à Oradour comme ville martyre resta dans les cartons. Il semble que, en face des pertes militaires colossales (1 139 800 soldats français périrent pendant la guerre, dont 270 000 à Verdun), la destruction de propriétés civiles ne représentait pas une histoire significative pour la France de 1919. En 1920, la ville posa la pierre de fondation d'un mémorial de guerre.

À Verdun, ce fut le projet de construire un ossuaire sur le champ de bataille de Douaumont qui obtint l'intérêt du public et le soutien financier nécessaire pour en faire le haut lieu de la commémoration nationale de la Première Guerre mondiale. L'État contribua à hauteur d'un million de francs à la construction de l'ossuaire. Le reste — quatorze millions de francs — fut réuni par un comité privé qui supervisa la construction[38]. Les poilus étaient au cœur de la commémoration de la Première Guerre mondiale et les sites qui captèrent l'attention du public étaient les champs de bataille où ils avaient trouvé la mort.

Pendant la Seconde Guerre mondiale, l'idée de créer un mémorial de la vie juive — qui aurait fonctionné comme un village martyr — vint au poète juif exilé Julian Tuwim à la fin de 1943 quand il entendit parler du soulèvement du ghetto de Varsovie. Tuwim appelait de ses vœux un monument qui rassemblerait des vestiges de l'ancien ghetto.

Oradour, avant la guerre. Un gros bourg de marché, un village paisible comme il en existe tant en France alors. Le dimanche, les Limougeauds viennent passer la journée sur les bords de la Glane où sont organisés des concours de pêche. Collection Vauzelle.

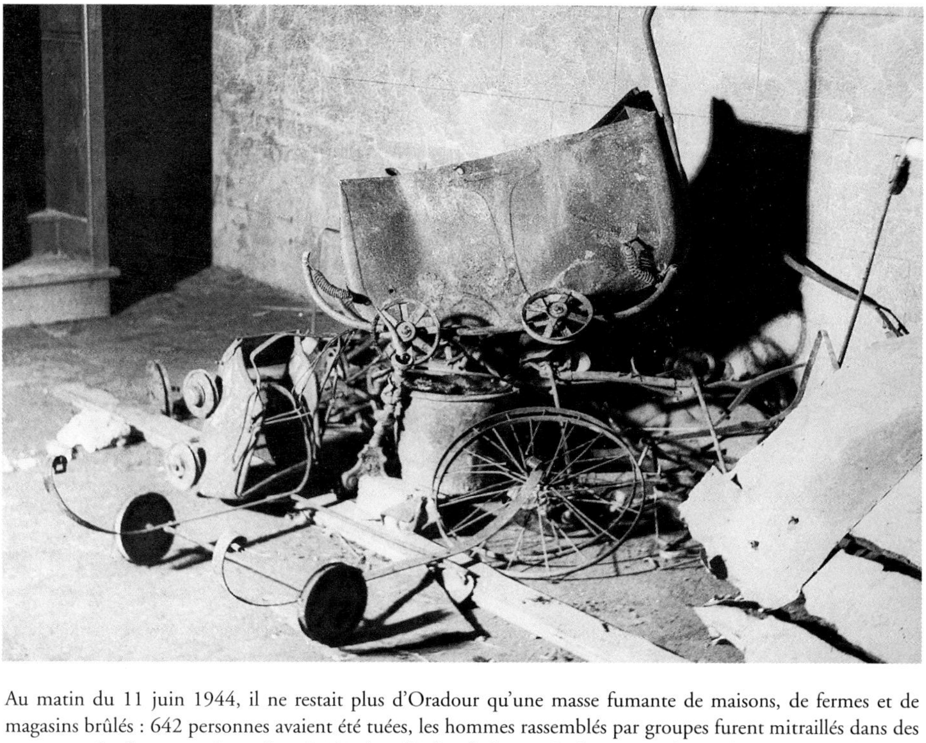

Au matin du 11 juin 1944, il ne restait plus d'Oradour qu'une masse fumante de maisons, de fermes et de magasins brûlés : 642 personnes avaient été tuées, les hommes rassemblés par groupes furent mitraillés dans des granges, et les femmes et les enfants brûlés dans l'église du bourg. Ici les restes calcinés des poussettes d'enfants et la cloche fondue par la chaleur. Ci-dessus, la rue principale. Les passagers du dernier tramway rentrés le soir du 10 juin furent interceptés à quelques mètres de la ville en proie aux flammes et relâchés sans explications par les soldats. Collection Vauzelle. Photo Jean Dieuzaide.

Voitures calcinées dans le garage Desourteaux. Dans les années qui suivirent le drame, les survivants voulurent laisser tout en place. Mais cette volonté de conserver le village en l'état résista mal aux intempéries qui infligèrent aux ruines leurs propres altérations et contraignit très vite à engager des travaux de restauration et d'entretien contre l'envahissement de la végétation sur ces lieux endeuillés. Collection Vauzelle.

Photo de classe à Oradour. Le massacre affecta toute la région alentour. Les écoles d'Oradour accueillaient les enfants des villages et hameaux voisins ; en 1944, 64 garçons et 106 filles de la commune y étaient inscrits. Ils étaient présents ce jour-là car une visite médicale était prévue dans l'après-midi. Collection Vauzelle.

La perpétration du meurtre des habitants dans un lieu sacré avait encore ajouté à l'horreur. L'émotion laissa bientôt place à la consternation, à l'incompréhension. « Sur les ruines de la morale : Oradour-sur-Glane », titra, en juillet, le journal résistant *Les Lettres françaises*. Photo Jean Dieuzaide.

Aux premières heures du lundi 11 juin, un groupe de soldats allemands revint enterrer les corps dans des tombes creusées à la hâte. Incapables de venir à bout de leur tâche, ils abandonnèrent le village, désormais cité des morts. Le 14 juin, des équipes de secours arrivèrent à Oradour et découvrirent le carnage. Ils entreprirent d'exhumer les corps dont certains avaient été dispersés, et de nettoyer la ville. L'identification des victimes se révéla rapidement impossible. Collection Vauzelle.

Le 4 mars 1945, sur les ruines d'Oradour, le général de Gaulle fit un discours sur l'unité de la nation dans la souffrance. Le village devint l'exemple de l'expérience nationale. Au cimetière, il déposa une plaque commémorative : « A Oradour, témoin de la barbarie allemande ». Les martyrs et héros de la France n'étaient plus seulement des résistants, mais aussi les citoyens ordinaires d'un village paisible massacrés par des SS. Collection Vauzelle.

En 1953, quatorze Français d'Alsace furent conduits devant le tribunal militaire de Bordeaux : enrôlés dans les SS, ils se trouvaient parmi les soldats qui perpétrèrent le massacre. Oradour, jusqu'à présent symbole de la barbarie, devint soudain la cause d'une guerre franco-française. Les juges durent faire le choix entre reconnaître les « malgré-nous » et respecter la peine et le désir de justice des familles d'Oradour. Finalement l'Assemblée nationale tranchera en amnistiant les coupables. Oradour se sentant trahi refusa le pardon et fit afficher à l'entrée du village les noms des députés qui avaient voté l'amnistie. Photo Keystone.

Le nouveau bourg. Au cours de la cérémonie anniversaire du 10 juin 1952, l'archevêque de Limoges condamna toute festivité dans le nouveau village. Le deuil fut observé des années durant par tous, y compris les enfants. Pas de fête, pas de bal au village. Les rues n'avaient pas de noms, mais des numéros pour ne pas relancer la polémique. A Oradour certaines femmes avaient perdu tous leurs enfants le jour du drame et les souvenirs parvenaient avec difficulté à s'estomper. Ce n'est qu'au début des années 60 que la vie sociale reprit. Photo DR.

> Et il y aura à Varsovie et dans toutes autres villes de Pologne un fragment du ghetto lui-même, préservé dans sa forme présente, dans sa dimension horrible de ruine et de destruction [...] en sorte que la mémoire des gens massacrés reste à jamais vive dans les esprits des générations à venir, comme le signe aussi de notre chagrin immortel. Ainsi un nouveau monument devrait-il être ajouté au sanctuaire national[39].

Tuwin avait lu ces mots à une cérémonie de 1948 pour dédier le monument de Nathan Rappoport à l'insurrection de Varsovie. Les Allemands avaient méthodiquement détruit le ghetto et la ville de Varsovie, laissant pour tout souvenir un tapis de gravats d'une épaisseur de cinq mètres. Le monument auquel songeait Tuwim en 1943 n'était plus imaginable.

Les mémoriaux de la Seconde Guerre mondiale, tels que le camp de concentration d'Auschwitz en Pologne et dans une certaine mesure le monument du Ghetto de Varsovie, fonctionnent sur un principe similaire de celui d'Oradour. Ils visent l'édification du visiteur grâce à l'exhibition de la scène du crime. On peut cependant distinguer d'importantes différences entre ces sites et un village martyr quant aux sources de l'effet sensible. À la différence de ces sites de la souffrance humaine en période de guerre, le village martyr est moins lié à une période spécifique de l'histoire de la Seconde Guerre. Son pouvoir particulier provient des échos de la vie paisible présente au moment de sa destruction. Le site du mémorial d'Auschwitz, en revanche, ne renvoie à aucune autre histoire que celle du camp lui-même. Cela est vrai du camp d'Auschwitz (Auschwitz I), qui a été préservé, aussi bien que de Birkenau (Auschwitz II), qui a été laissé à l'abandon. Les ruines d'Oradour, elles, mettent en lumière pour le visiteur occasionnel comme pour l'habitant la destruction d'une communauté qui a existé depuis bien avant la guerre. L'élément dramatique demeure au premier plan, mais, à mesure que l'événement du massacre s'éloigne et que les ruines s'effondrent et s'adoucissent, d'autres niveaux de sens apparaissent. Le monument trouve toute sa force dans le fait qu'il symbolise un village mythique, idéalisé, du passé.

Les différences entre le village martyr et d'autres sites de guerre deviennent plus apparentes quand on compare l'effet des objets exhibés à Auschwitz et à Oradour. Dans les deux cas, des objets courants qui ont été ramassés sur le site sont disposés dans des vitrines. Mais ils évoquent le passé de manière différente. À Auschwitz, les baraquements ont été préservés, et certains d'entre eux servent de musée. Le visiteur découvre les immenses piles de bagages confisqués des déportés. Ces valises évoquent la destinée d'individus — le nom et l'adresse du propriétaire sont inscrits sur chaque valise —, depuis le moment de leur départ forcé à leur arrivée au camp où ils étaient dépouillés de tout ce qu'ils possédaient. Une autre vitrine laisse voir une énorme quantité de chaussures abandonnées avant d'entrer dans les chambres à gaz. La présentation de ces objets rappelle le nombre stupéfiant de personnes tuées et le degré auquel parvint l'effort méthodique d'extermination nazie pour isoler des populations spécifiques dans toute l'Europe. À Oradour, l'accent est mis sur la destruction d'une communauté unique, particulière. Les débris ramassés dans les ruines sont exhibés dans le cadre plus intime d'une crypte. Les objets sont petits, et il faut se pencher vers les vitrines pour voir ce qu'elles contiennent.

David Lowenthal a souligné le fait que les reliques renforcent une vision stable du passé :

> Les reliques sont... statiques. Alors que le passé enregistré ou mémorisé peut donner le sentiment d'un glissement dans le temps, ce qui survit de manière tangible produit seulement un moment figé[40].

À Auschwitz comme à Oradour, les reliques appellent le souvenir de moments figés. Ceux dont on se souvient à Auschwitz sont exclusivement reliés à la Seconde Guerre mondiale. Au premier abord, le mémorial d'Oradour semble avoir une valeur encore plus particulière : c'est la tentative consciente de figer le temps au moment qui a suivi le massacre. Mais le sens du temps à Oradour se prolonge au-delà de la catastrophe du 10 juin 1944 pour donner une vision nostalgique des générations successives qui y ont vécu.

Lidice, autre village martyr en Tchécoslovaquie, fournit une bonne contre-épreuve. Les circonstances de sa destruction présentent une certaine similarité avec Oradour. Les Allemands ont détruit ce village, situé à une vingtaine de kilomètres de Prague, en représailles de l'assassinat de Reinhard Heydrich, *Reichsprotektor* de Bohême et de Moravie et officier supérieur SS. Au matin du 27 mai 1942, Heydrich prit, comme à son habitude, la route qui le conduisait de sa résidence en périphérie à Prague. À la sortie d'un virage serré qui obligea la voiture à ralentir, deux hommes en embuscade blessèrent mortellement le chef nazi. La réaction allemande fut rapide, massive et brutale. Heinrich Himmler vint à Prague pour mener personnellement les recherches. Dans les prisons et les camps de concentration, les nazis exécutèrent les maquisards tchèques. Les 3 000 prisonniers de Mauthausen furent exterminés en représailles.

Six jours après l'assassinat, différents indices conduisirent les parachutistes allemands au village de Lidice. Dans la nuit du 9 juin 1942, les soldats SS encerclèrent le village. Sur les 503 habitants de Lidice, 476 étaient présents. Les femmes et les enfants furent emmenés dans des camions vers la ville voisine de Kladno. Les 173 hommes furent rassemblés dans la cour d'une ferme et abattus le lendemain. Quelques jours plus tard à Kladno, les soldats SS séparèrent les 203 femmes de leurs enfants et les déportèrent dans des camps de concentration. 143 d'entre elles survécurent. La plupart des enfants, eux, périrent. 83 moururent au camp de Chelmno. Les autres, jugés aptes à la germanisation, furent internés puis envoyés dans des familles SS du Reich. 17 d'entre eux furent retrouvés après la guerre[41].

Seules des traces infimes du village de Lidice demeurent aujourd'hui. Dans le mois qui suivit le massacre, le village fut rasé entièrement, et cinquante centimètres de poussière furent répandus sur ce qui avait été le village. Aujourd'hui, le visiteur découvre un village martyr qui peut rappeler Oradour mais qui est en fait son contraire. Alors que les murs calcinés d'Oradour captent le regard,

Lidice est un vaste espace vide. Des pierres ont été posées pour dessiner le contour de l'ancienne route. Un mur bas, d'environ trente centimètres, a été construit pour figurer le coin de la grange dans laquelle les hommes du village furent abattus. Les fondations de l'école et de l'église ont été dégagées. Tout le reste est laissé à l'imagination du visiteur.

À Lidice aussi, un nouveau village, fondé par les survivants, a été construit près du premier. Le 10 juin 1945, trois ans après le massacre et un mois après la fin de la guerre, le gouvernement annonça un projet de commémoration, semblable à celui qui était élaboré au même moment pour Oradour. Le projet de mémorial envisageait de transformer toute la zone de l'ancien village « en une réserve naturelle, [...] un verger sacré aussi peu construit que possible ». À trois cents mètres de l'ancien village, dominant la vallée, un village moderne fut construit pour héberger les femmes revenues à Lidice. Comme à Oradour, la rue principale du nouveau village reçut pour nom la date du massacre.

Un petit musée a été construit sur un plateau au-dessus des ruines. L'exposition est constituée par des photographies des gens de Lidice, une histoire de l'occupation allemande et du massacre. Alors que les ruines d'Oradour rappellent l'atmosphère d'un village français, et donc national, rien dans Lidice ne semble particulièrement tchèque. Le fait que le gouvernement communiste de l'époque ait voulu donner un message universel dans la commémoration du massacre de Lidice contribue à cet effet de neutralité. En 1955, un « jardin de roses dédiées à l'amitié et à la paix » a été construit sur une bande de terre séparant le nouveau village du musée. Un mur bas, en demi-cercle, faisant face à l'ancien village, porte les armes des villes et villages qui ont suibi le même sort que Lidice[42].

En l'absence de vestiges tangibles du village, le paysage même à Lidice — sa couleur, sa forme, son climat — devient l'élément dominant du mémorial. L'effet global est celui du vide. Le visiteur remarque ce qui n'est pas présent, alors que celui d'Oradour voit ce qui reste. Bien que les événements qui se sont produits dans ces deux villages soient si semblables (jusqu'à la sinistre coïncidence de la date du 10 juin pour les deux massacres), ils produisent un effet différent. Alors que les ruines d'Oradour donnent à ce village martyr le caractère d'un endroit unique et spécifique, le site de Lidice lui donne une qualité abstraite et sereine. Lidice donne le sentiment de l'espace, Oradour celui du site.

V

1953, LE PROCÈS DE BORDEAUX

En janvier 1953, le procès longtemps attendu de 21 soldats qui avaient participé au massacre d'Oradour-sur-Glane eut lieu devant le tribunal militaire de Bordeaux. Pendant huit ans, les familles des victimes avaient réclamé que les assassins soient retrouvés et punis. Les survivants demandaient vengeance : la justice devrait être rapide, efficace et d'une sévérité appropriée.

Cependant, au moment où le procès eut enfin lieu, il apparut clairement pour la plupart des Français que la tâche de la justice serait difficile, source de divisions et peut-être impossible à accomplir. Plusieurs officiers qui pouvaient être tenus pour responsables, dont le major Otto Dickmann qui avait préparé et dirigé l'opération, étaient morts sur le front de Normandie. D'autres s'étaient cachés en Allemagne ou ne pouvaient comparaître devant un tribunal. Le commandant de la division SS « Das Reich », le général Lammerding, vivait à Düsseldorf, dans la zone occupée britannique, mais les autorités britanniques restaient sourdes aux demandes d'extradition françaises[1]. Et plus troublant encore fut le résultat de l'enquête après la guerre qui révéla que parmi les 66 officiers et soldats encore vivants qui avaient fait partie de la division SS, 14 étaient des Français d'Alsace. Ces 14 hommes comparurent devant le tribunal de Bordeaux, avec 7 Allemands qui étaient en prison depuis la fin de la guerre[2].

À la même date, les survivants d'Oradour s'apprêtaient à s'installer dans le nouveau bourg construit par l'État.

Les événements de 1944 occupaient toujours leurs esprits. Le reste du pays cherchait plutôt à les oublier. Le procès eut lieu au cours de la dernière phase d'un long débat concernant la sévérité des peines à l'encontre de ceux qui avaient collaboré avec les Allemands. Alors que les habitants d'Oradour entendaient ne jamais oublier ce qu'ils avaient subi ni qui le leur avait infligé, la classe politique se préoccupait désormais de réconcilier les Français en effaçant les traces de la collaboration de nombreux citoyens.

Le débat sur les crimes de la collaboration et leur châtiment s'était ouvert avant même la fin de la guerre. Au moment où commencèrent les purges en 1944, Albert Camus dans *Combat* et Claude Mauriac dans *Le Figaro* défendaient des positions opposées[3]. Mauriac, exprimant le souci de modération du général de Gaulle, demandait que les sentences ne fussent pas sévères. Camus soutenait que le pardon aux collaborateurs signifierait le sacrifice de l'idéal pour lequel les résistants étaient morts, et la clémence à l'égard des bourreaux serait la trahison des morts. Les mêmes arguments seront repris au Parlement lors des débats sur l'amnistie en 1950 et 1952. Tous les partis politiques furent mêlés à la controverse. L'enjeu était important car situé « au carrefour de la loi, de la morale et du souvenir », comme l'a noté Henry Rousso :

> Oubli juridique, selon les termes mêmes du droit, l'amnistie peut singulièrement modifier la perception de l'Occupation ; notamment par les silences qu'elle impose sur les peines prononcées[4].

Amnistie pour les collaborateurs ?

Le MRP et les chrétiens du RPF conduisirent un mouvement en faveur de l'amnistie. Le débat sur la première loi d'amnistie commença le 24 octobre 1950. Au nom de l'unité nationale et de la réconciliation, les partisans de l'amnistie proposèrent que la clémence vienne compenser les injustices des purges. Ils soulignèrent que l'Allemagne et l'Italie s'étaient déjà engagées dans cette direction. Les anticommunistes insistaient sur la nécessité de l'unité nationale pour faire face à la menace soviétique. Le parti communiste y voyait au contraire un véritable anathème et une menace néofasciste, la tentative tout au moins de réhabiliter une droite discréditée. Le parti communiste s'inquiétait aussi de la coïncidence entre les efforts pour absoudre les collaborateurs et le débat international sur un éventuel réarmement de l'Allemagne. De leur côté, les socialistes avaient opté pour la clémence dans l'intérêt de la nation mais s'opposaient à toute réhabilitation d'anciens collaborateurs[5].

Le débat sur la création de nouvelles lois et la modification des sentences avait été en quelque sorte rattrapé par les événements. Dans l'après-guerre, de Gaulle, Gouin, Bidault et Auriol ont chacun fait usage de leur pouvoir pour réduire ou suspendre des peines ou faire libérer des prisonniers. Sur les 40 000 personnes arrêtées au moment de la Libération, seules 13 800 étaient encore en prison en 1948. En octobre 1949, il n'en restait que 8 000. En 1951, à la veille de la première amnistie, les collaborateurs emprisonnés ne représentaient plus que la moitié de ce dernier chiffre[6].

Après deux mois de discussion, l'Assemblée nationale vota, par 327 voix contre 263, la première loi d'amnistie, promulguée le 5 janvier 1951. En bénéficiaient ceux qui avaient été condamnés après la guerre à l'indignité nationale pour violation des valeurs morales et patriotiques. Ceux qui étaient convaincus d'indignité nationale étaient condamnés à la « dégradation nationale ».

La loi d'amnistie accordait la clémence à ceux qui avaient été frappés de dégradation nationale à titre principal, elle réduisait la liste des interdictions attachées à la dégradation nationale et accordait une libération anticipée à certains prisonniers. La clémence n'était pas accordée toutefois aux personnes qui avaient été jugées par la Haute Cour — Pétain, les membres de son gouvernement et les gouverneurs coloniaux — ni aux personnes qui avaient informé, torturé et travaillé pour la police allemande[7].

Dix-huit mois plus tard, une seconde amnistie, plus importante, fut votée. Après une année de manœuvres et de débats, la loi fut votée le 24 juillet 1953. Cette fois, la dégradation nationale à titre principal de la condamnation était abolie. Ceux qui avaient été privés de leurs droits civiques et de leurs pensions de fonctionnaire furent rétablis dans leurs droits. Seuls les collaborateurs notoires furent gardés en prison. La première loi d'amnistie avait réduit le nombre de collaborateurs emprisonnés de 4 000 à 1 570. Quand la seconde loi d'amnistie prit pleinement effet en 1956, seuls 62 collaborateurs arrêtés en 1945 étaient encore en prison[8].

Jusqu'au procès de Bordeaux, le débat sur le traitement des citoyens français accusés de crimes de guerre n'avait porté que sur des cas individuels. Au cours du procès de Bordeaux, le débat concernant la culpabilité des soldats à Oradour le 10 juin 1944 provoqua un conflit entre deux régions. Ce fut l'occasion d'un affrontement entre deux régions françaises et deux différentes mémoires régionales de la guerre.

Les images du Limousin comme celles de l'Alsace avaient une signification symbolique chargée pour la nation française. Évoquant les procès de l'après-guerre, le chroniqueur judiciaire du journal *Le Monde* de 1945 à 1985, Jean-Marc Théolleyre, se souvient des passions de l'époque :

> Oradour était devenu un symbole. Le nom de ce village du Limousin anéanti dans un seul après-midi de juin 1944 avait une résonance telle qu'il retentissait à lui seul dans la France libérée avec la même charge d'émotion qui put s'attacher à des noms comme Verdun[9].

Le mythe plus ancien d'une Alsace otage français d'une Allemagne rapace était encore bien présent. Mais le procès de Bordeaux allait le remettre en question :

> Et remontait en mémoire toute la légende de la province perdue, toutes les histoires, toutes les chansons, toute la sentimentalité attachée à cette partie de l'histoire nationale. [...] Fini le mythe des bons et des méchants, des bons Alsaciens et des mauvais Allemands. La vieille imagerie d'Épinal gravée depuis 1870 ne pouvait y résister. Cette déchirure affecta tout le pays. Aujourd'hui encore, ni en Limousin ni en Alsace il ne faut reparler de ce temps-là[10].

Lors de la séance d'ouverture du procès, le président du tribunal militaire déclara :

> Ce procès est et demeure celui de l'hitlérisme[11].

À l'inverse, Oradour, qui devait symboliser l'unité française face à la barbarie nazie, allait opposer les Français aux Français.

La situation de l'Alsace

Parmi les Alsaciens qui comparaissaient, seul l'un d'entre eux s'était engagé dans les SS — les autres, désignés par leurs sympathisants comme les « malgré-nous » — avaient été enrôlés dans les troupes allemandes à la fin de 1943 et au début de 1944. Comme le soulignèrent leurs défenseurs, huit d'entre eux avaient moins de dix-huit ans au moment où ils furent enrôlés dans l'armée allemande et transférés quelques semaines plus tard dans les SS.

Dans les jours qui précédèrent le début du procès, des hommes politiques alsaciens et des associations de vétérans prirent la défense des « malgré-nous » et plaidèrent la cause de l'Alsace et de sa situation particulière pendant la guerre. En dépit de l'armistice qui prévoyait le respect par les Allemands de la souveraineté française, ceux-ci annexèrent *de facto* les départements de l'Alsace et de la Lorraine. En août 1940, deux *Gauleiter* furent nommés pour administrer ces deux régions[12].

Les Codes civil, pénal et racial allemands furent rapidement appliqués. En janvier 1942, l'adhésion aux Jeunesses hitlériennes devint obligatoire pour tous les enfants entre 10 et 18 ans. Les femmes et les hommes furent enrôlés dans le *Reichsarbeitsdienst*. Et le 25 août 1942, le *Gauleiter* décréta que le service militaire dans les forces armées allemandes était obligatoire pour tous les hommes nés entre 1920 et 1924. Ceux qui refusaient furent internés dans le camp de sécurité de Schirmeck sur le versant oriental des Vosges. Certaines familles furent déplacées de force vers le Reich[13]. À la fin de la guerre, bien que 40 000 hommes environ aient déserté ou fui vers d'autres régions de France, 160 000 hommes d'Alsace et de Lorraine avaient été mobilisés. À la fin de la guerre, on comptait parmi eux 25 000 morts, 22 000 disparus et environ 12 000 prisonniers dans les camps russes[14].

Quels que furent les compromis avec l'ennemi, les « malgré-nous » ne furent pas victimes de l'épuration de l'après-guerre. À la Libération, le gouvernement provisoire avait adopté une loi sur les crimes de guerre mais elle ne s'appliquait qu'aux « nationaux ennemis ou aux agents non français au service des intérêts ennemis »[15]. Elle ne prévoyait rien en ce qui concernait les poursuites légales contre des citoyens français par les tribunaux militaires[16]. Ainsi, bien qu'un certain nombre d'Alsaciens ayant pris part au massacre d'Oradour aient été interrogés dans un camp de prisonniers britanniques et aient fait des dépositions devant les autorités françaises, seuls deux d'entre eux furent mis en prison[17]. Les autres furent considérés comme des témoins et autorisés à rentrer chez eux. Il semblait qu'ils ne seraient pas tenus responsables de leurs actes à Oradour.

La loi spéciale

Les choses se modifièrent en 1947 après le discours du président Vincent Auriol lors de la cérémonie commémorative du 10 juin à Oradour. Auriol et son entourage — incluant François Mitterrand, alors ministre des Anciens Combattants et des Victimes de la guerre — furent accueillis par une foule énorme et un déploiement de dignitaires et d'hommes politiques locaux, dont le préfet et le sous-préfet de la Haute-Vienne, le chef de la Résistance locale et maire de Limoges, Georges Guingouin, ainsi que cinq députés de la région. Après la visite des ruines et le dépôt d'une gerbe sur la fosse commune au cimetière et sur les cendres des victimes dans la chapelle de bois, la procession se rassembla sur la place du marché. Représentant le président de l'ANFM, la secrétaire de l'association, Mme Laurence, fit une requête passionnée au ministre de la Justice :

> [...] avec beaucoup d'insistance, nous vous demandons que vos services [...] mettent tout en œuvre, que rien ne soit négligé pour arrêter les coupables et pour que, dès

> leur capture, ils soient jugés et châtiés ici même. Au nom de nos martyrs, que justice soit faite !

Le président Auriol promit de donner satisfaction. Après avoir évoqué l'image d'Oradour, village idéal rayé de la carte par les SS[18], il révéla que le gouvernement avait préparé une loi spéciale « qui vise les auteurs de l'odieux massacre que nous commémorons aujourd'hui ». La loi envisagée considérerait tout membre d'une unité criminelle (les SS avaient été reconnues telles par le tribunal de Nuremberg) comme le coauteur ou le complice des crimes commis par cette unité :

> Ainsi tout individu inculpé d'un fait présentant un lien de coaction, de complicité ou de connexité avec un crime de guerre dont doit connaître un tribunal militaire sera justiciable de ce tribunal lorsque l'un au moins des inculpés devant cette juridiction pourra être jugé contradictoirement. S'il y a parmi eux un Français ou un ressortissant français, c'est par un tribunal militaire français [...] qu'ils seront jugés[19].

L'annonce de cet engagement du gouvernement pour défendre la cause d'Oradour provoqua une réaction extraordinaire selon un observateur officiel :

> Seule la promesse faite par M. Vincent Auriol de faire châtier rapidement les coupables du massacre d'Oradour a recueilli l'approbation unanime des populations[20].

Auriol termina son discours en faisant appel à « la solidarité de tous les Français » face aux tâches qui les attendaient. Nul ne pouvait ignorer que les efforts pour se souvenir et punir les crimes menaçaient la restauration de l'unité nationale.

Quinze mois plus tard, l'Assemblée nationale vota à l'unanimité une loi qui introduisait une notion nouvelle dans le droit pénal français — celle de responsabilité collective des groupes ayant commis des crimes de guerre :

> Lorsqu'un des crimes prévus par l'ordonnance du 28 août 1944 sur la répression des crimes de guerre est imputable à l'action collective d'une formation ou d'un groupe faisant partie d'une organisation déclarée criminelle par le

> tribunal militaire international [...] tous les individus appartenant à cette formation ou à ce groupe peuvent être considérés comme coauteurs, à moins qu'ils n'apportent la preuve de leur incorporation forcée et de leur non-participation au crime[21].

L'intention du législateur était claire : dans la mesure où la culpabilité individuelle avait été difficile à établir dans bien des cas, la présomption de culpabilité collective des organisations criminelles permettrait d'inculper tous les membres d'une unité coupable de crimes de guerre. En d'autres termes, quiconque faisait partie, le 10 juin 1944, de la 3e compagnie du régiment *Der Führer* de la division « Das Reich » était présumé coupable. Il faut noter que la présomption de culpabilité collective était laissée à l'appréciation du juge et n'était donc pas automatique. Néanmoins, la loi sur « la responsabilité collective » allait à l'encontre des principes du droit : dans le cas de crime de guerre, la charge de la preuve pesait non sur l'accusation mais sur la défense qui devait établir l'innocence de l'accusé.

Le troisième article de la loi visait particulièrement ceux qui étaient exclus du domaine d'application de la loi du 28 août 1944 : les citoyens français. Ils pourraient désormais être poursuivis par un tribunal militaire français :

> Nonobstant toutes les dispositions contraires, les individus non visés à l'article premier du 28 août 1944 qui sont personnellement coauteurs ou complices d'un crime de guerre ou d'un crime connexe peuvent être compris dans les poursuites engagées devant le tribunal militaire lorsque l'instance est contradictoire à l'égard d'un au moins des autres accusés.

Selon cet article, les citoyens français ne seraient pas poursuivis au titre de la responsabilité collective mais parce qu'ils seraient « personnellement coauteurs ou complices[22] ». Cette distinction n'apaisa guère l'Alsace et ses représentants à l'Assemblée. Ils considéraient comme un outrage le fait que des « malgré-nous » aient été poursuivis grâce à une loi rétroactive et qu'ils aient à s'asseoir aux côtés des Allemands dans le box des accusés.

Le procès étant imminent, l'Association des évadés et des incorporés de force (ADEIF) sonna l'alarme. Le 10 décembre 1952, tous les journaux régionaux d'Alsace publièrent une lettre de Georges Bourgeois, président de l'ADEIF dans le Haut-Rhin, député et président du conseil général du Haut-Rhin, réclamant des poursuites séparées pour les Alsaciens et pour les Allemands[23].

À la fin du mois, neuf autres associations de vétérans d'Alsace avaient rejoint l'ADEIF et exigeaient que les Alsaciens aient un jugement séparé[24]. La population alsacienne suivit ce mouvement. Tout en continuant à soutenir les poursuites menées contre des Alsaciens en raison de leur conduite personnelle, elle exigeait la séparation des poursuites dans le procès d'Oradour, comme l'ont noté les Renseignements généraux :

> Cette pénible affaire agite de plus en plus les esprits. L'opinion publique dans sa grande majorité se range à l'avis exprimé par les corps constitués et les diverses associations patriotiques, c'est-à-dire : disjonction de la poursuite en ce qui concerne les accusés alsaciens[25].

Dans une remarquable démonstration de solidarité, la presse régionale et les hommes politiques de tous les partis prirent la défense de l'Alsace contre ce qu'ils considéraient comme une accusation de toute la région :

> Elles ont exprimé la crainte que les conditions dans lesquelles se déroule le procès (absence de responsables et de vrais coupables ; Alsaciens aux côtés des accusés allemands) ne fassent de ce procès celui des Alsaciens incorporés de force et ne portent une atteinte morale à l'Alsace et n'entraînent un jugement de l'attitude nationale de la population alsacienne[26].

L'intensité des réactions locales surprit les observateurs parisiens :

> J'étais en Alsace il y a quelques jours. On est stupéfait de l'importance qu'y prend l'affaire d'Oradour. Un Alsacien m'a dit clairement : « Attention ! Ne soyez pas légers,

l'affaire d'Oradour pour nous c'est une nouvelle affaire Dreyfus[27]. »

Le parti communiste en Alsace fut la seule exception au mouvement unanime de défense des « malgré-nous ». Depuis la fin de la guerre, le PCF avait réclamé le châtiment des soldats qui avaient participé au massacre. De plus, la région du Limousin avait abrité la Résistance communiste. Avec « l'affaire des malgré-nous », la direction alsacienne du PCF était partagée entre la loyauté régionale et la politique générale du parti. Mais elle adopta rapidement la position suivante :

> Elle réclame maintenant un châtiment exemplaire pour tous les accusés sans distinction de nationalité[28].

Pendant tout le procès, les communistes alsaciens défendirent les intérêts des victimes d'Oradour. En conséquence, l'audience du PCF en Alsace décrut très rapidement.

Les hommes politiques alsaciens avertirent que la loi spéciale risquait d'aliéner l'Alsace à la France. Paul Kalb, sénateur du Haut-Rhin et vice-président du Conseil de la République, cria à l'injustice :

> Nous tenons à protester contre de tels procédés qui risquent tout simplement de provoquer un nouveau drame de l'Alsace. Le procès d'Oradour-sur-Glane mettra en cause tous les incorporés de force [...] et suscitera une émotion douloureuse dans nos provinces, terres de fidélité, qui étaient en droit d'attendre autre chose qu'une intolérable humiliation[29].

Les Renseignements généraux firent explicitement référence à un souci qui, depuis le début, se profilait derrière le procès de Bordeaux :

> Un jugement dans ces conditions pourrait ressusciter en Alsace des difficultés qui rappelleraient celles d'avant guerre[30].

Le malaise alsacien

Quand les Français récupérèrent l'Alsace après la Première Guerre mondiale, les hommes politiques et l'administration cherchèrent immédiatement à réintégrer cette province au sein de la nation. Les nationalistes français à Paris étaient préoccupés par le fait que l'Alsace, sous gouvernement allemand pendant quarante-huit ans, ait pu succomber aux coutumes et aux idées allemandes. En 1918, la population rurale de l'Alsace parlait un dialecte proche de l'allemand, et la culture alsacienne présentait plus de similarités avec celle de Bade qu'avec celle de l'Île-de-France. Dans la plus grande partie de l'Alsace, le français n'était parlé que par la noblesse et les classes moyennes éduquées[31]. Ceux-là avaient pour la plupart émigré vers la France après l'annexion de 1871. En 1919, le gouvernement jugea nécessaire de lancer une campagne pour encourager l'adhésion de l'Alsace à la France, grâce à la promotion de la culture française et une augmentation du nombre de fonctionnaires.

L'intégration de l'Alsace à la France ne fut pas une affaire facile. Durant les années pendant lesquelles, selon l'historien Eugen Weber, la France passait du régionalisme au nationalisme, l'Alsace connaissait la modernisation engagée par l'empereur Guillaume II[32]. Et, bien que la séparation de 1870 à 1918 ait renforcé le patriotisme de certains Alsaciens en faveur de la France, la plupart des Alsaciens s'étaient attachés, tout en résistant à la germanisation, à la culture rhénane. L'expérience de l'Alsace au sein du IIe Reich n'avait pas été en tout cas négative. Malgré l'annexion de 1871 et un programme de germanisation brutal, l'Alsace bénéficia du prodigieux essor industriel de l'Allemagne jusqu'à la veille de la Première Guerre mondiale. Après 1918, le retour à la France fut bien accueilli par les Alsaciens, même si certains furent réticents devant les efforts d'intégration du gouvernement français.

En 1924, une proposition d'application intégrale de la législation française en Alsace radicalisa la politique d'assimilation. Pendant la période d'annexion allemande, l'Alsace n'avait pas connu la législation de Jules Ferry sur l'éducation laïque et obligatoire, et l'abrogation du concordat de 1801 par la loi sur la séparation de l'Église et de l'État de 1905. Le clergé protesta violemment contre l'intention du gouvernement d'imposer des réformes qui aboliraient l'éducation religieuse dans les écoles et excluraient les membres du clergé des administrations[33]. De 1924 jusqu'au début des années trente, un mouvement autonomiste alsacien prit une certaine ampleur. L'annexion de l'Alsace par l'Allemagne en 1940 brisa le mouvement autonomiste alsacien, et le nazisme eut pour effet de réconcilier les Alsaciens avec la France. Mais le procès de Bordeaux révéla à nouveau que la question alsacienne risquait de menacer l'unité nationale — unité déjà fortement mise à mal par le régime de Vichy.

Ces considérations n'intéressaient guère les gens du Limousin qui restaient indifférents à la demande alsacienne d'un traitement distinct de ses ressortissants. Dans un éditorial publié à la fin du mois de décembre 1952, *Le Nouveau Rhin français* citait une lettre de Jean Brouillaud, dans laquelle le président de l'ANFM affirmait la validité des dispositions de la loi du 15 septembre 1948 et ajoutait :

> S'ils ont participé au crime, alors ils doivent être punis. [...] Il est trop commode d'affirmer, plusieurs années plus tard, que l'on a agi sous la contrainte.

Pour Marcel Jacob, rédacteur en chef du journal, cette attitude était inquiétante :

> On est terrifié — malgré toutes les expériences amères — d'un tel manque, inouï et total, de compréhension vis-à-vis de la tragédie alsacienne. Aussi profondément que nous nous inclinons devant les victimes d'Oradour et les membres de leurs familles, aussi résolument nous continuons à nous dresser cependant contre une mentalité comme celle qui se révèle dans cette lettre[34].

À l'approche de l'ouverture du procès, les deux partis se radicalisèrent plus nettement encore. Dans le Limousin, les hommes politiques continuaient de s'opposer à toute tentative pour protéger les Alsaciens. Le député Georges Lamousse écrivait en première page du quotidien socialiste :

> Le problème est clair. Si les Alsaciens détenus à Bordeaux ne sont pas coupables, s'ils ne participèrent pas au crime, si le 10 juin 1944 ils tentèrent désespéré-

> ment de l'empêcher, comme c'était leur devoir, s'ils sauvèrent des vies humaines, s'ils n'ont pas de sang français sur les mains, leur innocence éclatera d'elle-même. [...] Mais s'ils sont coupables, s'ils ont tué et brûlé, leur qualité d'Alsaciens ne saurait les soustraire au châtiment. J'irai plus loin. Dans ce cas ils sont plus coupables que les soldats allemands [...] un Alsacien avait moins qu'un Allemand le droit de tirer sur les civils [...]. Au procès de Bordeaux, il n'y a pas pour nous des Alsaciens et des Allemands. Il y a des accusés. Que la justice se prononce et que le châtiment suprême s'abatte sur les coupables[35] !

Le procès de Bordeaux s'ouvrait donc dans une atmosphère tendue et acrimonieuse.

Le procès

Au petit matin du 12 janvier 1953, un train entra en gare de Bordeaux, transportant onze des Alsaciens accusés. Ils devaient se constituer prisonniers à la prison militaire dans la matinée. Jean-Marc Théolleyre a décrit cette scène :

> Ce fut en vérité un assez curieux spectacle que cette arrivée en pleine nuit à la gare de Saint-Jean. [...]. Ils se sont retrouvés sur ce quai, une valise à la main, livrés à eux-mêmes, cherchant vainement des avocats qui, disaient-ils, devaient venir les attendre, et ne trouvant qu'une poignée de journalistes et quelques photographes illuminant la nuit de magnésium. On a pu apercevoir ainsi ces hommes passifs, désemparés, méfiants et inquiets, tous modestement vêtus [...]. On loua des taxis et l'on décida d'aller tirer du lit de son hôtel un avocat. C'était, à vrai dire, une curieuse vision que celle de ces garçons somnolents, aux visages campagnards, dépaysés, rassemblés à 4 heures du matin dans le hall d'un palace, attendant un gîte (prison ou hôtel) où ils puissent enfin achever leur nuit[36].

Dans l'après-midi, dans une salle d'audience minuscule de la banlieue de Bordeaux, les accusés et leurs avocats comparurent pour la première fois devant le tribunal militaire composé de six officiers d'active et présidé par un magistrat civil, M. Nussy Saint-Saëns. Les juges dominaient la salle au premier rang de laquelle se trouvaient les accusés. En l'absence d'officiers supérieurs, les accusés apparaissaient à Théolleyre comme des gens ordinaires :

> Ce sont d'abord de petites gens. Tous — peu importe en l'occurrence leurs noms — exercent des professions manuelles : tourneur, facteur, ouvrier, maçon, chauffeur, cultivateur, vacher, etc.[37].

Les avocats étaient assis derrière les accusés. Derrière eux, trois rangées de chaises pliantes avaient été disposées pour les familles des victimes. Enfin, cinquante personnes environ — dont les journalistes — pouvaient tenir au fond de la salle « à condition, disait Théolleyre, qu'elles admettent de se tenir comme dans le métro aux heures d'affluence [...] derrière encore, la presse va souffrir de torticolis à essayer de voir tous ces dos[38] ».

Durant les jours qui suivirent, les avocats des Alsaciens firent de longs exposés décrivant la situation de l'Alsace pendant la guerre. Ils protestèrent contre les dispositions de la loi sur la responsabilité collective qui plaçait leurs clients sur le même banc que les Allemands. Le deuxième jour du procès, le président du tribunal, M. Nussy Saint-Saëns, perdit patience devant les demandes répétées des avocats pour que le tribunal se prononce sur l'applicabilité de la loi sur la responsabilité collective :

> Nous y voilà bien ! C'est tout le problème. On vote des lois dans les Assemblées et c'est ensuite à nous, tribunal militaire, que l'on vient proposer des échappatoires pour ne pas les appliquer[39].

Le tribunal militaire rejeta ces requêtes, et le procès put se poursuivre avec l'interrogatoire des accusés. Leur passé fut scrupuleusement étudié. Les Allemands étaient passés par l'endoctrinement des Jeunesses hitlériennes. Parmi les Alsaciens, on put trouver certaines traces de patriotisme français : l'un d'entre eux avait reçu la Croix de guerre en mai 1940. D'autres avaient tenté d'échapper aux Allemands avant d'être enrôlés dans la Wehrmacht. Certains avaient déserté et s'étaient rendus aux Canadiens en Normandie. Mais les efforts pour établir leur culpabilité dans le massacre n'aboutirent qu'à des résultats incertains. Tous les accusés, à l'exception de l'un d'entre eux, nièrent avoir participé à aucun acte meurtrier particulier. Sur ce point aussi, le procès semblait s'embourber :

> « Ce procès est et demeure celui de l'hitlérisme », avait déclaré M. Nussy Saint-Saëns à l'ouverture des débats. Mais pour l'heure il ne semble être encore que celui d'une compagnie. On discute cartes sur table, plans à la main, comme dans un état-major. Tout est disséqué, analysé, pièce à pièce. On passe au microscope les gestes et les minutes. On finit par perdre de vue l'ensemble du drame, son énormité et son aspect hallucinant[40].

Pendant que le président du tribunal de Bordeaux tentait de faire avancer le procès, les députés d'Alsace avaient réussi à organiser un débat à l'Assemblée nationale sur la loi de responsabilité collective. Les députés d'Alsace argumentèrent passionnément pour le rétablissement du principe de la responsabilité individuelle et de la charge de la preuve à l'accusation. Une fois encore, ils soulignèrent que les « malgré-nous » n'avaient pas grand-chose à voir avec les accusés allemands et prétendirent partager avec Oradour le statut de victime :

> Combien aurions-nous aimé mêler nos larmes aux leurs dans la commune souffrance d'un mal qui, en vérité, loin de nous séparer, nous unit dans le sang, l'humiliation et une infinie tristesse[41].

L'argument fut même avancé que la poursuite conjointe des Allemands et des Alsaciens constituait une ratification de l'annexion de l'Alsace par les nazis. Enfin, était invoqué l'impératif politique d'une intégration de l'Alsace à la nation :

> La loi que vous allez voter, je l'espère de tout mon cœur mes chers collègues, donnera à l'Alsace la certitude que rien ne subsiste plus de l'annexion de fait dont elle fut victime, qu'elle a repris sans aucune réserve, sans aucune arrière-pensée, sa place au foyer de la patrie[42].

De son côté, un député du Limousin appela l'Assemblée à contempler les ruines d'Oradour qui réclamaient justice :

> Mes chers collègues, les ruines d'Oradour [...] demeurent comme des pièces à conviction du crime qui porte, plus que tout autre, la signature de l'hitlérisme. [...] Quiconque contemple nos ruines, nos cimetières, se refuse à accepter que de tels forfaits ne soient pas expiés d'abord [...] et ensuite rendus impossibles. Puissent les tortures d'Oradour être vengées sans plus de retard, comme l'exige la justice, pour qu'elles puissent ensuite enseigner au monde qu'il s'agit désormais entre gens de bonne volonté de sauver la civilisation[43].

Jean Le Bail, député socialiste de la Haute-Vienne, exprima son souci de manière moins grandiose :

> [...] suffira-t-il qu'une province qui est chère à tous nos cœurs ait une sorte de crise de susceptibilité, qu'elle se croie atteinte dans son honneur, un honneur dont personne ne doute ici, pour qu'une autre province qui attend justice depuis huit ans puisse aujourd'hui se dire qu'elle risque de ne plus être jamais rendue[44] ?

La réponse fut oui. Le 27 janvier 1953, alors que les témoins faisaient leurs dépositions au procès de Bordeaux, l'Assemblée nationale vota par 365 contre 238 l'exemption des Français de la loi de responsabilité collective[45]. Le lendemain, le premier article de la loi du 15 septembre 1948 — celui concernant la responsabilité collective — était abrogé[46].

Les Alsaciens furent satisfaits. Les Renseignements généraux à Colmar signalèrent le « soulagement dans tous les milieux[47] ». À Strasbourg, le vote de l'Assemblée nationale « a apporté quelque satisfaction à l'amour-propre des Alsaciens blessés dans leur patriotisme[48] ».

Partout ailleurs, ce fut l'indignation. Le président Vincent Auriol était dégoûté par l'attitude pusillanime de l'Assemblée :

> C'est la chose la plus attristante qui se soit passée sous ma législature[49].

Dans la salle d'audience du tribunal militaire de Bordeaux, le président de l'ANFM, M. Brouillaud, menaça le procès de boycott :

> Nous, les victimes, nous ne voulons pas assister dans quelques jours au départ vers leurs foyers des assassins qui quitteront libres cette ville. Nous n'avons plus rien à faire ici[50].

Mais le président du tribunal exprima une nouvelle fois sa volonté de ne rien laisser entraver le cours du procès :

> Il n'y a pour nous rien de changé. Le tribunal continuera l'instruction de ce procès en son audience, et si disjonction peut être ordonnée, elle ne pourra être mise en question qu'au moment du réquisitoire[51].

À la fin de sa mise au point, il brandit le Code pénal qui, si nécessaire, ferait l'affaire :

> On n'a pas fait mieux depuis[52].

La défense présenta des membres de la Résistance en Alsace qui témoignèrent des difficultés énormes rencontrées pour défier la puissance de l'occupant. D'autres témoins insistèrent sur l'impossibilité de déserter pour un soldat SS :

> Si un SS s'était présenté chez moi en zone non occupée pour déserter, je n'aurais jamais voulu faire quoi que ce soit pour lui, craignant d'avoir affaire à quelque mouchard.

Joseph Rey, le maire de Colmar, s'interrogea sur l'héroïsme qu'on pouvait attendre d'adolescents. Qu'aurait-il fait s'il s'était lui-même trouvé à Oradour ?

> Je ne le sais pas. J'aurais peut-être choisi la mort. Mais les héros ne courent pas les rues, ni ici ni ailleurs. Et puis on pense à sa famille[53].

Ce dernier témoignage permit de mieux connaître la situation « infernale » de toute l'Alsace. Vinrent ensuite les témoins d'Oradour qui exprimèrent, eux, la souffrance inconsolable d'individus brisés.

Les témoins

La simplicité et l'austérité du témoignage des survivants fit un contraste frappant avec l'esprit procédurier et les manœuvres qui avaient jusque-là caractérisé ce procès :

> Quel étrange procès ! On pourrait même le qualifier de procès à double face. D'un côté, la loi, le droit, l'interprétation des textes, les manœuvres en coulisse, et de l'autre, une profonde horreur, une somme de douleurs ineffaçables, des récits bouleversants d'humanité simple et douloureuse qui font pleurer. Au gré des événements, on passe de l'un à l'autre. On voit exécutées en plein prétoire de savantes variations sur des thèmes juridiques. Après quoi, on revient aux témoins qui, eux, n'ont pas envie qu'on s'y trompe. C'est bien leur drame et leur drame seul qui intéresse le tribunal[54].

Tout d'abord, les femmes et les hommes des hameaux voisins décrivirent l'arrivée des Allemands et puis l'horreur et le carnage qu'ils trouvèrent dans les ruines. Mais c'est ensuite la dignité du récit de Marguerite Rouffanche qui fit la plus grande impression sur l'assistance :

> Ce que des écrivains obtiennent à force d'art, le dépouillement, la concision, la force des traits sobres et une densité marmoréenne, Mme Rouffanche, paysanne limousine, l'atteint sans effort [...] un récit sobre, bouleversant par là même, réduit aux faits essentiels. [...] comme elle a gardé de ses épreuves une grande faiblesse, le tribunal au lieu de lui demander de venir jusqu'à lui se déplace tout entier et entoure son fauteuil. Elle se tient, digne et austère, dans ses vêtements où le deuil rigoureux ne montre aucune ostentation. Son visage sous le chapeau noir est de craie. Elle penche un peu la tête vers son épaule droite. Sa voix, sans une fêlure, sans la moindre trace de sentiment facile, nous parvient claire et implacable. C'est Némésis calme et inexorable[55].

Les derniers mots de son témoignage expriment, selon le journal *Le Monde*, « une illumination intense de visionnaire[56] » :

> Je demande que justice soit faite avec l'aide de Dieu. Je suis sortie vivante du four crématoire, je suis le témoin sacré de l'église. Je suis une maman qui a tout perdu[57].

Bien que le président du tribunal ait exprimé son espoir de voir que les souffrances des deux côtés puissent devenir « un élément d'union entre Français qui ont souffert des mêmes doctrines et des mêmes hommes », les journées passées dans la salle d'audience ne favorisèrent pas une plus grande compréhension mutuelle. Les Alsaciens continuaient de voir dans le procès de Bordeaux le procès de leur région. Les Limousins étaient irrités par les témoignages qui plaçaient les Alsaciens dans la position de victimes[58].

La présence de la Résistance dans le Limousin contribua à durcir l'affrontement entre les deux régions, comme l'indiquèrent les Renseignements généraux :

> [...] il est certain que l'acquittement des douze Alsaciens provoquerait une réaction douloureuse et désabusée dans le cœur de la population qui a encore le souvenir trop récent de ses morts de la Résistance[59].

L'influence de la Résistance dans la région du Limousin attisa le désir de châtiment des coupables. Elle détermina aussi l'attitude du parti communiste vis-à-vis du procès de Bordeaux. Depuis la fin de la guerre, les communistes avaient joué un rôle prépondérant et souvent polémique dans la commémoration du massacre. En prenant le parti du Limousin lors du procès, le comité central faisait droit à des sympathies traditionnelles et manifestait aussi son sens politique en sacrifiant les intérêts de leurs partisans alsaciens qui n'avaient jamais été très nombreux.

Le Limousin en tant que région rejetait les arguments de la défense des accusés alsaciens, les familles des victimes les considéraient comme des affronts personnels. Le président de l'ANFM avait refusé de serrer la main d'un résistant alsacien venu témoigner pour la défense[60]. La totalité des membres présents de l'ANFM quitta le tribunal au moment où Georges Bourgeois, résident de l'ADEIF du Haut-Rhin, se leva pour témoigner[61]. Les habitants de Limoges manifestèrent leur soutien à Oradour.

Le soir du 3 février, 40 000 Limougeauds défilèrent devant un catafalque pour exprimer leur sympathie et leur solidarité aux familles des martyrs d'Oradour. Les cloches sonnèrent le tocsin, les sirènes retentirent, toute activité et tout transport public furent interrompus. Après avoir écouté un discours réclamant le châtiment des coupables et l'extradition du général Lammerding, un énorme cortège se rendit au monument aux morts de la ville avant de se disperser en silence[62]. L'édition allemande du *Nouveau Rhin français* commenta l'événement de la manière suivante :

> Cette manifestation se déroule au moment où le porte-parole officiel de notre province tente, depuis quatre jours, de faire comprendre le drame alsacien. Ses efforts insistants ne semblent pas avoir beaucoup d'effet à Limoges[63].

Les jugements

Le 12 février, le tribunal entendit les dernières plaidoiries de la défense. La salle d'audience fut évacuée, et les juges se réunirent pour délibérer. Le lendemain soir, des milliers de Bordelais défilèrent devant un cénotaphe portant les couleurs de la France pendant que, une heure durant, d'autres sonnèrent les cloches de l'église voisine[64]. Les membres de l'ANFM retournèrent chez eux sans attendre le verdict. Après trente-deux heures de délibération, le tribunal prononça les sentences le vendredi 14 février à 2 heures. Le soldat allemand le plus gradé, le sergent Lenz, fut condamné à mort. Un autre Allemand, qui avait pu prouver son absence d'Oradour le 10 juin 1944, fut relaxé. Le tribunal condamna quatre autres Allemands à des peines de travaux forcés de dix à douze ans. Les Alsaciens furent condamnés à des peines moins lourdes, à l'exception de Georges-René Boos, le seul volontaire du groupe, qui fut condamné à mort (le cas de Boos était distinct de celui des « malgré-nous » : en tant qu'engagé volontaire dans les SS, il n'était pas poursuivi pour crimes de guerre mais pour trahison). Neuf Alsaciens furent condamnés à des peines de travaux forcés de cinq à douze ans. Quatre autres furent condamnés à des peines de prison de cinq à huit ans.

À l'exception de Paul Graff, qui avait déjà pratiquement purgé la totalité de sa peine, tous firent immédiatement appel.

Dans les heures qui suivirent, les quotidiens du matin annoncèrent le verdict. La plupart des journaux alsaciens avaient retardé l'impression afin d'inclure des comptes rendus détaillés et des commentaires. À 8 h 30, la totalité des tirages était vendue. *Le Nouveau Rhin français*, qui avait fièrement défendu les « treize », annonça en première page : « Un affront pour l'Alsace. Un déni du droit. L'Alsace n'accepte pas ce verdict honteux[65]. » Le verdict de Bordeaux était le seul sujet de conversation dans les rues de Strasbourg[66]. *Le Nouveau Rhin français* décrivit la consternation qui régnait à Mulhouse :

> Dans les arrêts de bus, dans les tramways, au coin des rues, partout où connaissances et amis se rencontrent, c'est le même étonnement, la même incompréhension, la même rancœur[67].

Dans toute la région, les Alsaciens réagirent avec véhémence. À Colmar, l'Association des maires du Haut-Rhin organisa un meeting au cours duquel fut adoptée une motion protestant « contre l'incompréhension dont sont victimes les incorporés de force » et réclamant la suspension immédiate par le gouvernement des peines prononcées contre les « malgré-nous »[68]. M. Pierre Pflimlin, député d'Alsace, fit la même requête dans un télégramme au ministre de la Défense, René Pleven. Dans la mesure où le procès avait eu lieu devant un tribunal militaire, René Pleven était la plus haute autorité compétente. À Paris, le député alsacien Michel Kauffman déposa une requête devant l'Assemblée nationale pour qu'une enquête soit ouverte sur « les conditions et l'atmosphère dans lesquelles le procès d'Oradour avait eu lieu », sur le verdict lui-même, ainsi que sur « les répercussions morales sur la jeunesse d'Alsace et l'avenir de la région[69] ».

Les citoyens qui avaient manifesté leur sympathie pour les « malgré-nous » ne tardèrent pas à donner libre cours à leur consternation et à leur colère. À Guebwiller, les drapeaux furent mis en berne ou parés de crêpe noir dans la rue principale[70]. À Strasbourg, les drapeaux furent aussi mis en berne. Un épicier de Mulhouse hissa le drapeau de l'Europe devant sa boutique[71]. Plus tard dans la journée, des affiches furent posées dans chaque commune du Haut-Rhin, portant le message de l'Association des maires :

> Nous n'acceptons pas. Toute l'Alsace se déclare solidaire avec ses treize enfants condamnés à tort à Bordeaux et avec les 130 000 incorporés de force. [...] Elle restera avec eux dans la peine. L'Alsace française s'élève avec véhémence contre l'incompréhension dont ses fils sont les malheureuses victimes[72].

À 18 heures, les cloches sonnèrent le tocsin à travers tout le Haut-Rhin[73]. L'ADEIF du Bas-Rhin eut la réaction la plus emportée. Ses membres couvrirent les kiosques de Strasbourg d'affichettes jaunes portant le nom et les peines des « malgré-nous ». Ces affichettes étaient identiques (format, couleur, caractères) à celles placardées par les nazis pour annoncer les condamnations à mort des résistants alsaciens[74]. Des femmes et des hommes silencieux se regroupèrent autour de ces affiches[75].

Le lendemain matin, pendant que les députés et les sénateurs se réunissaient à Strasbourg pour organiser leur protestation, le député Pierre Pflimlin reçut une réponse à son télégramme demandant la suspension des peines. Sa requête était rejetée pour des raisons techniques, mais le ministre de la Défense exprimait clairement que le gouvernement faciliterait tout effort de l'Assemblée pour l'amnistie des Alsaciens :

> J'ai été informé que vous avez l'intention de déposer une proposition de loi prévoyant des mesures d'amnistie en faveur des incorporés de force. En accord avec le président du Conseil, je vous avise que le gouvernement acceptera la discussion d'urgence de cette proposition de loi si elle est déposée[76].

Ainsi, la possibilité d'une nouvelle intervention du pouvoir législatif dans l'affaire d'Oradour était envisagée afin de mettre un terme à la crise politique.

Le télégramme de Pleven apporta un peu de calme en Alsace. Afin de ne pas entraver l'action des parlementaires, les maires des deux départements d'Alsace annulèrent leur mouvement de grève administrative prévu. Mais la pression sur le gouvernement fut maintenue grâce à des cérémonies grandioses. Le dimanche 15 février, le maire de Strasbourg prit la tête d'une marche de 6 000 personnes de la mairie à la place de la République, où le monument aux morts de la Première Guerre mondiale avait été tendu de crêpe noir[77]. Au même moment, à Haguenau, Schirmeck, Sélestat, Molsheim et Schiltigheim, des manifestants se rassemblèrent devant les monuments aux morts drapés de noir en signe de protestation[78].

Le monument aux morts de Strasbourg se révéla particulièrement adéquat pour cette nouvelle manifestation du désarroi et du drame alsaciens. Le monument aux morts de Strasbourg représente une pietà soutenant deux soldats mourants — les fils de l'Alsace qui combattirent dans les camps opposés de la France et de l'Allemagne. Les deux corps nus se serrent les mains au moment de mourir. Ce monument fait face à l'ancienne ville, d'où se détachent les tours de la cathédrale de Strasbourg. Il n'y a ni noms ni sentence héroïque inscrits sur le monument, à l'exception d'un austère « À nos morts 1914-1918[79] ».

L'agitation en Alsace causa un tel souci au gouvernement qu'il donna son soutien à une autre loi d'exception. Le projet proposait une amnistie pleine et entière à ceux qui avaient été incorporés de force dans les armées allemandes. Afin que l'amnistie soit interprétée comme un geste de la nation entière en faveur de l'Alsace, le projet de loi fut déposé par huit députés des « départements de l'intérieur » représentant tous les partis politiques, à l'exception des communistes. Le matin du 17 février, le président du Conseil des ministres, René Mayer, se rendit au palais Bourbon pour préparer le débat et le vote qui auraient lieu le lendemain :

> Le gouvernement fait entendre un solennel appel à l'unité de la nation. Les deuils et les épreuves de nos provinces diverses doivent nous conduire à nous comprendre, non à nous déchirer[80].

Dans le Limousin, ceux qui avaient assisté au procès ne furent pas surpris par le verdict mais ils l'accueillirent avec amertume. Les familles des victimes trouvèrent les sentences scandaleusement indulgentes. La seule qu'ils jugeaient acceptable était la condamnation à mort pour tous ceux qui avaient participé activement au massacre. La proposition d'amnistie constitua un outrage. Dans *Le Populaire du Centre*, journal du parti socialiste, le député Jean Le Bail s'en prit à la mauvaise foi de ses homologues alsaciens. Il souligna que, seulement quelques semaines auparavant, pendant le débat sur l'abrogation de la loi sur la responsabilité collective, ces derniers affirmaient ne pas vouloir influencer la justice, mais seulement abroger une loi injuste. Ils l'avaient obtenu mais voulaient maintenant proposer une autre loi d'exception pour contourner le jugement du tribunal[81].

Les résistants mal à l'aise

Mis à part les plaintes venues du Limousin et du parti communiste, c'est dans les journaux issus de la presse clandestine de la Résistance que l'on ressentait le malaise provoqué par la défense et la protestation alsaciennes :

> Ce n'est pas l'Alsace qui est en cause. D'autres Français, hélas, dans d'autres provinces ont été, pour être passés à l'ennemi, fusillés. Jamais leurs provinces d'origine n'ont éprouvé à leur égard de solidarité. Ne laissez pas dire qu'en condamnant ceux d'Oradour, on a condamné l'Alsace.

Libération exprimait sa sympathie à l'égard des Limousins :

> Ce verdict, les Limousins l'ont ressenti comme un fer rouge appliqué sur leur plaie. Et si l'on n'était pas certain que justice est faite, il suffirait d'écouter à Bonn le chancelier Adenauer se proclamer, somme toute, fort satisfait[82].

S'il était acquis que l'Alsace avait particulièrement souffert pendant les « années noires », l'idée que des citoyens français aient été forcés d'agir « en dépit d'eux-mêmes » soulevait de nombreuses questions sur la qualification de la collaboration. Pour ceux qui avaient combattu dans la Résistance, la logique de la défense des Alsaciens conduisait à penser que pour d'autres citoyens la Résistance aurait été un choix impossible.

Le président Vincent Auriol était préoccupé par de telles considérations quand, le 18 février, il reçut une délégation de députés alsaciens. Cette rencontre avait lieu quelques heures avant la discussion et le vote de l'Assemblée nationale sur la loi d'amnistie. Vincent Auriol commença par commenter les conditions qui avaient permis de voter les lois sur les crimes de guerre de 1948 qu'il considérait impraticables :

> [...] tout le monde était comme sous l'impression de ces petits cercueils blancs ; il n'est pas douteux que l'horreur du drame l'a emporté sur les préoccupations du moment.

Mais il leur rappela qu'aucun d'entre eux ne s'était opposé à cette législation à l'époque :

> Vous avez fait la loi de 1948, vous avez accepté d'avance le jugement.

Vincent Auriol indiqua ensuite qu'il était prêt à être clément envers les Alsaciens :

> Il y a la grâce possible [...] je suis prêt à le faire à condition qu'il y ait pourvoi en cassation et que celle-ci prenne acte du désistement ; la grâce n'efface pas la peine bien entendu mais elle dispense de l'exécution. Je ne m'opposerai pas à un acte de clémence. Mais je fais appel à vous pour que le calme revienne, je vous supplie de ne pas accueillir ces hommes avec des arcs de triomphe et de penser aux victimes[83].

Ces remarques montrent qu'Auriol était prêt à accorder la grâce afin de mettre un terme à une situation douloureuse. Il faudrait faire quelque chose pour apaiser l'Alsace. Mais Auriol n'approuvait cependant pas l'amnistie qui aurait pour effet de ruiner la conviction du tribunal. Neuf ans après la fin de la guerre, Vincent Auriol, qui avait été un grand résistant, collègue et ami de Léon Blum, conservait les idéaux de la Résistance et se trouvait embarrassé par un geste politique qui semblait absoudre les « malgré-nous[84] ». Les notes de son journal prouvent qu'il aurait été beaucoup plus satisfait par une mesure de grâce présidentielle (accordée cas par cas) que par l'amnistie votée par l'Assemblée pour se débarrasser d'une question épineuse.

Au cours de la séance parlementaire du 18 février, les députés du Limousin avertirent solennellement leurs collègues que le projet de loi constituait une grave menace pour la séparation des pouvoirs. Le député socialiste André Bardon posa courageusement la question :

> Si maintenant le législateur se prend à annuler le jugement avant même que l'encre soit sèche, où allons-nous, dans quel État sommes-nous ?

Il poursuivit en demandant si le projet de loi présenté si rapidement après le verdict du tribunal pourrait prétendre à la légitimité morale d'une véritable amnistie :

> [...] on nous dit : amnistie ! L'amnistie, selon son étymologie grecque, c'est l'oubli, c'est la loi d'oubli. L'amnistie est un geste qu'on ne fait qu'à froid. Quel oubli y a-t-il dans nos cœurs ? [...] Ne présentant pas les caractères d'une véritable amnistie, elle déchire l'arrêt de condamnation[85].

Les promoteurs du projet de loi ne cherchèrent pas à s'engager dans une discussion sur les ramifications légales de l'amnistie, mais plutôt à cadrer le débat sur ce qu'ils considéraient comme une question impérieuse : celle de l'unité nationale. Le président de l'Assemblée, Édouard Herriot, s'écria :

> La patrie est une mère. Elle ne peut pas admettre que ses enfants se déchirent sur son sein.

Le ministre de la Défense demanda aux députés d'étudier le problème indépendamment des considérations juridiques :

> [...] la décision doit être prise, par les hommes politiques que nous sommes, sur un plan totalement différent de celui des juges, un plan qui n'est pas celui du raisonnement juridique, mais celui de l'intérêt national et de l'unité de la communauté française[86].

Même le général de Gaulle, en dépit de son rôle essentiel dans la reconnaissance d'Oradour comme site de commémoration nationale, avait appelé à la compréhension des Alsaciens dans l'intérêt de l'unité nationale :

> Quel Français ne comprendra la douleur irritée de l'Alsace ? Dans cette grave affaire, ce qui doit être avant tout évité, c'est qu'après avoir perdu dans la tragédie d'Oradour tant de ses enfants assassinés par l'ennemi, la France laisse de surcroît infliger une amère blessure à l'unité nationale[87].

Les députés du Limousin comprirent bien que, si les considérations politiques prévalaient, les intérêts de l'Alsace seraient prioritaires. Jean Le Bail, député socialiste de la Haute-Vienne, en fit amèrement la remarque :

> On ne travaille [...] pas pour l'unité nationale en sacrifiant une province à une autre province dont les meurtrissures et le sort incertain [...] ne créent pas un droit, quels qu'aient été ses malheurs, à un statut spécial. Mesdames, messieurs, tout le problème est là et quand on parle de l'unité nationale, on n'a pas le droit de sacrifier une province qui, elle, ne présente aucune menace d'autonomie, car ce qui domine tout dans ce débat, c'est [...] la crainte que des imprudents ne conduisent l'Alsace française à de regrettables erreurs[88].

Aux yeux des Limousins, l'unité nationale invoquée pour raison d'État ne pouvait l'être qu'à leurs dépens.

Les gens d'Oradour ne se réconcilieraient pas. En signe de protestation contre le verdict de Bordeaux, l'ANFM avait décidé de renvoyer la Croix de guerre décernée à Oradour en 1947. Le député Jean Tricart prit la parole pour lire une lettre de l'ANFM faisant la liste des mesures radicales que l'Association prendrait en réponse à cette « nouvelle insulte à la mémoire de nos martyrs » : le renvoi de la Légion d'honneur décernée à l'Association en 1949 ; le refus de transférer les cendres de « leurs martyrs » dans la crypte construite par l'État ; le refus de la présence de représentants de l'État aux cérémonies commémoratives. Enfin, le nom des députés qui avaient voté l'amnistie serait inscrit sur une plaque à l'entrée des ruines[89].

Le vote d'amnistie

L'Assemblée nationale estima préférable de s'aliéner une région pauvre et rurale qui ne constituait aucune menace pour l'unité nationale plutôt que de provoquer l'agitation permanente d'une région prospère et peuplée. 319 députés — une majorité de MRP et de RPF — votèrent l'amnistie. Tous les communistes, les trois quarts des socialistes, un tiers des radicaux et une douzaine de non-inscrits — 211 en tout — votèrent contre et 83 députés s'abstinrent[90]. Trois jours après le vote, à l'aube du 21 février, les treize Alsaciens passèrent les portes de la prison militaire de Bordeaux. Ils montèrent rapidement dans des véhicules qui partirent vers le nord, à travers le brouillard. Dans l'après-midi, ils arrivèrent en Alsace où ils furent accueillis par leurs familles soulagées[91].

Pendant que les journaux d'Alsace publiaient des photos des « malgré-nous » retrouvant leurs femmes et leurs enfants, ceux qui avaient perdu leurs familles dans le massacre d'Oradour titubaient sous le choc de la douleur et du désespoir. Les députés qui, sept ans plus tôt, avaient voté pour faire d'Oradour un symbole national s'étaient maintenant détournés des 642 « martyrs ». Pour Oradour, c'était comme un second martyre — cette fois, perpétré par leurs compatriotes. Face à ce nouveau malheur, les gens d'Oradour utilisèrent la seule riposte possible : ils demandèrent qu'on leur redonna le site commémoratif. Le 20 février, une délégation de l'ANFM, conduite par André Desourteaux, rendit au préfet la croix de la Légion d'honneur. Ils rendirent aussi la plaque de bronze donnée au nom de la République par le président de Gaulle[92]. Le lendemain, le maire d'Oradour et une délégation comprenant cinq autres maires communistes du canton de Saint-Junien rendirent la Croix de guerre qui avait été décernée à la communauté d'Oradour en 1948.

Dans le Limousin et à travers toute la France, le parti communiste appela à manifester contre l'amnistie. À Paris, le dimanche 22 février 1953, des groupes de vétérans de la Résistance se joignirent au parti socialiste unitaire et au parti communiste dans une procession d'environ 4 000 personnes pour déposer des gerbes sur la tombe du soldat inconnu[93]. Le parti communiste organisa une manifestation à Limoges : 1 000 personnes furent désignées pour appeler toutes les communes du département à participer à une grève de la fonction publique. Dans les manifestations organisées à travers la France les deux week-ends suivants, le parti communiste associa l'amnistie des Alsaciens au rapprochement franco-allemand et à la création de la CED (Communauté européenne de défense)[94]. Cependant, dans le Limousin et ailleurs, les rivalités au sein de la gauche liées au sentiment que le parti communiste exploitait le massacre d'Oradour entamèrent le succès de ces manifestations. Les affrontements vindicatifs entre socialistes et communistes jouèrent un rôle non négligeable dans la décision du maire de Limoges, Léon Betoulle, de ne pas suivre le mouvement de grève[95].

Les Renseignements généraux constatèrent une nette désapprobation de la loi d'amnistie dans les milieux de la Résistance, notamment dans les régions où elle s'était fortement implantée pendant la guerre. Ainsi, en Haute-Savoie, région connue sous le nom de « citadelle de la Résistance », le désaveu des parlementaires fut général[96]. À l'opposé de ce spectre politique, les sympathisants de Vichy réclamaient une amnistie complète, « une et indivisible [pour les] victimes des purges[97] ».

Le gouvernement allemand, ayant approuvé le jugement qui ne faisait pas cas de la nationalité des accusés, fut consterné par l'amnistie des seuls Alsaciens.

Le président Vincent Auriol finit par accorder sa grâce aux deux condamnés à mort (l'Allemand Lenz et l'Alsacien Boos). En 1958, cinq ans après le procès, tous les condamnés avaient été libérés. Cela correspondait à la politique générale d'indulgence à l'égard des collaborateurs. Cette même année, il ne restait en France que 19 personnes emprisonnées pour collaboration. En 1964, vingt ans après la Libération, il n'en resterait aucune[98].

Le calme revint en Alsace immédiatement après l'amnistie, et l'agitation s'épuisa rapidement dans le reste du pays. Le procès de Bordeaux avait provoqué une crise nationale intense mais brève. À Oradour, le choc et la déception allaient durer. Pour de nombreux anciens d'Oradour, les souvenirs de 1953 sont aussi pénibles que ceux de 1944. Robert Lapuelle, maire d'Oradour et médecin du nouveau bourg depuis 1949, se souvient :

> Alors à ce sentiment de très grande peine et de survie, s'était ajouté un sentiment d'injustice, d'abandon et quelquefois de révolte.

La colère des anciens d'Oradour eut un impact énorme à la fois sur la commémoration et sur l'évolution du nouveau bourg. Jusqu'à présent encore, pour beaucoup de ceux qui vécurent cet épisode de l'amnistie, il y a un « avant » et un « après » Bordeaux.

VI

LES GENS D'ORADOUR

Le procès de Bordeaux et l'amnistie eurent aussi des conséquences sur la vie politique locale. Ce fut la fin de la domination du parti communiste, qui avait conquis le canton au lendemain du massacre. En 1953, malgré la défense de la cause du Limousin au cours du procès, nombreux furent ceux qui pensèrent que le parti communiste avait exploité la situation dans son propre intérêt. De plus, la volonté de récupérer le site supposait l'exclusion de toute activité partisane d'Oradour. En effet, au début de 1947, avec l'emballement de la guerre froide, la puissance du PCF au niveau national avait conduit à l'exacerbation des conflits idéologiques à tous les niveaux de la politique intérieure française.

La politique dans les ruines

À Oradour, après guerre, le succès des communistes avait été à la mesure de leurs résultats dans toute la Haute-Vienne. Leur rôle important au sein de la Résistance leur avait été bénéfique sur le plan politique, tout particulièrement dans le Limousin. En 1945, ils obtinrent 155 sièges aux élections locales des 206 communes de la Haute-Vienne, alors qu'ils n'en avaient que 31 en 1939[1]. Aux élections législatives de 1946, ils devinrent le parti majoritaire dans la région avec 38 p. 100 des voix[2]. Les élections municipales de 1945 les virent prendre la mairie d'Oradour pour la première fois de son histoire. Leur liste, conduite par Aimé Faugeras, chef de la cellule locale, fut entièrement élue.

Bien que la gauche ait dominé dans le Limousin depuis la Première Guerre mondiale, le parti communiste n'avait jusque-là jamais étendu son pouvoir au-delà de quelques communes. Entre 1919 et 1936, Oradour avait régulièrement voté socialiste aux élections municipales et législatives[3]. Il y eut un maire socialiste de 1915 à 1939. Au niveau local, le parti communiste ne parvint jamais à rivaliser avec les candidats traditionnels au poste de maire : le socialiste Joseph Beau et le républicain radical Paul Desourteaux. Ces deux hommes furent tués dans le massacre de 1944. Ce vide politique donna l'occasion au parti communiste de s'emparer de la mairie.

De 1948 à 1953, Faugeras, inspiré par la direction régionale du parti, utilisa Oradour comme une tribune pour y traiter les questions locales et nationales. En 1948, lors de la cérémonie de remise de la Croix de guerre par le secrétaire d'État aux Forces armées, le maire Faugeras critiqua les efforts du gouvernement pour se rapprocher de l'Allemagne[4]. En 1949, la politisation intense du symbole d'Oradour par les communistes aboutit à une rupture acrimonieuse entre l'ANFM et le conseil municipal.

La même année, le ministre de la Défense projeta de décerner la médaille de la Légion d'honneur à l'occasion de la cérémonie du 10 juin. À la mi-mai, un article de *L'Humanité* annonça que la municipalité déclinerait cet honneur[5]. Une semaine plus tard, le conseil municipal d'Oradour vota en effet à l'unanimité le refus de recevoir la médaille de la Légion d'honneur. L'affaire se transforma rapidement en querelle politique. Le préfet de la Haute-Vienne avisa Paris :

> Il y a, selon moi, un intérêt capital à ce que le gouvernement ne cède pas devant le chantage de la municipalité communiste dicté vraisemblablement de Paris[6].

L'ANFM répliqua au conseil municipal dans *Le Populaire du Centre* :

> [...] vous avez refusé, monsieur le maire, messieurs les conseillers municipaux, d'accepter la Légion d'honneur tant que ne seraient pas châtiés les bourreaux. C'est un

> point de vue qui aurait toutes nos sympathies si elle vous était attribuée. Mais la Légion d'honneur est décernée AUX MORTS d'Oradour-sur-Glane. Elle leur est due.

Lors de la cérémonie du 10 juin 1949, l'ANFM était en tête du cortège et reçut la médaille[7].

Entre-temps, le parti communiste avait refusé d'assister à la cérémonie annuelle et avait annoncé dans toute la région qu'il organiserait une manifestation le 12 juin. Une foule d'environ 10 000 personnes se rassembla dans les ruines d'Oradour pour une cérémonie qui réunissait M. Joliot-Curie, haut-commissaire à l'Énergie atomique, le poète Louis Aragon, les députés communistes de la Haute-Vienne, les chefs de la Résistance communiste et une délégation de la CGT. Sur le champ de foire, devant la foule assemblée, Joliot-Curie réclama le châtiment des coupables et termina son discours par un message politique :

> Cependant qu'on parle de clémence, on condamne les résistants, on les emprisonne et on réhabilite les traîtres. Tout cela fait partie d'un plan de préparation psychologique à la guerre contre l'Union soviétique[8].

Le lendemain, la presse locale socialiste dénonça cette polémique :

> Cinq ans après ce premier martyre, pourquoi faut-il qu'Oradour en subisse un autre en étant le théâtre de manifestations discordantes ? [...] la douleur et la pitié sont une chose [...] l'exploitation de ces sentiments en est une autre et particulièrement intolérable. Oradour et ses enfants appartiennent à la nation entière et il est inadmissible que le parti communiste s'en serve pour les besoins de sa cause[9].

Mais le consensus ne fut pas établi. De 1949 à 1952, le conseil municipal continua d'organiser ses propres cérémonies de commémoration du massacre.

En 1950, les communistes organisèrent, sous la bannière du « pèlerinage pour la paix », une commémoration du massacre qui devint un véritable rassemblement politique. Dans la presse régionale, le parti communiste appela ses membres et ses sympathisants à manifester contre le réarmement de l'Allemagne de l'Ouest et la prolifération nucléaire :

> SIX ANS APRÈS [le massacre d'Oradour], la France risque d'être transformée par les bombes atomiques en un gigantesque Oradour. VENEZ TOUS, résistants, républicains, patriotes, marquer dans le recueillement et le souvenir votre désapprobation profonde devant une telle abdication et votre volonté de vous opposer. Pour sauver LA PAIX. Pour la mise hors la loi de la bombe atomique, GRAND RASSEMBLEMENT[10].

Dans l'après-midi du 11 juin 1950, une foule d'environ 2 500 à 3 000 personnes se rassembla dans le nouveau bourg pour entendre Charles Tillon, ancien chef de l'organisation paramilitaire de la Résistance communiste, les Francs-tireurs et partisans (FTP), et le poète Paul Eluard.

Le succès de la manifestation fut entaché par une bagarre près des ruines :

> [...] de nombreuses personnes allant ou revenant de visiter l'église [...] stationnaient sur la place à proximité. Parmi elles, un mutilé à 100 % venu du département de la Dordogne disait calmement à ses camarades qu'au cours de la guerre il avait vu en Allemagne des villes et des villages entièrement détruits. Au même instant il se fit traiter de provocateur et reçut un violent coup de poing dans la poitrine. [...] Une violente discussion s'ensuivit, des coups continuaient à accompagner les invectives, un attroupement de 500 à 700 personnes se formait aussitôt. Il fallut l'intervention d'un gardien des ruines [...], qui lui-même reçut un coup, pour ramener le calme[11].

Choquée de la tournure prise par les événements, l'ANFM enjoignit les visiteurs de se comporter avec respect :

> Nous vous supplions, vous tous qui pénétrez à Oradour, laissez vos haines, vos rancœurs, vos passions partisanes à la porte. Dites-vous que vous entrez dans un sanctuaire[12].

Oradour demeura néanmoins un site de manifestations politiques. En 1951, une cérémonie organisée par le parti communiste qui réunit environ 1 500 personnes venant de tous les coins de France éclipsa la petite cérémonie organisée le matin même par l'AFNM[13]. En 1952, le maire Faugeras se livra à ses critiques désormais bien connues devant une foule de 3 000 personnes qui s'étaient réunies pour une commémoration séparée le 8 juin :

> [...] les gouvernants ont consacré le réarmement d'une Allemagne militaire et revancharde, où les assassins d'Oradour seront sans doute promus au grade d'officiers instructeurs. Cette trahison des intérêts français se fait sous couvert d'anticommunisme et d'antisoviétisme. On voudrait nous entraîner dans le même chemin que celui qui, en 1938, passa par Munich et amena, après les arrestations de communistes, les camps de la mort, les Oradours[14].

Un an plus tard, à la suite du procès de Bordeaux, la vie politique d'Oradour se transforma brutalement. Exaspérés de voir l'anniversaire du massacre utilisé à d'autres fins que le souvenir de leurs morts, les survivants s'opposèrent à toute exploitation politique de leur souffrance. De surcroît, le maire Faugeras s'était révélé incapable de représenter Oradour au cours du procès de Bordeaux.

Le modus irvendi

À ce point de l'histoire, socialistes et gaullistes s'allièrent pour éliminer l'influence du PCF. Alors que les élections municipales de 1953 approchaient, l'avocat qui avait représenté l'ANFM au procès de Bordeaux (il était aussi le député-maire socialiste de Limoges) proposa que l'ANFM et ses partisans constituent une liste d'union composée de socialistes et de gaullistes modérés afin de s'opposer aux communistes. Oradour-sur-Glane abandonna ainsi le maire communiste Faugeras, qui fut remplacé par Jean Brouillaud, président de l'ANFM et ardent défenseur des victimes au procès de Bordeaux.

Afin de faciliter la renaissance d'Oradour, il était entendu que les membres de la liste d'union ne s'engageraient dans aucun parti politique national. Le nouveau conseil municipal interdit les discours dans les ruines ou depuis le balcon de la mairie. Les discussions politiques furent aussi bannies dans les réunions de l'ANFM et du conseil municipal. En outre, les conseillers municipaux n'étaient pas autorisés à prendre des responsabilités dans un parti quelconque ou à participer à des réunions de parti.

Quelques mois après le procès de Bordeaux, un groupe de familles qui avaient survécu au massacre s'installa dans une vingtaine des deux cents maisons construites à quelques centaines de mètres des ruines de l'ancien bourg. Les autres maisons demeurèrent fermées dans l'attente de nouveaux occupants. Pendant la construction du nouveau bourg, ces familles avaient vécu dans des baraquements de bois mis à leur disposition par le ministère de la Reconstruction[15]. En 1949, elles avaient été rejointes par le docteur Robert Lapuelle, qui devint le médecin de la communauté.

Durant les dix années qui suivirent le procès de Bordeaux, les habitants du nouveau bourg observèrent un deuil permanent. De 1953 jusqu'au début des années soixante, Oradour fut une ville morte. Il n'y eut ni rassemblement ni communions ni baptêmes, mariages ou bals. Aucune vie associative n'existait en dehors de celle de l'ANFM. La vie de la communauté tournait autour des visites au cimetière et des cérémonies commémoratives. Le docteur Lapuelle se souvient de ses premiers jours dans le nouveau bourg :

> À l'époque, ce bourg était d'une extrême tristesse. Des rues désertes. On voyait peu de gens. Et surtout ce qui frappait, c'est qu'on ne voyait pas d'enfants. L'école était à la périphérie. Il y avait bien quelques enfants nés dans les villages. Quelques enfants étaient nés aussi dans les baraquements. Mais comme l'école était un peu à l'extérieur du pays, on ne voyait pas d'enfants dans le bourg. Et cette tristesse était quelque chose d'indescriptible. Surtout il existait à l'époque une drôle d'ambiance dans l'Association des familles qui était encore sous le choc du massacre et qui pensait qu'il fallait observer une génération de deuil dans ce pays[16].

L'extrême confusion émotionnelle causée par le massacre s'était encore accrue avec l'expérience amère du procès de Bordeaux. Le sentiment d'injustice créé par le vote d'amnistie conduisit la communauté à se replier sur sa tristesse et à refuser toute relation avec l'État. Le conseil municipal et l'ANFM rendirent la Croix de guerre et la croix de la Légion d'honneur. Puis ils déclarèrent conjointement que les représentants de l'État ne seraient plus invités à participer à la cérémonie commémorative du 10 juin[17].

Pendant vingt ans, le conflit avec l'État porta sur les vestiges du massacre. Les gens d'Oradour exprimèrent leur outrage en réclamant la propriété du village martyr. Le plan initial de transformation d'Oradour en site commémoratif prévoyait que les ruines demeurent en l'état mais il apparut rapidement que le site, tout comme la politique de commémoration, était un terrain mouvant.

La population d'Oradour se remit lentement des traumatismes successifs de 1944 et 1953. La vie du nouveau bourg se transforma à mesure que les enfants des survivants et les nouveaux venus établissaient d'autres rapports avec les ruines et la mémoire du massacre.

Bientôt, les ruines devinrent un enjeu essentiel pour l'ANFM. L'association commença par rejeter — à la consternation du service des Monuments historiques — les plans d'occupation de la crypte construite à grands frais par l'État[18]. Au cours d'une visite de routine à Oradour en novembre 1953, l'architecte du département constata que des travaux étaient en cours dans le cimetière qui était propriété de la commune d'Oradour :

> Au cours d'une récente inspection aux ruines d'Oradour-sur-Glane, j'ai appris que l'ANFM [...] faisait procéder à l'édification dans le cimetière d'un tombeau relativement important, pour recevoir les restes des victimes de la tragédie du 10 juin 1944. À la suite d'une enquête discrète, j'ai constaté en effet que des travaux de terrassement étaient en cours. Je crois qu'il est de mon devoir de vous signaler cet état de choses alors que l'État, voulant honorer les victimes, a édifié à ses frais un monument digne de les recevoir[19].

L'ANFM avait en effet décidé de faire construire son propre ossuaire qui contient encore aujourd'hui les cendres des martyrs d'Oradour. Depuis 1974, la crypte a abrité différents objets recueillis dans les ruines mais n'a jamais été utilisée conformément à sa fonction initiale.

Le geste antigouvernemental qui causa le plus d'embarras à l'administration et aux élus fut l'affichage à l'entrée des ruines de la liste des députés qui avaient voté l'amnistie. Quand les visiteurs d'Oradour voyaient le nom de leur député, il leur arrivait de lui écrire des lettres outragées. À l'exception des membres du Parti communiste, le seul parti dont tous les députés avaient voté contre l'amnistie, toute la classe politique qui souhaitait la disparition de ces panneaux était irritée par leur présence. Les députés déconcertés écrivirent au ministre de l'Intérieur pour que ces listes disparaissent. Le ministre de l'Intérieur transmit la requête au préfet de la Haute-Vienne, lequel demanda à plusieurs occasions au maire d'Oradour de faire disparaître ces pancartes. Le maire, par solidarité avec l'ANFM, refusa à chaque fois[20]. Le préfet ne donna pas de suites, de peur de provoquer un esclandre. En 1955, il écrivit au président de la République pour donner les raisons pour lesquelles il ne pouvait faire droit aux requêtes des députés. Il décrivit cette situation fâcheuse de la façon suivante :

> J'ai l'honneur de vous faire connaître que mes prédécesseurs et moi-même avons été saisis, à plusieurs reprises, de suggestions identiques [...]. Le climat dans lequel se situe cette délicate affaire n'a pas évolué [...] et je puis dire que beaucoup d'amertume subsiste encore parmi l'ensemble de la population. [...]. Le malaise est réel et, qu'il soit latent ou aigu suivant les circonstances, il n'en reste pas moins profond. C'est pourquoi il est encore impossible d'envisager l'enlèvement des panneaux qui susciterait des incidents hors de proportion avec l'intérêt du but recherché. Une telle mesure soulèverait l'indignation de la population et de ses représentants, servirait la propagande communiste et dresserait bien inutilement l'opinion contre le gouvernement et certainement le président de la République. Elle exigerait d'ailleurs la présence à Oradour-sur-Glane d'importantes forces de police et entraînerait des troubles graves. De plus, des affiches identiques seraient collées [...] chaque nuit et au même endroit dès qu'il ne serait plus gardé en permanence. [...] C'est pour-

quoi il m'apparaît aussi inutile qu'inopportun de raviver des passions que j'ai beaucoup de mal à apaiser et de provoquer des incidents dont il est impossible de prévoir l'ampleur, la durée et la violence[21].

Le raisonnement du préfet convainquit et pendant dix ans les listes restèrent en vue — jusqu'à l'élection présidentielle de 1965 qui créa des circonstances politiques qui mirent fin à la résolution unanime de l'ANFM de maintenir en place les placards.

Au premier tour de ces élections, Charles de Gaulle (Union pour une nouvelle République), François Mitterrand (Fédération de la gauche démocratique et socialiste) et Jean Lecanuet (Mouvement républicain populaire) étaient les principaux candidats en lice. L'ANFM annonça, par voie d'affiche, que Mitterrand et Lecanuet avaient voté pour l'amnistie. Le second tour des élections vit s'affronter De Gaulle et Mitterrand. Toutefois, même si de Gaulle n'avait pas voté pour l'amnistie (il n'était pas député à l'Assemblée Nationale en 1953), il avait appelé à la compréhension du point de vue des Alsaciens et compté parmi les supporters des députés dont les noms figuraient sur les placards. À ce point, quel que fût le candidat qu'on soutenait, les placards mettaient tout le monde mal à l'aise. Une nuit, durant les derniers jours de la campagne électorale, des membres de l'Association, agissant sans l'autorisation de leur organisation, enlevèrent ces panneaux. Lorsque l'assemblée générale de l'ANFM vota plus tard pour la restauration de ces placards, le maire d'Oradour s'y opposa.

Ainsi, cette étape importante dans la définition d'un *modus vivendi* entre Oradour et l'État fut-elle le résultat d'une querelle locale et non l'effet de l'autorité du gouvernement.

La vie au nouveau bourg

Les ruines du vieux bourg marquent le souci d'arrêter le temps. Dans le nouveau bourg, le souci de ménager le désir de deuil des survivants rivalise avec la nécessité de rendre la communauté viable. Au cours des années, la nature de la mémoire et du deuil s'est modifiée au fur et à mesure que de nouveaux habitants s'installaient dans la communauté, que la génération des survivants vieillissait alors même que les ruines se détérioraient.

Le nouveau bourg se situe à quelques minutes à pied de l'ancien. Des marches de la mairie on voit la poste, l'hôtel de la Glane, un restaurant, une pharmacie, une boulangerie qui fait aussi office de café, un salon de coiffure, un marchand de journaux. La rue principale du nouveau bourg, l'avenue du 10-Juin, borde un square sur la droite, descend la colline devant la nouvelle église et se prolonge jusqu'aux ruines. L'ensemble des maisons et des bâtiments a été construit en béton, ce qui donne au bourg un aspect gris et triste. Il n'y a pas d'arbres le long des rues. Pendant presque quarante ans, le nouveau bourg n'a pas été décoré conformément à la volonté des habitants de maintenir le deuil.

L'antagonisme entre Oradour et l'État créé par l'amnistie de 1953 eut pour effet de priver les survivants des ressources de l'État ou, tout du moins, de la possibilité de les solliciter :

> Oradour est seul à faire son destin. Personne ne nous aidera. [...] C'est la population qui a fait ce qui existe actuellement. [...] C'est une commune qui n'existait pas. C'était une cité morte à côté d'une cité détruite. Pendant des années, jusqu'aux années soixante, on a l'impression qu'on vit au ralenti [...]. La description de l'ambiance : c'est une ville qui est en deuil et qui a peu de chances de revivre[22].

Les nouveaux bâtiments ne pouvaient même pas libérer les nouveaux venus du poids du passé. Oradour ne pourrait, sans histoire, devenir un nouveau bourg comme une banlieue ou une ville satellite. Les habitants ne jugeaient pas convenable d'abandonner le deuil simplement parce que le décor avait changé. Quand le propriétaire de l'hôtel de la Glane voulut fêter l'inauguration de son établissement avec un bal de société, un groupe de familles, armé de fusils, vint l'en empêcher. Cette attitude de deuil strict était encouragée par l'Église. Au cours de la cérémonie du 10 juin 1952, l'archevêque de Limoges condamna toute festivité dans le nouveau bourg au cours d'une messe célébrée sur les marches de l'ancienne église :

> Nous jurons que nous maintiendrons le respect qui est dû aux martyrs de la patrie. [...] Nous protesterons de même si, une fois encore, un bal s'organisait là ; nous viendrons alors nous-mêmes, tels les anciens prophètes et nous crierons : Malheur ! Malheur[23] !

Le deuil strict souhaité par l'ANFM était favorisé par la proximité des ruines. Janique de Catheu se souvient de sa mère lui racontant son retour de l'école jusqu'au hameau voisin où elle vivait :

> Tous les gamins qui habitaient Les Bordes étaient obligés de traverser le bourg en ruine. L'hiver — l'été, ça allait parce qu'ils n'y allaient qu'à mi-temps — ils avaient la trouille de traverser ce bourg, et il n'y avait pas d'autre passage. Ils étaient obligés de passer par la rue principale. Maman disait que, quand on passait et qu'il y avait un bruit bizarre, tout le monde partait en courant. Et elle ajoutait : « Courir avec des sabots en bois, parce que, à l'époque, c'était ça, eh bien, ce n'était pas facile ! » Ils ont gardé pendant pas mal d'années ce cauchemar[24].

Le docteur Lapuelle se souvient que la présence des ruines impressionnait les adultes aussi :

> [...] quand je faisais des visites la nuit, on traversait encore les ruines. On sentait encore cette odeur de brûlé, on avait l'impression qu'on sortait de l'incendie et les gens qui avaient été déportés, qui avaient souffert de la guerre, qui sortaient de ça n'admettaient pas de voir une vie normale à côté. [...] Je crois que cette proximité des ruines a compliqué énormément et complique encore la vie du nouvel Oradour[25].

Les règles du deuil étaient particulièrement pénibles pour les enfants et les adolescents — particulièrement pour les filles qui, dans les sociétés rurales, étaient plus contrôlées que les garçons. Amélie Lebraud avait quinze ans en 1944. Pendant deux ans et demi, sa sœur et elle portèrent des vêtements noirs. Elles ne pouvaient se rendre à des fêtes aux mois de juin et de novembre (mois des morts), ni se mettre du rouge à lèvres ou des bijoux :

> Comment vous dire ? Moi, le deuil a été quelque chose qui m'a terriblement marquée. Affreusement marquée, je dirais. Ce n'est pas que je veux oublier ce qui s'est passé mais défiler tous les dimanches en noir dans le vieux bourg devenait presque un supplice. Parce que, bon, on y rencontrait toujours des gens qui avaient souffert, on parlait des morts et on ne parlait jamais de la vie.

Amélie Lebraud fut plus tard autorisée à porter du bleu marine et du blanc, mais elle ne put porter des vêtements de couleurs qu'après son mariage. Les effets du deuil furent longs à se dissiper :

> En plus de l'habillement, on ne riait plus, on ne chantait plus à la maison. [...] c'est réellement triste, ça déteint malgré tout sur vous, qu'on le veuille ou qu'on ne le veuille pas [...]. Vous avez moins envie de vous amuser, vous avez moins envie de rire. [...] Il a fallu pour comprendre mieux la vie que mes enfants grandissent, qu'ils aient envie de sortir, de s'amuser[26].

Christiane Jude, née dans le nouveau bourg, a des souvenirs douloureux de son enfance. Elle fut profondément marquée par le culte des morts qui domina le temps de son enfance :

> J'ai ressenti ce deuil très profondément. [...] Je suis née dans le nouvel Oradour tout à fait dans les débuts. Bien sûr l'école n'était pas encore construite à l'époque et il y avait très peu d'enfants. Moi, je ne me souviens pas d'avoir eu des petits camarades pour jouer, des petites filles pour jouer avec moi. Alors, quand l'école a été construite et que les enfants sont venus d'ailleurs, c'est devenu merveilleux. Les enfants jouaient dans la cour et je prenais mes jouets, mon petit nounours, et puis je traversais la rue et j'allais voir jouer ces enfants. Il me manquait quelque chose, quoi[27].

Les gens comme Christiane Jude qui sont nés dans les baraquements ou les premières maisons du nouveau bourg sont les premiers qui n'aient pas connu les victimes d'Oradour. Ils n'ont souffert que de la peine et de la douleur de leurs parents, de la tristesse de leurs familles pendant leur enfance.

Le docteur Lapuelle a pu clairement apprécier l'impact émotionnel du massacre sur les familles d'Oradour, notamment sur les femmes qui avaient perdu leurs enfants dans le massacre :

> Vous savez, on fait des fiches en médecine. Vous demandez aux femmes quels sont leurs antécédents, si elles étaient malades, combien elles ont eu d'enfants. J'ai vu des femmes qui m'ont dit avoir eu six, huit enfants. Et, pour déceler un peu les réalités, on demande souvent ce que ces enfants sont devenus, ce qu'ils font dans la vie. Et les premières années, il y a des femmes qui m'ont répondu que leurs six enfants avaient été brûlés à Oradour. Je pense que ce traumatisme, quelle que soit la durée de la vie, ne peut pas se modifier. [...] Elles ne m'ont jamais rien expliqué, ces femmes. On en parlait un petit peu comme ça et puis elles pleuraient[28].

Oradour revit

Au début des années soixante, les habitants d'Oradour commencèrent à accepter l'idée de vivre normalement. La vie sociale reprit. Le conseil municipal encouragea les activités des jeunes. Une salle des fêtes fut construite, et une campagne appelée « Le droit de vivre » réveilla les initiatives[29]. L'équipe de football fut recréée. Bien que des jeunes gens, survivants du massacre, aient joué dans des équipes alentour, ce ne fut pas avant 1964 qu'on put réunir onze adolescents d'Oradour pour former une équipe. L'Union sportive d'Oradour devint le symbole de la renaissance du village. En 1970, l'équipe fut sélectionnée pour le championnat départemental, à la grande satisfaction des promoteurs de l'équipe.

> La montée en promotion de ligue, une génération après que l'on eut voulu rayer Oradour-sur-Glane du monde des vivants, les représentants de la cité martyre, dont plusieurs sont des fils de survivants, ont hissé leur club au premier rang en Haute-Vienne. C'est une éclatante revanche sur l'adversité[30].

La reprise de la vie sociale à Oradour fut l'élément le plus important pour la « reconstruction morale » de la communauté, mais la création d'une infrastructure économique était nécessaire à la survie. À cet égard, Oradour et son nouveau maire, le Dr Lapuelle, élu en 1959, devaient faire face à un ensemble de circonstances difficiles. Le caractère périphérique de cette nouvelle communauté ne leur permettait pas de solliciter des subventions. Le commerce local — la vente des cartes postales et des livres ne profitait qu'à l'ANFM — ne permettait pas de soutenir l'économie du bourg. Les notables d'Oradour ne souhaitaient pas non plus que le tourisme s'y installe ou que le bourg devienne une cité-dortoir pour les gens travaillant à Limoges. Dès 1960, la communauté mit en place un plan économique visant à attirer de petites entreprises grâce à des déductions fiscales et à des facilités de logement. Avec le déclin de l'agriculture qui suivit la Seconde Guerre mondiale, de nouvelles industries devinrent vitales pour l'économie de la région. Quatre petites usines furent construites qui permirent de créer 200 emplois et d'amener de nouveaux habitants dans le bourg. Ces différentes entreprises firent faillite au moment de la crise pétrolière dans les années soixante-dix. Mais la municipalité racheta les bâtiments et y installa par la suite de nouvelles entreprises et des ateliers. De commune agricole avant la guerre, Oradour devint un centre de petite industrie, de production artisanale et de commerce.

Les nouveaux venus

Le développement économique d'Oradour dans les années 1960 affecta profondément la vie communale et l'arrivée de nouveaux résidents divisa le bourg en deux communautés.

Selon le docteur Lapuelle, les relations entre ces deux communautés n'ont pas toujours été faciles et les nouveaux habitants rencontrèrent des difficultés à s'intégrer[31]. Amélie Lebraud regrette que, dans le passé, la solidarité des anciens d'Oradour ait pu conduire à l'exclusion des nouveaux venus :

> [...] on a été un peu renfermés sur nous-mêmes. On a vécu sur nous-mêmes. C'est-à-dire que le massacre a res-

> serré les liens d'amitié en liens presque familiaux. [...] il y a un moment pour ça mais il faut aussi s'élargir [...] et je pense qu'on ne l'a pas toujours su au moment voulu. Je dirais même que l'on a eu un peu trop de sectarisme vis-à-vis des autres. C'est un peu tard pour le dire[32].

D'autres comme André Desourteaux, furent choqués par ce qu'ils ont considéré avec amertume comme une dérive de l'influence des anciens d'Oradour :

> C'est un bourg fait sans nous.

Parmi les gens plus jeunes, l'évolution démographique a sans doute créé des tensions entre les anciens résidents d'origine paysanne et les nouveaux venus : une jeune femme en parlait très ouvertement.

> Leur mentalité est très mauvaise et il n'y a pas d'accord entre nous [et] les nouveaux, les jeunes. Parce que ce sont des personnes qui veulent jouer les fils à papa : « Mon père, c'est celui-ci, celui-là. » Mais, en définitive, ils veulent être plus élevés que nous. Chez nous, on dit qu'ils veulent jouer les grosses têtes. Pour eux, à la limite, un paysan c'est rien du tout[33] !

Le temps passant et de nouveaux habitants s'installant, la communauté est moins orientée vers le passé. Comment pourrait-il en être autrement ? Les nouveaux venus ne partagent pas le souvenir du massacre, et les enfants des survivants qui ont grandi sont à leur tour devenus des parents.

L'événement du massacre s'éloignant dans le temps, l'intensité du deuil a décru. En 1988, l'ANFM a diminué le nombre des interdictions concernant les activités du nouveau bourg pendant le mois de juin : alors que les mariages et toute manifestation publique étaient jusqu'alors interdits pendant tout le mois, l'interdiction fut réduite à dix jours autour de la date du 10 juin[34].

Il y avait d'autres signes annonçant le fait qu'Oradour allait se présenter sous un meilleur jour. Le pharmacien sur la place du bourg fit repeindre sa façade en jaune et le conseil municipal décida d'en faire autant pour les édifices publics[35]. Jusque-là tous les bâtiments avaient conservé leur couleur grise d'origine.

En 1991, le bourg a fait planter des arbres le long de l'avenue du 10-Juin, rénover la fontaine du square et placer des bacs à fleurs à l'intersection principale.

Pour certains des enfants des survivants qui sont restés à Oradour, continuer à vivre a exigé de s'éloigner des ruines ou de se les cacher à la vue. Christiane Jude et Jean-François Beaulieu ont tous les deux grandi à une époque où le deuil envahissait tous les aspects de la vie du bourg. Christiane s'en est libérée en déménageant au hameau des Bordes, loin de toute vue des ruines.

> J'ai voulu sortir de ce contexte d'Oradour. Ce contexte de deuil. Je voulais vivre un petit peu en marge parce que ce souvenir m'a tellement marquée [...], j'ai voulu le quitter un peu, m'éloigner un petit peu de tout ça. [...] Ce n'est pas très loin mais je ne vois plus les ruines. Je ne les vois plus, il y a tellement d'arbres qui m'en séparent. Ce n'est pas très loin. Mais je ne les vois plus, et donc ça s'estompe un petit peu[36].

Jean-François Beaulieu a cherché à trouver un équilibre entre passé et présent. Comme sa maison est située derrière les ruines de la maison de ses grands-parents, Jean-François Beaulieu a planté un rideau d'arbres pour en masquer la vue. Interrogé, il donne une réponse presque identique à celle de Christiane Jude :

> Il faut reconnaître que, esthétiquement, les ruines ne sont pas particulièrement agréables à regarder. [...] ce n'est pas une barrière mais on veut se mettre dans un cadre de vie, on essaie de se préserver quand même[37].

Défendre la « vérité historique »

Bien que les enfants des survivants soient déterminés à vivre une vie normale, ils restent concernés par la protection de la mémoire des événements d'Oradour. Ils se considèrent responsables du souvenir familial et communautaire dont ils ont hérité. La nécessité de commémorer le passé n'est plus explicitement liée au désir de vengeance ou à la nécessité du deuil. Leur tâche principale comme ils la voient, consiste à empêcher l'exploitation abusive de l'histoire d'Oradour et à veiller au compte rendu précis de ce qui s'est passé.

Dans les années quatre-vingt, le massacre d'Oradour-sur-Glane devint soudainement le sujet de films, de romans et de récits historiques romançant les événements du 10 juin 1944. Les plus abominables des romans ou films, selon l'ANFM, sont ceux qui donnent des raisons injustifiables pour expliquer le massacre. Ces explications supposées remettent en cause le récit du massacre d'innocents et la raison d'être du village martyr censé témoigner de la barbarie nazie.

Au cours de l'été 1987, Geoffrey Reeve, metteur en scène anglais, vint dans la région pour réaliser un film intitulé *Souvenir*[38]. L'histoire raconte le retour dans la région de Limoges d'un ancien soldat allemand, Ernst Kestner, pour retrouver une jeune femme aimée pendant la guerre. Il sait que les Allemands ont massacré les habitants d'Oradour et suppose que la jeune femme fut l'une de leurs victimes. Pendant le tournage, une interview d'un des acteurs, Michaël Lonsdale, parut dans le journal *Télé 7-Jours*. Lonsdale décrivait son rôle de maire d'Oradour-sur-Glane avouant à Kestner qu'il a provoqué le massacre en tuant deux soldats allemands[39].

L'ANFM alerta son avocat et le préfet. Après une réunion avec un représentant de l'ANFM à la mairie d'Oradour, les producteurs du film firent une déclaration dans la presse précisant : « Les personnes et tous les lieux mis en scène dans *Souvenir* sont fictifs et n'ont aucun rapport avec la réalité historique d'Oradour-sur-Glane[40]. » Le ministère de la Culture prit contact avec les producteurs du film pour s'assurer que « la version définitive soit conforme à la vérité historique » et les avertit que, si elle n'était pas satisfaisante, il n'hésiterait pas à en interdire la distribution en France[41].

En mars 1988, un écrivain anglais prétendit avoir découvert la clef du mystère. Dans *Oradour : Massacre and Aftermath,* le récit le plus fantaisiste du massacre qui soit, Robin Mackness a raconté comment, en 1982, il a rencontré un ancien maquisard du nom de Raoul Denis — pseudonyme créé par l'auteur — qui cherchait de l'aide pour passer 600 kilos d'or en Suisse. « Raoul Denis » révéla qu'il avait volé cet or à un convoi de la division SS *Das Reich* au cours d'une embuscade tendue par le maquis le matin du 10 juin 1944, non loin d'Oradour. Tous les maquisards avaient été tués dans l'embuscade à l'exception de « Raoul Denis ». Ce dernier avait une cache de lingots d'or dans un camion allemand et les avait enterrés puis récupérés après la Libération.

L'ANFM, la presse régionale, les hommes politiques locaux et les historiens français réagirent à la publication de ce livre et à l'accueil favorable qu'il reçut au Royaume-Uni. À Londres, le *Sunday Times Magazine* en publia un long extrait[42]. L'historien R.D. Foot, spécialiste des opérations militaires en France pendant la Seconde Guerre mondiale, considéra que le récit de Mackness méritait de l'attention jusqu'à ce qu'une explication plus satisfaisante fût donnée.

L'ANFM exprima son intention de bloquer toute tentative de publication de ce livre en France. L'historien Jacques Delarue, ancien commissaire de police et spécialiste des crimes nazis en France, eut une confrontation avec Mackness sur une radio française et fit ainsi la preuve de la nature fantaisiste de son récit.

La question du tourisme

Si la défense de toute exploitation morale d'Oradour obtint l'agrément de tous les habitants, la question de l'exploitation commerciale des ruines ne produisit pas immédiatement la même unanimité. Au début, les habitants du nouveau bourg découragèrent tous les efforts pour exploiter commercialement le flux de tourisme créé par les ruines. Le service des Monuments historiques contrôla aussi scrupuleusement toute action publicitaire à proximité des ruines[43]. Une enquête de 1991 a montré que seul un quart des visiteurs des ruines fait un repas dans le nouveau bourg[44]. Les commerçants d'Oradour sont toujours offensés quand on les accuse de « travailler sur le dos des morts ». Mais, au fil du temps, il devint difficile d'ignorer leur souhait d'attirer les visiteurs des ruines dans le nouveau bourg.

Depuis la fin des années 1980, le conseil municipal a cherché à intégrer Oradour au tourisme régional. En

1993, le syndicat d'initiative d'Oradour a créé un bureau de tourisme dans le nouveau bourg, ouvert de juin à septembre. Le maire a présenté cette évolution comme un défi inhérent à Oradour.

> Notre [ancien] point de vue ne peut plus se défendre et je pense qu'il faut inclure le fait touristique dans le pays. Mais... avec assez de pudeur quand même. Tant que nous sommes là, nous maintiendrons une certaine pudeur.

Pendant des années, le souci d'éviter tout conflit politique eut un effet tangible dans le nouveau bourg. Dans le centre de la ville, seule la rue conduisant de la place principale aux ruines avait un nom : avenue du 10-Juin. Les six autres du centre du bourg étaient désignées, conformément au plan de l'architecte, par leur numéro. Quand la construction fut achevée, compte tenu des tensions politiques, on ne put parvenir à un accord sur les noms à donner. Le docteur Lapuelle se souvient :

> [...] il y en avait un qui avait dit : « Non, ça ne va pas. Il faut appeler la place de la mairie place du Général-de-Gaulle. » Un autre avait répondu : « Si ça s'appelle place du Général-de-Gaulle, la rue principale, la rue numéro 3, il faut l'appeler rue Vincent-Auriol. » Et puis un autre avait dit encore : « Michelet était un grand résistant, il faut l'appeler rue Michelet. » Or Michelet était très engagé politiquement. Un autre a dit : « Il faut mettre le nom des anciens maires. » Et puis on a tout arrêté. On a laissé les choses comme ça[45].

Trente ans plus tard, au milieu des années quatre-vingt, quand le conseil municipal voulut régler la question à nouveau, les mêmes problèmes se posèrent. On suggéra de nommer les rues d'après le nom des lots sur lesquels elles avaient été construites. André Desourteaux, alors conseiller municipal, dressa une liste de noms limousins, mais cela aussi n'aboutit à rien.

La plupart des municipalités de France rendent hommage à l'histoire passée grâce aux noms de rues[46]. Dans le cas d'Oradour qui, en tant que tel, était devenu une relique de l'histoire, toute commémoration annexe paraissait peut-être triviale.

En 1992, le conseil municipal réussit finalement à choisir des noms pour les rues 1 à 6. Trois noms renvoient à une image idéale d'un Oradour pastoral : la rue des Hortilliers, la rue de la Glane, la rue des Carderies. Deux font allusion au caractère singulier du village-martyr : rue de Charly et rue de Distoman, baptisées en l'honneur de deux autres villes martyres, en Lorraine et en Grèce, où la population fut massacrée par les nazis. Seule une rue a été baptisée dans la perspective de l'avenir : rue de l'Europe. Ainsi, aucun de ces noms ne pouvait être considéré comme sujet à controverse. Ce choix reflétait l'évolution d'Oradour, passant du statut de site provisoire au passé douloureux à celui d'une communauté aspirant à la normalité.

Le sort des ruines

En présentant un moment figé dans le temps, les ruines devaient constituer un rempart contre l'oubli. Mais les hommes ne constituent pas la seule force qui ait agi sur les ruines et façonné leur histoire. Au cours des années, les ruines se sont inexorablement réduites, s'effondrant progressivement avec les intempéries et l'écoulement du temps. Avec l'érosion provoquée par la pluie et le froid, elles sont de moins en moins un témoignage de la « barbarie nazie » et de plus en plus une allégorie à la symbolique temporelle beaucoup plus forte — la catastrophe, la destruction et la décomposition. Les ruines, préservées afin de figer un moment spécifique dans le temps, contiennent aussi l'histoire de leur nature éphémère et de la fragilité de la mémoire humaine.

Jean-François Beaulieu se souvient que dans son enfance les ruines noircies dominaient le nouveau bourg pas seulement de manière émotionnelle, mais aussi par la surface qu'elles occupaient. C'est aujourd'hui le nouveau bourg qui n'a cessé de se développer qui domine le site et impose sa présence.

À mesure que les anciens d'Oradour vieillissent et disparaissent, l'ancien bourg s'efface dans la mémoire collective de la communauté. Toutefois, la relation de l'ancien et du nouveau dans le paysage d'Oradour n'est pas seulement une métaphore du changement dans la mémoire collective ; les ruines ont aussi une influence directe sur la façon dont les gens se souviennent du passé. La détérioration physique des ruines a soulevé une série de problèmes — techniques, esthétiques, émotionnels et politiques —, pour les survivants et leurs descendants, de même que pour les architectes du service des Monuments historiques.

Dans la décennie qui suivit le massacre, le progrès de l'érosion sur les ruines rendit évidente l'impossibilité technique de remplir la tâche de préservation de la totalité du site, telle qu'elle avait été décrétée par la loi du 10 mai 1946. En 1958, Pierre Paquet, inspecteur général des Monuments historiques en charge d'Oradour, aborda pour la première fois la question d'une politique globale de conservation des ruines[47]. Entre-temps, le service des Monuments historiques continuait la réparation des ruines les plus dégradées, cas par cas et en cherchant à assurer la sécurité des visiteurs. À chaque printemps, les architectes recensaient les dégâts causés par l'hiver rigoureux et restauraient ou détruisaient les structures menacées. De leur point de vue, la valeur esthétique et culturelle limitée des ruines justifiait leur méthode :

> Étant donné qu'il s'agit d'un site et non de ruines archéologiques, il paraît normal que l'on s'attache avant tout [...] à la présentation du lieu plus qu'à sa conservation intégrale. Dans ces conditions, on pourrait estimer que dans quelques années ces parties hautes et fragiles n'existeront plus, soit qu'elles aient été abattues, soit qu'elles soient tombées d'elles-mêmes[48].

Sans même un plan détaillé à long terme, en 1966, les architectes nationaux avaient décidé que l'impact émotionnel plutôt que l'intégrité physique du site constituait la qualité la plus précieuse des ruines. Toutefois, comme le notait le conservateur régional cette même année, l'apparence de dévastation se révélait très difficile à préserver. Le retrait des gravats avait laissé des espaces libres pour la végétation et des espaces gazonnés distrayaient de l'atmosphère de désolation. La pluie avait lavé les murs noircis de fumée et de suie. L'ancien bourg s'effondrant progressivement, la silhouette des ruines s'adoucit tel un coquillage poli par le mouvement des marées.

Une restauration importante posait d'autres problèmes :

> On risquerait d'aboutir à des interventions trop visibles qui présenteraient un caractère artificiel et finiraient par altérer le caractère des lieux.

Le conservateur considérait que le mieux serait d'éviter la détérioration de la manière la plus discrète possible :

> La seule solution raisonnable paraît être de se contenter de retarder la dégradation inévitable des ruines et de s'efforcer d'obtenir que le point d'équilibre qui sera un jour atteint représente un état encore suffisamment évocateur de l'événement historique dont il s'agit[49].

La protection et l'entretien des ruines se poursuivirent sans commentaire ni plainte jusqu'au début des années quatre-vingt, quand un nouvel intérêt public pour l'histoire de Vichy et la guerre « franco-française » de 1940-1944 redonna de l'importance au massacre d'Oradour.

Après des années d'un calme inconfortable, le passé vichyste de la France redevint dans les années soixante-dix le sujet le plus important de l'histoire nationale. Les « années noires » firent l'objet d'une investigation intense et d'une critique ouverte après mai 1968 et le départ du général de Gaulle. Un examen sérieux par des cinéastes, des écrivains et des historiens de la relation au passé de la collaboration française rompit le consensus sur l'attitude de la France pendant l'Occupation. Le documentaire de Marcel Ophüls, *Le Chagrin et la Pitié*, inaugura ce mouvement en 1971 en s'attaquant au mythe d'une Résistance omniprésente et d'une signification limitée de la période vichyste. De jeunes historiens français suivirent les sentiers ouverts par des historiens tels que Eberhard Jaeckel et Robert Paxton dans leurs livres fondateurs sur les relations entre Vichy et le régime nazi[50]. Les effets de cette nouvelle discussion furent d'une ampleur inattendue, comme l'a noté Henry Rousso :

> Contrairement à d'autres réactivations [du souvenir de Vichy], les nouvelles représentations offertes dans le début

des années soixante-dix ont rencontré une réelle demande de l'opinion[51].

La société française réagit, fascinée et curieuse, à ce qu'Henry Rousso a appelé l'« obsession française ».

Si l'effondrement des tabous entourant l'Occupation a permis de battre en brèche le mythe de la Résistance, l'extrême droite a aussi osé présenter ses arguments de manière plus directe. En 1978, Robert Faurisson, historien, et Louis Darquier de Pellepoix, un des principaux organisateurs de la politique antijuive de Vichy, nièrent chacun de leur côté l'existence des chambres à gaz. En 1987, Jean-Marie Le Pen a qualifié l'extermination des Juifs dans les camps de « détail de l'histoire ». Face à ces efforts du révisionnisme, Oradour reprit de l'importance en tant que preuve physique de la barbarie nazie.

Au début des années quatre-vingt, à l'approche du quarantième anniversaire de la Libération, les tribunaux français redevinrent le forum des débats sur les crimes de guerre de l'Occupation. Les amnisties de 1951 et de 1953 avaient effacé le malaise de l'épuration. Mais l'application, au début des années quatre-vingt, de la loi sur l'imprescriptibilité des crimes contre l'humanité a permis de poursuivre non seulement des Allemands comme Klaus Barbie mais aussi des responsables de Vichy. Les noms de Touvier, Leguay, Bousquet, Papon, qui étaient restés jusque-là dans l'obscurité, firent la une de la presse.

Le Limousin était lui aussi engagé dans une quête de justice. En 1983, Heinz Barth, jeune officier au moment du massacre d'Oradour, comparaissait devant un tribunal de Berlin-Est. Une délégation de l'ANFM se présenta au tribunal. Barth, qui ne put fournir de nouvelles informations à propos des circonstances du massacre, fut condamné à la prison à vie en Allemagne de l'Est. En dehors du Limousin, le procès de Heinz Barth fut à peine remarqué, occulté par l'extradition de Bolivie de l'ancien chef de la Gestapo de Lyon, Klaus Barbie, et son arrivée en France le 5 février 1983 où il fut inculpé de crimes contre l'humanité. Le procès Barbie devait permettre de rouvrir des blessures que de nombreux Français avaient décidé d'oublier. La course contre le temps pour faire comparaître les criminels de guerre devant des tribunaux fit prendre conscience du vieillissement et de la disparition physique des coupables. La survie même de la mémoire paraissait en être l'enjeu.

Ce souci redonna vie au message politique et moral du mémorial d'Oradour. Mais ce renouveau révéla aussi que le site commémoratif était incapable de supporter l'épreuve du temps.

En 1983, les fonds publics pour entretenir les ruines s'étaient réduits à un tel point que les ronces et les orties commençaient à empiéter sur les jardins du nouveau bourg et les espaces vides dans les ruines s'étaient transformés en vastes prairies. Le préfet réclama que quelque chose soit fait pour mettre un terme à cette impression de désolation :

> Il s'agit donc pour notre pays d'une vitrine de dimension internationale qu'il est impensable de laisser dans l'état où elle se trouve, d'autant qu'une affluence record semble devoir être attendue au cours des prochains mois, compte tenu d'une récente sensibilisation du public sur les événements de la dernière guerre après l'arrestation de Klaus Barbie et surtout le procès de l'un des principaux responsables du massacre d'Oradour, Heinz Barth, qui vient d'avoir lieu à Berlin-Est[52].

Les responsables de la préservation du site réclamaient un plan à long terme. En août 1983, Mester de Paradj, architecte en chef responsable d'Oradour, présenta une étude globale sur Oradour au représentant régional du ministère de la Culture :

> L'état de ruine est par définition un état furtif, un instant dans l'évolution, plus ou moins rapide mais irréversible, vers la disparition complète. Conserver des ruines à l'état de ruines exige donc une intervention artificielle[53].

En prenant en compte la taille et l'état du site, Mester de Paradj estimait qu'il était « peu réaliste », ne serait-ce que d'un point de vue financier, de vouloir préserver le site dans sa totalité de manière à assurer partout la sécurité des visiteurs. Il proposait un itinéraire qui incluait la route principale et les sites clés.

Mester de Paradj fit comprendre que son seul objectif était de stabiliser et restaurer une portion limitée des ruines tout en préservant le caractère poignant du site :

> Il n'est pas envisagé ici d'« améliorer » la présentation actuelle des vestiges en cherchant à rendre aux ruines leur état en 1944. Trop d'érosion des matériaux a eu lieu en trente-neuf ans pour qu'une telle intervention, d'ailleurs trop coûteuse, ne soit pas purement factice.

La végétation aurait aussi à être entretenue pour que les ruines ne perdent pas complètement leur impact :

> L'envahissement des ruines par la végétation atténue le caractère pathétique des lieux et estompe le témoignage. [...] Peut-on laisser le site devenir une promenade romantique[54] ?

Un aspect romantique des ruines aurait certainement dévoyé le message d'Oradour : du témoignage de l'horreur vers une atmosphère mélancolique.

En février 1984, le ministre de la Culture, Jack Lang, engagea un million de francs pour la première phase d'un projet visant à créer un circuit bien défini au sein du village martyr, à réparer les ruines le long de ce circuit et fermer l'accès du reste du bourg au public. L'ANFM et le conseil municipal d'Oradour approuvèrent le plan et le calendrier dans la perspective de la préparation du quarantième anniversaire du massacre. Un panneau du ministère de la Culture fut placé à l'entrée nord des ruines pour faire savoir au public qu'Oradour n'avait pas été oublié.

Alors que les architectes nationaux envisageaient le dilemme de la conservation d'un point de vue technique et esthétique, ceux qui entretenaient avec Oradour un lien sentimental voyaient le problème sous un autre angle. Il était douloureux pour ceux qui avaient connu l'ancien bourg d'assister à la dégradation et à l'éventuelle disparition des ruines. Les anciens d'Oradour expriment une grande anxiété en ce qui concerne l'avenir des ruines qui changent sous leurs yeux :

> Je pense qu'il faut les garder... C'est nécessaire. Mais elles vont évoluer. J'en ai peur. J'ai peur qu'elles évoluent.

> D'une part, elles vont tomber, elles vont s'écraser ou alors il faudra mettre beaucoup d'argent pour les garder. Que vont-elles devenir ? Je ne sais pas. Vont-elles devenir dans quelques années, comme on voit les ruines de Crozeau ou d'ailleurs, un château fort... Vont-elles devenir comme ça ? Je ne le voudrais pas. C'est le but de notre association, ne l'oubliez pas. Qu'elles ne deviennent pas mortes. On voudrait les faire... les faire revivre. C'est terrible[55].

Il semble même que les ruines défient l'effort de cette commémoration par leur érosion inexorable, révélant que ni temps ni mémoire ne peuvent être fixés.

La part d'artifice

La restauration et l'entretien soulèvent un problème qui a affecté Oradour dès le départ : si les ruines sont considérées en soi comme le témoignage d'une vérité historique, toute tentative pour les préserver qui introduit des éléments artificiels risque de constituer une falsification de la mémoire.

L'importance de cette question de l'authenticité dès le début de la commémoration à Oradour fut dramatiquement révélée quand des experts vinrent examiner la voiture du docteur Desourteaux pour tenter d'interrompre sa dégradation.

La carcasse rouillée de la voiture, située sur le champ de foire, a une valeur symbolique très importante dans le récit de la destruction d'Oradour. Elle évoque le moment où le docteur Jacques Desourteaux, au retour d'une visite chez un patient dans la campagne, trouve le bourg aux mains des nazis. Tout comme les ruines, la voiture a été continuellement exposée aux intempéries et sa carcasse orange semble désormais figée dans le sol. Des experts avaient débattu des différentes options susceptibles de prolonger l'existence de ce souvenir sans en modifier son aspect. Paradoxe des paradoxes, la voiture sur laquelle ils s'étaient penchés comme des chirurgiens sur un corps à opérer n'était pas la « véritable » voiture du docteur Desourteaux.

Les faits sont bien connus des anciens. Quand le docteur Desourteaux arriva à l'entrée du bourg, les soldats lui donnèrent l'ordre de remonter la rue principale et de se garer sur la place du marché où les hommes étaient rassemblés. Il fut tué avec les autres dans l'après-midi. Quelques semaines plus tard, le frère du docteur et son neveu, André, rapportèrent la voiture dans le jardin de leur maison, où elle se trouve encore aujourd'hui.

La voiture de la place du marché appartenait en fait au marchand de vins, Henri Texereau. Quand les équipes de secours vinrent nettoyer les ruines, elles trouvèrent cette voiture bloquant la route et la déplacèrent sur la place du marché. Le temps passant, elle devint la voiture du docteur Desourteaux[56]. Le service des Monuments historiques a investi beaucoup de temps pour conserver la « voiture du docteur Desourteaux ». En 1992, après une étude complète, les experts démontèrent la carcasse, sablèrent les différents éléments puis les peignirent au goudron pour arrêter la rouille et vernirent la carcasse une fois remontée[57].

L'histoire de la voiture du docteur Desourteaux est emblématique des contradictions du site commémoratif d'Oradour. La part d'artifice ne cesse de s'étendre sur la part réelle dans la mesure où la conservation reste une priorité. Ce mouvement risque d'aboutir à la négation du projet initial du mémorial d'Oradour : le sens fixé dans des ruines authentiques.

Si les ruines se transforment, deviennent méconnaissables ou disparaissent, conformément à un processus inéluctable pour ce type de monument, la mémoire peut, elle aussi, connaître le même destin. Les anciens, qui ont connu le site tel qu'il était dans les années qui ont suivi le massacre, sont confrontés au fait irréfutable que le temps érode et altère les souvenirs les mieux préservés. Avec la disparition de la génération des survivants, c'est l'effacement de la mémoire même qui inquiète ceux qui se soucient d'Oradour.

En mars 1988, Marguerite Rouffanche, unique survivante de l'église et seule femme parmi les « miraculés », est décédée à l'âge de quatre-vingt-deux ans. Sous la pluie battante d'un orage de printemps, les membres de l'ANFM ont suivi la procession funèbre à travers les ruines. Le corbillard a dépassé l'église dont elle s'était échappée en sautant d'une fenêtre quarante-deux ans plus tôt. Il a continué jusqu'au cimetière où le cercueil a été déposé devant l'ossuaire pour recevoir un dernier hommage. Au cours d'une discussion qui a suivi la cérémonie, Amélie Lebraud a exprimé d'une voix angoissée son sentiment d'abandon :

« Après nous, qui se souviendra ? »

Toute entreprise de commémoration est sévèrement menacée quand elle n'est plus soutenue par les souvenirs de ceux qui ont vécu les événements. Tous les monuments ont à faire face à ce que l'historien de l'art Kurt Foster a appelé « une sorte de double danger historique » : la mémoire est tout ce qui soutient sa signification mais sa forme matérielle aura à « survivre aux fantaisies des perceptions et des valeurs changeantes[58]. » Oradour est en train de prouver qu'il n'y a pas d'exception à la règle.

POSTFACE

Le récit serré du massacre d'Oradour n'a pas été modifié de façon significative depuis sa première formulation. Néanmoins, le contexte dans lequel est inséré ce récit a changé radicalement depuis l'époque de l'immédiate après-guerre, sur le plan à la fois local et national. Mon étude, tout d'abord publiée en 1994, montrait comment et pourquoi ceux qui créèrent le récit commémoratif du massacre avaient choisi de ne pas l'ancrer dans le contexte historique des années de guerre. Toutefois, la guerre s'éloignant, ceux qui se préoccupent de la signification du mémorial d'Oradour aujourd'hui considèrent que le contexte historique est désormais essentiel pour la compréhension des intentions de ses créateurs.

À la fin des années 1980, les survivants, leurs enfants et le conseil municipal d'Oradour ont compris la nécessité de créer un « accompagnement culturel » des ruines pour la génération nouvelle des visiteurs du site qui n'avaient pas connu la guerre et étaient par conséquent plus susceptibles de croire les rumeurs et les distorsions concernant les événements du 10 juin 1944. Le but de cet encadrement nouveau, tel qu'ils l'envisageaient, était de perpétuer le souvenir du massacre et de protéger la « vérité historique » de ce qui s'était produit. En 1989, le conseil municipal, en liaison avec le conseil général de la Haute-Vienne, a commencé à envisager ce que pourrait être un musée à Oradour. Dix ans plus tard, le 16 juillet 1999, le président de la République, Jacques Chirac, inaugurait le Centre de la Mémoire d'Oradour-sur-Glane (CMO).

Le désir de créer ce Centre correspond bien à l'évolution générale de la représentation de l'histoire du XXe siècle. Plutôt que de s'efforcer de séparer l'histoire et la mémoire populaire, d'éviter les jugements de valeur, la nouvelle approche préfère associer un intense message commémoratif et moral à la présentation de l'information historique. C'est parfaitement observable dans ce nouvel hybride de musée et de mémorial. On en a des représentations exemplaires avec les sites des camps de concentration allemands, le Mémorial de la Bataille de Normandie, le Mémorial pour la Paix de Caen, le musée du Mémorial de l'Holocauste à Washington D.C. — et le Centre de la Mémoire d'Oradour-sur-Glane. Tous illustrent une tendance de l'histoire populaire qui gomme la distinction entre histoire et mémoire. Le musée-mémorial montre à quel point l'État, en accréditant moralement (sinon en finançant le plus souvent), considère désormais la mémoire comme une forme importante du patrimoine culturel. Alors que les musées nationaux établis de longue date conservent et exposent les richesses produites par la grande culture, le nouveau musée-mémorial cherche à préserver certains souvenirs considérés comme ayant une valeur nationale.

Au moment où le Centre de la Mémoire a été achevé à Oradour-sur-Glane, l'interprétation française des années de guerre avait connu une transformation radicale. De façon significative, les Français ne se considèrent plus comme un peuple innocent pendant la période des années 1930 et 1940. Confrontés au surgissement de l'affaire Touvier en 1972, aux travaux d'historiens, de cinéastes, de journalistes, aux actions d'avocats et de militants, les Français ont vu les légendes des années de guerre s'effondrer[1]. Au cours des années 1980, une nouvelle génération d'historiens a sondé l'expérience française de la guerre et commencé à réécrire entièrement l'histoire de la nation au cours des années 1940-1944. Les « années sombres » sont devenues pour le grand public un sujet de fascination telle, que l'historien Henry Rousso, qui avait qualifié en 1987 de « syndrome de Vichy » le refoulement français concernant les années d'Occupation, fustigeait en

1994 ses compatriotes pour leur « obsession » sur le sujet[2].

En 1995, Jacques Chirac fut le premier président français à aborder publiquement et à déplorer le rôle de l'État français dans la déportation des Juifs de France pendant la guerre. Au cours de la cérémonie commémorative de la rafle du Vélodrome d'Hiver, le président nouvellement élu parla clairement du rôle des autorités françaises dans cet événement terrible et souligna qu'il parlait de quelque chose que tout le monde savait[3]. Cette remarque montra quel déplacement s'était opéré au cours des vingt dernières années dans la conscience publique et qu'était enfin possible la reconnaissance des injustices et des méfaits du gouvernement de Vichy.

Mon étude du massacre d'Oradour-sur-Glane visait à illustrer la façon dont la commémoration est, en partie, un processus consistant à trier les histoires qui seront publiquement racontées et celles qui resteront non dites. Mon livre constituait le premier récit historique des circonstances dans lesquelles Oradour en vint à être désigné comme « village-martyr ». Mais comme j'avais écrit une histoire de la commémoration d'Oradour et non celle d'Oradour pendant les années de guerre, une bonne partie de l'histoire d'Oradour en temps de guerre avait été négligée.

Les écarts entre le récit commémoratif et un récit historique devinrent de plus en plus patents lorsque, ayant terminé mon livre, je m'aperçus que, parmi les morts d'Oradour, je ne savais pratiquement rien des gens qui ne faisaient pas partie de la communauté villageoise. On peut en effet lire sur les listes du cimetière d'Oradour les noms de gens nés en Pologne ou en Hongrie. Je voulais en particulier savoir pourquoi une fille de quinze ans, Sarah Jakobowicz, avait été le seul membre de sa famille tué au cours du massacre d'Oradour. Qui était cette fille née en Pologne en 1929 et pourquoi était-elle morte seule là ? Je ne savais pas non plus pourquoi des femmes et des enfants espagnols, qui avaient fui l'Espagne franquiste, avaient été tués au cours du massacre, quand leurs maris et leurs pères (à l'exception d'un vieil homme) avaient été épargnés.

Au cours des dix ans qui viennent de s'écouler, cette partie de l'histoire a été étudiée. En 1995, Jean-Jacques Fouché, le premier directeur du Centre, a commencé à travailler sur une exposition permanente qui présenterait les événements du 10 juin 1944 dans le contexte historique de la montée du fascisme en Europe. Il a mené de vastes recherches dans les bibliothèques et les archives, et sollicité les conseils d'historiens professionnels. En dépit du fait que le musée d'Oradour avait été conçu comme un « centre de la mémoire », son premier directeur s'est concentré plutôt sur la recherche et l'enquête historiques que sur la collecte des souvenirs et des opinions de l'association des familles des victimes du massacre. La fondation du Centre de la Mémoire a eu pour effet non voulu d'ouvrir la porte à des récits autres que celui de la commémoration qui se concentrait sur le destin des 642 enfants, femmes et hommes morts le 10 juin 1944.

La présence physique du Centre de la Mémoire à Oradour a joué un rôle clé dans la reconstitution de l'histoire de Sarah Jakobowicz par Jean-Jacques Fouché. Un jour, on lui a apporté un film d'une douzaine de minutes, jusque-là inconnu, qui montrait une cérémonie commémorative dans les ruines d'Oradour, au cours de laquelle des soldats FFI présentaient les armes devant un petit cercueil, un cortège à Limoges et enfin un enterrement au cimetière juif de Limoges. C'était, découvrit-il, l'enterrement de Sarah Jakobowicz, trois mois après le massacre.

Fille de réfugiés polonais qui étaient arrivés à Paris en 1930, Sarah Jakobowicz, son frère David et ses parents étaient descendus dans le Limousin pendant l'exode qui avait suivi l'invasion allemande en mai 1940. Ils trouvèrent refuge dans un petit hameau situé à mi-chemin d'Oradour-sur-Glane et de Saint-Victurnien. Le secrétaire du maire de Saint-Victurnien, Lucien Dagot, aida David à obtenir des papiers d'identité et s'arrangea pour qu'il puisse se marier, en présence d'un rabbin, à la mairie en décembre 1940. Leur sécurité resta toutefois précaire. À la fin du printemps 1944, des miliciens de Limoges mirent leur maison à sac. Au début du mois de juin, afin de la protéger, David emmena sa petite sœur à Oradour et la confia au cordonnier, Martial Machefer. Sarah était désormais la voisine d'une autre famille de réfugiés, les

Kanzler, dont la fille Dora était déjà une amie. Les archives et les fiches de police indiquent que les Kanzler étaient eux aussi originaires d'Europe centrale (probablement Juifs) et ne parlaient pas bien le français. Comme Sarah Jakobowicz, les Kanzler furent tués avec les résidents permanents d'Oradour le 10 juin 1944[4].

Les réfugiés juifs n'étaient pas les seuls étrangers à Oradour. Cela me fit l'effet d'une véritable décharge électrique lorsque j'appris ce qui suit au cours de l'été 1994. André Desourteaux me fit savoir que, pendant les années de guerre, un groupe d'ouvriers étrangers avaient vécu et travaillé dans Oradour et ses environs pour une période assez longue. Desourteaux se souvenait que ces hommes étaient rassemblés régulièrement sur les champs de foire pour un appel supervisé par un officier à la retraite. La plupart d'entre eux étaient partis en 1942, croyait-il, lorsqu'ils avaient été envoyés en zone occupée pour travailler sur les chantiers allemands du mur de l'Atlantique. C'était tout ce dont il se souvenait.

Je suis retournée aux archives pour essayer de reconstituer cette histoire. J'y ai trouvé une nouvelle entrée pour les « registres nominatifs » qui établissait la liste des membres du 643e Groupement de Travailleurs Etrangers (GTE) qui avait été administrativement rattaché à Oradour-sur-Glane dans les premiers mois de 1941. D'autres archives montraient que ce GTE avait été transféré à Aixe-sur-Vienne (au sud-ouest de Limoges) à la mi-octobre 1942[5]. Les registres n'avaient pas été catalogués, apparemment, et par conséquent étaient restés inaccessibles aux chercheurs jusqu'à la retraite, en 1993, du directeur qui avait géré ces archives pendant trente ans. Pour autant que je sache, je suis la première historienne à en avoir fait usage.

Les registres du 643e Groupement de Travailleurs Etrangers indiquent que ses membres étaient pour la plupart des réfugiés espagnols, ainsi que des Juifs d'Europe de l'Est — certains étaient apatrides, sans doute après avoir vu leur naturalisation française révoquée par le régime de Vichy. J'ai rapidement découvert que les dix-neuf femmes et enfants espagnols qui sont morts dans le massacre d'Oradour étaient bien les épouses et les enfants des hommes du GTE local[6].

L'utilisation du travail forcé en France de 1940 à 1944 a commencé dans les derniers mois de la Troisième République, lorsque les Français ont créé des compagnies de travailleurs étrangers dans l'année qui a précédé l'invasion allemande en mai 1940. En 1938 et 1939, un intérêt nouveau pour réguler l'immigration[7], combiné avec des mesures de défense nationale, a conduit à la surveillance des étrangers dans l'optique d'une intégration au marché du travail et de la sécurité nationale. Cette mesure a permis l'internement des réfugiés espagnols qui passèrent en masse les Pyrénées au printemps et à l'hiver 1939, lorsque les forces du général Franco battirent les milices républicaines. Les lois qui avaient été votées pour régler « l'organisation de la nation en période de guerre » devinrent l'instrument légal pour la conscription des réfugiés et des étrangers aptes physiquement pour l'aide à la défense du pays[8].

En 1940, à la suite de l'effondrement économique provoqué par la défaite et l'occupation, le nouveau ministère du travail créé par Vichy prit en charge ces travailleurs étrangers. Espagnols pour la plupart, ils furent d'abord internés dans le sud de la France, puis organisés en groupements de travailleurs. La loi du 27 septembre 1940, par laquelle le régime de Vichy prenait le contrôle de ces groupements de travailleurs étrangers, rendait obligatoire le service dans les bataillons de travail pour les réfugiés de sexe masculin, de quinze à cinquante-cinq ans, qui ne pouvaient subvenir à leurs besoins. À la fin de 1940, le tout nouveau Commissariat à la lutte contre le chômage (CLC) prit la direction des GTE[9]. Le chômage diminua rapidement et le CLC put enregistrer une forte demande de ses travailleurs.

La création de ces groupements de travailleurs étrangers permettait d'employer une main-d'œuvre utile (tout en gardant les étrangers en dehors du marché du travail où ils auraient fait concurrence aux Français) et d'établir un contrôle policier sur les étrangers. En 1946, Jacques Desmarest, expert en matière de politique de l'emploi de Vichy, a estimé que la suspicion du gouvernement à l'égard des membres de partis de gauche, susceptibles de mener des activités révolutionnaires, a joué un rôle prépondérant. « Leur incorporation, écrit-il, répondait à des préoccupations plus politiques qu'économiques[10] ».

Dans la zone sud, la plupart des groupements de travailleurs étrangers étaient composés de 250 à 300 hommes commandés par des membres de l'administration française. Les travailleurs étaient souvent déplacés d'un endroit à un autre et cantonnés dans des zones isolées pour accomplir des travaux de construction ou de déforestation. La moitié d'entre eux étaient loués pour des travaux de ferme et souvent logés chez leur employeur.

Un rapport de la gendarmerie nationale de juillet 1942 appelle le GTE d'Oradour « Groupe Régional de Passage ». Il réceptionnait les travailleurs et les louait ensuite à qui en avait besoin. Il était composé de 385 hommes — dont 267 Espagnols et pour le reste, des Polonais, des Belges, des Arméniens, des Russes, des Allemands, des Roumains, des Tchèques, des Hongrois et quelques apatrides. Selon le rapport de gendarmerie, les travailleurs étrangers vivaient dans le village et dans un lieu-dit, La Carderie, à un kilomètre et demi[11]. Robert Hébras se souvient que le GTE avait sa cantine dans un garage de la rue principale[12]. Marcel Darthout et lui se souviennent d'un groupe de travailleurs espagnols qui vivaient dans un campement à la limite nord-ouest du bourg et travaillaient dans une fabrique de tuiles à un kilomètre de là[13].

En 1941, la situation des membres des GTE prit une tournure dangereuse. À la fin du printemps, les autorités allemandes passèrent un accord avec le gouvernement de Vichy qui leur permit de recruter de la main-d'œuvre en zone sud pour « l'Organisation Todt » (OT) — l'organisme chargé de la construction d'abris pour les *U-boots* et de fortifications sur la côte atlantique. Les travailleurs étrangers transférés à l'OT travaillèrent dans des conditions effroyables, risquant la déportation vers les camps de la mort si leur santé venait à défaillir[14]. Les Juifs, pour la plupart, se virent épargner la menace d'un enrôlement dans l'OT. Même si certains avaient passé les premières étapes du recrutement, les Allemands refusèrent rapidement de les employer pour la construction de leurs fortifications et ils furent renvoyés en zone non occupée.

Pour les Juifs, la véritable menace venait de leur isolement progressif au sein des GTE. Au cours de l'année 1941, les GTE furent divisés en groupes selon la nationalité à l'exception des Juifs qui furent placés dans des groupes exclusivement juifs[15]. Dans un effort pour protéger ses travailleurs, le CLC en zone sud créa en 1942 un certain nombre de « groupes départementaux », dont les membres étaient répartis autant que possible dans les campagnes et dotés d'un statut « d'étrangers sous contrôle »[16]. Les travailleurs ainsi placés, nourris et logés par leur employeur, étaient moins visibles, moins surveillés par l'administration des GTE[17].

Les conséquences fatales de la création de groupes exclusivement juifs apparurent clairement lorsque le gouvernement de Vichy passa d'une politique d'exclusion des Juifs à celle de leur arrestation et déportation. Les archives départementales de la zone sud en France montrent que les bureaux des préfets utilisèrent les listes des GTE pour dresser les leurs en prévision des arrestations de masse — celles-ci commencèrent à la mi-août 1942 et se poursuivirent jusqu'à la fin de l'automne, la police de Vichy traquant sans relâche ceux qui avaient réussi à échapper à la première vague d'arrestations. Dans bien des régions, la police découvrit, en venant arrêter des travailleurs juifs étrangers, que ces derniers avaient pris la fuite. La rumeur d'une rafle avait circulé grâce à des administrateurs du CLC qui comptait des Juifs et des résistants dans ses rangs[18]. Néanmoins, 763 travailleurs étrangers furent envoyés de la zone sud à Drancy le 24 août et 1 366 le 26 août[19]. Dans la zone sud, les groupements de travailleurs se dispersèrent en 1943. Au moment du débarquement allié et du massacre d'Oradour, la plupart des travailleurs du GTE avaient été envoyés ailleurs quand il n'avaient pas réussi simplement à s'échapper. Cependant, quelques-uns survécurent jusqu'à la fin de la guerre dans des fermes non loin d'Oradour.

Ceux qui écrivent sur le souvenir de la guerre en France utilisent souvent le mot d'*oubli* pour décrire les écarts entre ce qui est mémorisé, ressaisi ou commémoré. Mais les étrangers d'Oradour n'ont pas été oubliés. Plus précisément, le processus commémoratif n'a pas enregistré ceux qui n'étaient pas considérés comme des membres de la communauté nationale ou locale. Le village ou le bourg comme lieu de la francité essentielle a une longue histoire et de fortes polarités politiques — qu'il soit présenté comme le berceau de la république laïque ou comme le cœur d'une France éternelle aux valeurs morales conservatrices. À la fin de la guerre, au moment où les Français reconstruisaient la nation et restauraient la fierté nationale, le village français idéal était une représentation inéluctable. Le petit bourg mythique, dans sa version française de la fin des années 1940, était un endroit où ne vivaient que des autochtones. Les gens de la région tout occupés par le deuil de leurs proches manifestaient peu d'intérêt pour le destin d'un groupe de gens de passage qui étaient restés en marge de la communauté. Pour l'administration et les hommes politiques chargés de la création du mémorial, souligner la présence de travailleurs étrangers aurait conduit à considérer Oradour comme une partie du monde secoué par les déchirements de la guerre et de l'Occupation. Cela aurait aussi exigé que l'on se préoccupe du traitement qu'avait réservé Vichy aux étrangers et aux Juifs. Ce qui aurait introduit un élément dérangeant dans le récit commémoratif tissé sur une histoire simple et brutale de la France victime de la barbarie.

Les ruines d'Oradour restent aujourd'hui le principal site de la commémoration du massacre. Le Centre de la Mémoire offre, lui, autre chose. L'exposition permanente inclut le récit du massacre d'Oradour dans un contexte historique plus large et plus complexe. Il retrace la montée du nazisme en Allemagne, la mise en place du régime de Vichy, les origines de la Résistance et l'histoire de la Waffen-SS et de ses exactions en Europe de l'Est. En décrivant l'histoire d'Oradour pendant les années de guerre, l'exposition fait état de la présence de réfugiés et de travailleurs étrangers. Une description du massacre est donnée au cours d'un film d'une douzaine de minutes, dont le texte est composé à partir d'éléments d'archives. L'exposition prolonge l'histoire d'Oradour à travers les commémorations des années d'après-guerre, le procès de Bordeaux et la construction du nouveau bourg.

En visitant aujourd'hui Oradour, on découvre la coexistence de divers modes de commémoration et de présentation des événements du 10 juin 1944. Les ruines évoquent l'histoire spécifique, locale, de l'endroit, des gens qui y vivaient et de leur anéantissement. L'ANFM en choisissant les guides des ruines parmi les familles d'Oradour conserve la garde symbolique du site et un rôle déterminant dans la présentation de ce qui s'y est passé. Désormais, le musée fournit le cadre historique du massacre qui dépasse le contexte aussi bien local que national. Il situe l'histoire d'Oradour dans l'histoire européenne et invite à une méditation des effets de la guerre sur les populations civiles dans le monde entier. Avec la disparition de la génération qui a connu la guerre et l'érosion des ruines, le musée jouera de plus en plus un rôle déterminant dans la transmission du récit du massacre et la définition de son sens. Les historiens de la Seconde Guerre mondiale seront de moins en moins redevables de leur travail aux témoins — individus et associations — qui ont vécu les événements qu'ils transforment en histoire. À Oradour, comme partout ailleurs, les narrateurs professionnels — historiens, directeurs de musée, cinéastes, romanciers — remplaceront les survivants dans leur rôle de premiers interprètes du passé.

NOTES

Introduction

1. Le philosophe analytique Ian Hacking offre une explication séduisante du pouvoir évocateur que ce terme détient aujourd'hui : « ...nous avons appris comment remplacer l'âme par la connaissance, par la science. Par conséquent, les batailles spirituelles ont été livrées, non sur le terrain de l'âme explicitement, mais sur le terrain de la mémoire, où nous supposons qu'il existe une chose comme la connaissance à acquérir. » Ian Hacking, *Rewriting the Soul : Multiple Personality and the Sciences of Memory*, Princeton, Princeton University Press, 1995, p. 5.

2. James Young propose de parler de « mémoire collectée » plutôt que de « mémoire collective » afin de souligner la nature multiple, plurielle de la mémoire, même quand il s'agit des efforts pour unifier en une histoire unique différents points de vue. James E. Young, *The Texture of Memory : Holocaust Memorials and Meaning*, New Haven, Yale University Press, 1993, p. xi.

3. Pour un panorama lucide de la mémoire de classe et de groupe, de la commémoration et des styles narratifs dans la transmission de la mémoire sociale, voir James Fentress and Christopher Wickham, *Social Memory*, Oxford, Blackwell, 1992.

4. Robert Frank, « Bilan d'une enquête » in *La Mémoire des Français*, éditions du Centre national de la recherche scientifique, 1986, p. 377.

5. Antoine Prost, « Les monuments aux morts », in *Les lieux de mémoire*, édité par Pierre Nora, 7 volumes, Gallimard, 1984-1993, vol. 2, 3e partie, p. 1999.

6. Faisant droit aux désirs des familles françaises, le gouvernement français accepta de payer pour le retour des cendres des soldats dans leurs villes natales. Les parents ou les veuves qui acceptaient de laisser leur mort dans le cimetière du champ de bataille avaient droit à

un voyage annuel payé par le gouvernement. Pour les familles de ceux dont les corps n'avaient pu être retrouvés ou identifiés, le nom de l'être cher gravé sur le monument aux morts faisait office de pierre tombale. Daniel Sherman, « Art, Commerce and the Production of Memory in France After World War I », in *Commemorations : The Politics of National Identity*, édité par John Gillis, Princeton, Princeton University Press, 1994, p. 189.

7. Pour une discussion éclairante de la philosophie du général de Gaulle et de son utilisation de l'histoire, voir François Bédarida, « L'histoire dans la pensée et dans l'action du général de Gaulle », *De Gaulle et son siècle, actes des journées internationales tenues à l'Unesco. Paris 19-24 novembre 1990*, institut Charles-de-Gaulle, 1991, p. 141-149.

8. Il dit : « [...] voici donc ces morts revenus [...] symboles de tant et tant d'autres qui ont choisi la même gloire dans la même humilité ; groupés autour de celui dont Dieu seul sait le nom qui, sous la flamme, sait représenter la fleur de notre race abattue dans les premiers combats de cette guerre de trente ans. » Cité par Gérard Namer, *Batailles pour la mémoire : la commémoration en France de 1945 à nos jours*. S.P.A.G./Papyrus, 1983, p. 137-138.

9. Ma description de la cérémonie est tirée du livre de Gérard Namer, *op. cit.*, p. 127-141.

10. Le choix de ces quinze morts évitait toute référence aux aspects de la période 1939-1945 qui lui valurent le nom d'« années noires ». Comme le note Namer : « Les morts témoignent du soin de voir représenter les femmes combattant et le soin aussi de laisser dans l'ombre le souvenir aussi bien des prisonniers, des STO et des déportés raciaux. La préoccupation aussi du dosage des armes et des campagnes de l'armée de l'extérieur l'emporte de beaucoup sur les autres préoccupations. » *Op. cit.*, p. 141.

11. Bien que le mémorial de Douaumont, près de Verdun, ait été un site de commémoration et de pèlerinage pour les anciens combattants de la Première Guerre mondiale, les champs de bataille furent laissés à l'abandon. Le fait que le visiteur puisse encore y voir le terrain ravagé témoigne des bombardements incessants pendant la guerre plutôt que d'une tentative de préserver le site.

12. Les pertes militaires françaises de la Première Guerre mondiale s'élevèrent à un total de 1 397 800. Voir Jean-Jacques Becker, *The Great War and the French People*, Dover, New Hampshire, Berg Publishers, 1985, p. 330. Pour la Seconde Guerre mondiale, les pertes militaires (militaires tués au combat ou morts de leurs blessures) s'élevèrent à 170 000. À quoi s'ajoutèrent 40 000 prisonniers morts dans les camps en Allemagne. Voir Jean-Pierre Rioux, *La France de la IVe République*, Paris, Le Seuil, 1980, p. 31.

13. Hans Werner Dannowski, Wolfgang Grünberg, Michael Göpfert et Günter Krusche, *Kirche in der Stadt : Erinnern und Gedenken*, Hambourg, Steinmann und Steinmann, 1991.

14. Il s'agissait de Christ Church, de Newgate et de St Dunstan-in-the-East. Les restes d'une troisième église, St Mary Aldermanbury, ont été transportés aux États-Unis sur le campus de Westminster College à Fulton dans le Missouri. C'est dans ce collège que Churchill prononça son fameux discours sur le rideau de fer en 1946. Les ruines reconstruites sont un monument à sa mémoire. Voir Gerald Cobb, *London City Churches*, Londres, B.T. Batsford, 1989, p. 174. Voir aussi *Bombed Churches as War Memorials* avec un avant-propos de Hugh Casson, doyen de St Paul, Cheam, Surrey, The Architectural Press, 1945.

15. En 1919, la ville de Verdun considéra la possibilité de maintenir les zones détruites « à l'état de ruines ». La même année, Churchill suggéra que la commission impériale des cimetières militaires fasse, auprès du gouvernement belge, l'acquisition des ruines d'Ypres pour en faire un mémorial. Ces deux projets n'aboutirent à rien. Les villages autour de Verdun qui avaient été complètement détruits pendant la bataille préfigurent les villages martyrs de la Seconde Guerre mondiale. On trouve, par exemple, sur le site de Vaux une simple plaque commémorative sur laquelle sont inscrits ces mots de Poincaré : « Passant, va dire aux autres peuples que ce village est mort pour sauver Verdun et pour que Verdun sauvât le monde. »

16. Le projet d'Oradour a fini par coûter 51 millions de francs (hors taxes), le département de la Haute-Vienne contribuant à hauteur de 55 %, l'État de 23,5 %, la région du Limousin de 13,3 % et l'Union européenne de 7,8 %.

17. Arno Mayer, « Memory and History : on the poverty of Remembering and Forgetting the Judeocide », Radical History Review 56 (Spring 1993) : 7.

NOTES DU CHAPITRE I
LE MASSACRE

1. Le chiffre global des visiteurs d'Oradour n'a pas changé de manière significative depuis 1991, quand on a installé pour la première fois un système permettant de les compter. Des statistiques de 1991 indiquent que 89 % des visiteurs pendant l'été sont des Français. Les statistiques de 2002 indiquent que les étrangers représentent 25 % des visiteurs en été de l'exposition permanente du Centre de la Mémoire (Direction régionale des Affaires Culturelles de la Haute-Vienne. Oradour-sur-Glane, étude de fréquentation du site, note d'analyse, 1991. Centre de la Mémoire d'Oradour, étude des comportements de la clientèle du Centre de la Mémoire réalisée en été 2002 — 15 juin/15 septembre).

2. ADHV, Liste nominative du recensement de la population d'Oradour-sur-Glane.

3. Comme l'ont noté géographes et historiens, c'était là la forme typique de l'urbanisation dans le Limousin ; au moment de la guerre, la majorité des 350 000 habitants du département vivait dans des hameaux et des villages isolés. La partie centrale du département — où se trouvait Oradour — était une des zones les plus peuplées, avec une moyenne de 60 habitants au kilomètre carré. Les régions les plus éloignées du Sud-Est comptaient moins de 35 habitants au kilomètre carré. Voir Françoise Pastaud, « Contribution à l'étude des maquis FTPF en Haute-Vienne », mémoire de maîtrise, université de Poitiers, 1969, p. 23.

4. Pierre Vallin, historien du Limousin rural, considère la période 1900-1910 comme celle du remplacement des villages par les bourgs en tant que centres de la vie sociale. Les villages souffrirent de manière irréparable de l'exode rural tandis que les villes telles qu'Oradour prospérèrent. Le Limousin a longtemps souffert d'une économie pauvre, responsable de l'exode important qui a affecté le département après la Première Guerre mondiale. La population du département a culminé à 385 000 habitants en 1911. Au début de la Seconde Guerre mondiale, elle avait décliné à 350 000 habitants. « C'est ainsi, écrit Pierre Vallin, que les fêtes organisées au chef-lieu de la commune se substituèrent aux fêtes de village. » Pierre Vallin, *Paysans rouges du Limousin*, Paris, L'Harmattan, 1985, p. 266.

5. Albert Hivernaud soutient que 14 hommes partirent au STO et que 82 étaient prisonniers de guerre. *Petite Histoire d'Oradour-sur-Glane*, Limoges, Imprimerie A. Bontemps, 1985, p. 36.

6. Marcel Darthout interviewé par Marc Wilmart à Saint-Victurnien, le 7 mars 1988. M. Darthout avait vingt ans en 1944. En 1942, pour éviter d'être envoyé en Allemagne pour le STO, il trouva du travail près d'Oradour dans une tourbière. Pour l'histoire de la pénurie pendant la Deuxième Guerre mondiale, voir Dominique Veillon, Vivre et survivre en France, 1939-1947, Payot & Rivages, 1995. Pour une histoire détaillée des effets de la pénurie sur la vie quotidienne en Limousin, voir Shannon Fogg, « Foreigners, Undesireables, and Strangers : Material Shortages and Social Interactions in Vichy France, thèse de Ph. D. University of Iowa, 2003.

7. Camille Bardet, interviewé par Marc Wilmart à La Grange de Bœil, le 8 mars 1988.

8. Fogg, p. 45, note 31.

9. Griout et Annie Vallotton, *C'était au jour le jour : carnets, 1933-1944*, Payot & Rivages, 1995, p. 41 (20 décembre 1939), cité par Shannon Fogg, p. 32.

10. « Il y a cinquante ans, l'évacuation... de 380 000 Alsaciens, hôtes obligés du Sud-Ouest », *Le Monde*, 31 août 1989. Cet épisode de la Seconde Guerre mondiale a fait l'objet d'un documentaire, « Les

Ya-Ya », d'Alain Dugrand et de Monique Seeman, dirigé par Alfred Elter, produit par FR3 Alsace, 1989. Film en couleurs de 52 minutes. L'histoire des rencontres entre Limousins et Alsaciens provoquées par l'évacuation forcée de 1939 a été étudiée par Laird Boswell dans « Franco-Alsatian Conflict and the Crisis of National Sentiment During the Phony War », *Journal of Modern History* 71, septembre 1999. La thèse de Shannon Fogg (déjà citée) traite de l'effet des conditions matérielles sur les rapports entre Limousins et Alsaciens, Français et Juifs étrangers et gitans.

11. Roderick Keward, *Resistance in Vichy France*, Oxford University Press, 1978, p. 7. La population du département tripla. Voir Pastaud, *op. cit.*, p. 26.

12. Fouché, p. 105.

13. Pierre Poitevin fait état de 1 680 cartes d'alimentation distribuées chaque mois à la population de la commune entière en 1944, *Dans l'enfer d'Oradour* (Limoges, Société des Journaux et Publications du Centre, 1945), p. 18. Jean-Jacques Fouché, créateur de l'exposition permanente du Centre de la Mémoire d'Oradour, donne le chiffre de 1 650 habitants (Jean-Jacques Fouché, *Oradour*, Paris, Éditions Liana Lévi, 2001, p. 127).

14. Poitevin, *op. cit.*, p. 219.

15. Quand le parti communiste fut interdit en 1939, tous les élus communistes furent privés de leurs mandats. En 1941, Vichy remplaça toutes les municipalités jugées politiquement suspectes (en 1939, la plupart des municipalités étaient dominées par le parti communiste et la SFIO) par les « délégations spéciales » composées de sympathisants de la révolution nationale. Une loi du 17 juillet 1940 avait déjà autorisé le régime de Vichy à déplacer tout fonctionnaire jugé indésirable (d'où la formule « être juilletisé »). Voir Pierre Trouillé, *Journal d'un préfet pendant l'occupation allemande*, éditions France-Empire, 1984, p. 7. Le docteur Desourteaux, radical-socialiste, représentait un petit parti conservateur qui avait peu de soutien dans la département et dans le Limousin en général. Même les partis modérés furent écartés avec l'émergence d'une gauche puissante. La période 1898-1914 marque l'apogée du radicalisme dans le Limousin et précède sa décomposition face au socialisme conquérant. En 1928, les socialistes furent à leur tour fortement menacés par le parti communiste (les prénoms du docteur Desourteaux sont Jean-Baptiste, Émile, Paul ; on se réfère à lui traditionnellement sous son dernier prénom).

16. Fouché, p. 105.

17. Hervé Machefer, correspondance électronique avec l'auteur, 6 janvier 2004.

18. Fouché, p. 137.

19. Roger Godfrin, interviewé par Marc Wilmart à Bas-Ham (Moselle), le 22 mars 1988.

20. Fouché, p. 142.

21. Les témoignages sur cet épisode varient. Dans *Oradour, ville martyre*, éditions Mellotée, 1945, Frank Delage soutient qu'il n'y a absolument aucun témoignage précis sur la conversation entre l'officier SS et le maire. On ne sait pas avec certitude si la demande d'otages eut lieu avant ou après l'interrogatoire concernant les armes. De même, certains témoignages affirment que les femmes et les enfants furent écartés avant l'interrogatoire, d'autres que ce fut après.

22. Marcel Darthout, Yvon Roby, Robert Hébras, Robert Borie, Clément Broussadier et Pierre-Henri Poutaraud. Ils avaient tous entre dix-huit et vingt-deux ans.

23. Marcel Darthout, interviewé par Marc Wilmart à Saint-Victurnien, le 7 mars 1988.

24. Fouché, p. 175.

25. Après le massacre, le maire suppléant établit une liste de 328 bâtiments détruits : 123 maisons, 4 écoles, une station de tramway, 26 ateliers, 19 garages, 35 abris de matériel agricole, 40 granges, 58 hangars et 22 magasins. Voir Delage, *op. cit.*, p. 46.

26. Le chiffre exact des morts n'a jamais été établi en raison de l'état des corps. 642 morts est le chiffre officiel établi par le tribunal civil de Rochechouart, le 28 mai 1946. Seuls 52 corps avaient pu être identifiés et déclarés morts légalement. Les autres corps, brûlés au-delà de toute identification possible, furent déclarés disparus.

27. 44 réfugiés du département de la Moselle, 7 Alsaciens, 19 Espagnols, 3 Polonais et 7 Italiens. Ce décompte est une synthèse de chiffres donnés par André Desourteaux et cités par Hivernaud dans *Petite Histoire*, p. 50.

28. Cette estimation fournie par André Desourteaux est fondée sur une liste approximative des survivants. Des membres des Mouvements unis de la Résistance (MUR) qui se rendirent à Oradour le 12 juin comptèrent 36 survivants. Mouvement de Libération nationale, *Les Huns à Oradour*, Limoges, la société PERFRAC, p. 78 ; Delarue, *op. cit.*, p. 433.

29. André Desourteaux, interviewé avec Robert Hébras par Marc Wilmart, le 17 mars 1988.

30. Des gens de la région se rappellent que, dans les années qui suivirent le massacre, certains villages n'avaient plus d'enfants : « Vous avez des villages où tous les enfants sont morts... Rendez-vous compte de cette chose-là. Ces enfants qui sont partis le matin à l'école et qui ne rentrent pas. Quelles sont les réactions de ces gens-là ? La femme qui est partie chercher ses enfants et qu'on a fait rentrer dans le bourg et qu'on a tuée. L'homme qui se retrouve tout seul. Des familles qui se retrouvent sans rien, des villages où il n'y a plus un enfant. » André Desourteaux, interviewé avec Robert Hébras par Marc Wilmart, le 17 mars 1988.

NOTES DU CHAPITRE II
LES LENDEMAINS DU MASSACRE

1. AD Haute-Vienne 993W/572. Le rapport de l'inspecteur de santé a été aussi publié dans Poitevin, *Dans l'enfer d'Oradour, op. cit.* Le journaliste Pierre Poitevin accompagnait les équipes de secours de Limoges et a donné un compte rendu de première main et détaillé de leur activité.

2. Poitevin, p. 97.

3. AD Haute-Vienne 896W/481. Rapport du préfet régional Freund-Valade au chef du gouvernement à Vichy, 15 juin 1944.

4. AD Haute-Vienne 896W/481. Déclaration de monseigneur Rastouil, évêque de Limoges, n.d. Ce rapport non daté fut rédigé entre la fin de juin et décembre 1944 quand il fut publié en appendice des premiers livres consacrés au massacre.

5. Poitevin, p. 99.

6. Poitevin, p. 119-120.

7. AD Haute-Vienne 896W/481. Lettre du directeur du cabinet civil (Tracou) à monsieur le préfet régional, 29 juin 1944.

8. AD Haute-Vienne 896W/481. Tract trouvé le 20 juin 1944 dans une boîte aux lettres du quartier de l'hôtel de ville à Limoges. « Le crime horrible des hitlériens à Oradour-sur-Glane. »

9. Poitevin, p. 64-65.

10. AD Haute-Vienne 986W/481. « Le crime horrible des hitlériens à Oradour-sur-Glane. »

11. Delarue, *op. cit.*, p. 432.

12. Yves Durand et Robert Vivier, *Libérateur des pays de la Loire : Blésois, Orléanais, Touraine*, Paris, Hachette, 1974, p. 21.

13. Hoover Archives, WWII Subject Collection, Box, n° 246.

14. Pierre Limagne, *Éphémérides de quatre années tragiques* (Bonne Presse, réédité en 3 volumes par Candide en 1987), cité par Henri Amouroux, *La Grande Histoire des Français sous l'Occupation*, 8 volumes, Robert Laffont, 1976-1988, 8, p. 180.

15. Archives nationales, F4135. Fonds de l'information, conservé en date du 28 juin, communication non datée, dossier bulletin d'écoutes.

16. *Les Lettres françaises*, journal du groupe résistant du Comité national des écrivains, avait été fondé par Jacques Decour (professeur de lycée, membre du parti communiste, éditeur avant-guerre de la revue littéraire *Commune*), Jean Paulhan et Jacques Debu-Bridel. Decour fut arrêté et fusillé le 30 mai 1942. La première édition des *Lettres françaises* parut le 20 septembre 1942.

17. « Sur les ruines de la morale : Oradour-sur-Glane », *Les Lettres françaises*, édition spéciale, 1er août 1944. Quand Georges Duhamel apporta le témoignage de Pallier au journal, Paul Eluard décida de faire une édition spéciale de 20 000 exemplaires.

18. Marc Bernard, « Oradour-sur-Glane, le bourg exterminé », *Le Centre libre, organe des comités de Libération*, 24 août 1944.

19. Richard Cobb, *op. cit.*, p. 10.

20. *Id.*, *ibid.*, p. 54.

21. *Ce soir* (Paris), 22 août 1944. Un autre exemple de ces listes d'atrocités se trouve dans un livre sur le village martyr de Maillé : « [...] des gestes sanglants accomplis par les fanatiques du régime : pendus de Nîmes, de Tulle, brûlés d'Oradour, massacrés d'Ascq, de Maillé [...]. » Abbé André Payon, *Un village martyr, Maillé : récit du massacre du 25 août 1944*, Arrault et Cie, Tours, 1945.

22. Noguères, 2 : 148. Le sacrifice des martyrs de Châteaubriant prit de l'importance dans la commémoration du rôle des communistes dans la Résistance. Voir Fernand Grenier, *Ceux de Châteaubriant*, Éditions sociales, 1961, publié à l'occasion du vingtième anniversaire du massacre. Un compte rendu détaillé du massacre est aussi donné dans les mémoires de Bernard Lecornu, préfet de Loire-Atlantique en 1941, *Un préfet sous l'occupation allemande*, Paris, France-Empire, 1984, p. 11-96.

23. Au printemps 1944, les cheminots du Nord fournirent aux Britanniques une information capitale sur les mouvements de troupes allemandes du Pas-de-Calais vers la Normandie. Voir Cobb, *op. cit.*, p. 47. Il suffit de voir les plaques commémoratives dans les gares de France pour se faire une impression de la contribution des employés de la SNCF à la Résistance.

24. Noguères, 4 : 595.

25. *Le Franc-tireur*, édition de Paris, n° 30, 30 avril 1944.

26. Archives nationales Flcl/227 (Nord). Le monument représente un personnage aux yeux bandés « symbolisant le sacrifice accepté par des Français ». Le mémorial incluait aussi un dispensaire d'hygiène sociale construit dans les environs. « Dispensaire d'hygiène sociale ; ensemble du Souvenir d'Ascq. » Les Frères Arsène-Henry, architectes D.P.L.G., *L'Architecture française*, 10, n° 87-88 (1949), 5-12.

27. « La Patrie livrée aux fauves », *Le Franc-tireur* (édition sud), 1er avril 1944 ; *Les Lettres françaises*, n° 16, mai 1944. Ces comptes rendus sont corroborés par le témoignage donné par Henri Noguères qui arriva à Nîmes l'après-midi du massacre et vit les corps pendus laissés jusqu'à la tombée de la nuit. Noguères, 4 : 442-443.

28. Xavier Vallat, éditorial radiophonique du 27 juillet 1944, cité par Noguères, 5 : 132.

29. Sarah Farmer, « The Communist Resistance in the Haute-Vienne », *French Historical Studies* 14, n° 1, Spring 1985, p. 89-116. Jusqu'en 1942, la résistance communiste dans le Limousin, comme dans le reste de la France, prit la forme d'une propagande contre Vichy, de grèves et de manifestations. Voir Pastaud, *op. cit.*, p. 42.

30. Voir Laird Boswell, *Rural Communism in France, 1920-1939*. Ithaca, Cornell University Press, 1998.

31. Instituteur et secrétaire de la mairie du village de Saint-Gilles-les-Forêts (Haute-Vienne), Guingouin était un « résistant de la première heure ». À la fin de 1941, il avait créé un des premiers maquis en France — un petit groupe armé de fusils de chasse et de fusils de la Première Guerre mondiale. Guingouin a raconté cet épisode dans *Quatre Ans de lutte sur le sol limousin*, Paris, Hachette, 1974, et, avec Gérard Mondédiare, dans *Georges Guingouin, premier maquisard de France*, éditions L. Souny, Limoges, 1983.

32. Voir Pastaud, *op. cit.*, p. 35.

33. Voir Roderick Kedward, *In Search of the Maquis : Rural Resistance in Southern France, 1942-1944*, Oxford, Clarendon Press, 1993

34. Il faut souligner toutefois que Daniel Mayer fit revivre le parti socialiste à un niveau national en créant le Comité d'action socialiste (CAS) qui fut au départ un réseau de dirigeants socialistes. Mais le CAS n'eut jamais aucun contrôle sur les réseaux de résistants ou sur les maquis. Voir John F. Sweets, *The Politics of Resistance in France, 1940-1944 : A History of the Mouvements unis de la Résistance*, Dekalb, Northern Illinois Press, 1976, p. 157-162.

35. Pour les « réfractaires » dans les campagnes, cela conduisait souvent à s'enrôler dans les groupes de résistance communistes : les Francs-tireurs et partisans (FTP). Les FTP, dirigés par Charles Tillon, étaient la fraction armée de la Résistance communiste. À Limoges, à Brive et dans les bourgs du Limousin, les non-communistes rejoignirent différentes organisations qui opéraient dans toute la zone sud. Les catholiques tentèrent de former les comités régionaux de Combat, tandis que les socialistes prenaient la direction de trois groupes fusionnèrent pour former les Mouvements unis de la Résistance (MUR) qui s'allièrent à de Gaulle. Les socialistes organisèrent le deuxième maquis le plus important : l'Armée secrète (AS), branche militaire du MUR et alliée aux Forces françaises libres à Londres. Des officiers de la défunte armée française organisèrent le troisième et plus petit maquis : l'Organisation de la résistance armée (ORA), qui ne fut pas particulièrement active avant 1944. Ils étaient plutôt pétainistes et refusaient de rejoindre les Forces françaises libres. Voir Delarue, *op. cit.*, p. 334. En 1943, l'AS et l'ORA représentaient un fort contingent de la Résistance dans le Limousin. Des membres du MUR se livrèrent à quelques actions de sabotage mais aucune campagne antiallemande d'envergure ne fut engagée avant le débarquement allié. Se conformant aux directives politiques du général de Gaulle, leur premier souci était d'organiser le jour J et de transmettre à Londres toutes les informations utiles.

36. Stéphane Courtois, *Le PCF dans la guerre : de Gaulle, la Résistance, Staline*, Paris, Ramsay, 1980, p. 409.

37. Bernard Beuer Nardain, *Les Francs-tireurs et partisans français et l'insurrection nationale* (juin 1940-août 1944), Paris, Les Éditions Internationales de Presse et de Publicité, 1947, p. 10. Pour une

présentation de la stratégie communiste, voir aussi Charles Tillon. Les historiens ont souligné la prétention exagérée des communistes d'être le seul parti engagé dans la Résistance. Stéphane Courtois, tout en le créditant de la meilleure organisation, attribue environ 75 p. 100 des actions en zone sud contre Vichy et l'occupant au MUR. Les communistes limousins semblent avoir été sur le devant de la scène en grande partie grâce à la forte personnalité de Georges Guingouin.

38. Charles de Gaulle, *Mémoires de guerre*, Paris, Presses Pocket, 1980, p. 272.

39. Henri Michel, *The Shadow War*, Londres, Deutsch, 1972, p. 210.

40. Amouroux, 7 : 487.

41. John F. Sweets a noté cependant l'intéressante exception formée par l'Auvergne où « [...] ce schéma fut inversé dans la mesure où le MUR gaulliste, très suivi dans la région, était fréquemment engagé dans des combats directs contre les troupes allemandes ». *Choices in Vichy France : the French under Nazi Occupation*, New York, Oxford University Press, 1986, p. 221.

42. Georges Beau et Léopold Gaubusseau, *R.5, les SS en Limousin, Périgord, Quercy*, Paris, Presses de la Cité, 1969, p. 241. Un accord du 2 avril 1943 entre René Bousquet (secrétaire d'État chargé des opérations de police) et le général SS Karl Albrecht Oberg (chef de la sécurité en France) stipulait que la police française était seulement responsable des citoyens français coupables de crime, à l'exception des actions directement dirigées contre les forces allemandes ; la police allemande pouvait toutefois intervenir chaque fois qu'elle jugeait la sécurité de l'occupant menacée. Robert Paxton *Vichy France : Old Guard and New Order 1940-1944* New York, Columbia University Press, 1972, p. 297.

43. Noguères, 4 : 437-438. En décembre 1943, les autorités allemandes forcèrent Vichy à nommer Joseph Darnand à la tête du secrétariat général pour le maintien de l'ordre. Cette position acquise, Darnand promut la Milice, jusque-là fraction armée de la légion des Vétérans, au rang d'une force paramilitaire de volontaires, engagée dans le combat contre la Résistance. Paxton, *Vichy France* p. 297-298. Le livre le plus complet sur l'histoire de la Milice reste celui de J. Delperrie de Bayac, *Histoire de la Milice*, Paris, Fayard, 1969.

44. Amouroux, 7, p. 483.

45. Archives départementale de la Corrèze 58 W/2168. Le préfet de la Corrèze à M. le chef de cabinet du chef de l'État, 15 avril 1944.

46. Cité par Amouroux, 7, p. 487.

47. Sweets, *Choices in Vichy France.*

48. Georges Beau et Léopold Gaubusseau, *op. cit.*, p. 21. « C'est là que l'armée allemande rencontra l'hostilité la plus directe de la part de la population. Elle retrouva dans ce coin du territoire français la même atmosphère empoisonnée rencontrée dans les vastes étendues

de Russie. » Il semble que cette appellation soit aussi liée à l'importance des groupes communistes dans la Résistance locale.

49. Noguères, 5 p. 118

50. Cité par Max Hastings, *Das Reich : Resistance and the March of the 2nd Panzer Division through France, june 1944*, Londres, Michael Joseph, 1981, p. 77-79.

51. D'autres unités de la compagnie « Das Reich » furent chargées de tâches identiques dans d'autres régions de France. Des bataillons du régiment d'infanterie « Deutschland » furent envoyés en Ariège et des bataillons du régiment d'infanterie « Der Führer » dans les Pyrénées. Voir Guingouin, p. 181.

52. « *Halbe Erfolge in solchen Aktionen nützen nichts.* » Cité par Eberhard Jaeckel, *Frankreich in Hitlers Europa : Die Deutsche Frankreichpolitik im Zweiten Weltkrieg*, Stuttgart, Deutsche Verlags-Anstalt, 1966, p. 324.

53. Cité par Jaeckel, *Frankreich in Hitlers Europa*, p. 324, et par Noguères, 5 : 119.

54. Hastings, p. 22. Pour une étude excellente des comportements de l'armée allemande en Russie, voir Omer Bartov, *The Eastern Front, 1941-1945 : German Troops and the Barbarization of Warfare*, Oxford-Londres, Macmillan-St Anthony's College, 1985.

55. Hastings, p. 10-14.

56. Hastings, p. 1. L'avance de la division « Das Reich » et ses batailles avec la Résistance ont fait l'objet de plusieurs études : Max Hastings, *Das Reich : Resistance and the March of the 2nd Panzer Division through France, June 1944* ; Georges Beau et Léopold Gaubusseau, *op. cit.*, Gérard Guicheteau, *La « Das Reich » et le cœur de la France*, Éditions Daniel. L'Écho du Centre, 1974. Concernant « Das Reich » à Oradour, voir Fouché, p. 27-85.

57. Pour une discussion pertinente des intentions du PCF à la Libération, voir Maurice Agulhon, « Les Communistes et la Libération de la France », *La Libération de la France, actes du colloque international tenu à Paris du 28 au 31 octobre 1974*, Éditions du Centre national de la recherche scientifique, 1976, p. 67-90.

58. Guingouin, *Quatre Ans de lutte*, p. 175.

59. Jaeckel, p. 325. Il y eut des allégations selon lesquelles certaines victimes allemandes avaient été torturées ou mutilées après leur mort. Voir Noguères, 2 : 124. Jaeckel doute de la véracité de ces allégations et se demande si les atrocités alléguées n'ont pas servi de justification au comportement des SS, voir p. 325. Voir aussi Hastings pour une étude du débat déclenché par ces allégations, p. 118-121.

60. Cent onze de ces personnes moururent à Dachau, portant à 210 le nombre de civils massacrés à Tulle. Voir Noguères, 2 : 125. Ce type d'atrocités, rare en France, était une procédure courante en Russie. C'est ainsi que, selon le préfet Pierre Trouillé, l'officier allemand responsable des représailles répondit à son exclamation d'horreur devant

la pendaison de civils : « Je regrette, nous avons pris l'habitude de pendre, nous avons pendu plus de cent mille hommes à Kharkov et à Kiev. Ici ce n'est rien pour nous. » Trouillé, *op. cit.*, p. 134. Pour un compte rendu détaillé du massacre à Tulle, voir Beau et Gaubusseau, p. 252-294.

61. Mouvement national contre le racisme, *Récits d'atrocités*, Éditions de la Clandestinité, s.l., 1944.

62. Serge Barranx, *Mouleydier, village martyr*, éditions Bière, Bordeaux, 1945.

63. Archives nationales 4 AG3. Lettre du maire de la ville de Mussidan (Dordogne) au président Auriol, 31 mai 1947.

64. Madeleine Vincent et Liseron Vincent-Doucet-Bon. *C'était un village de France*, Éditions de la Belle Cordière, Lyon, n.d., p. 42.

65. *Id., ibid.*, p. 55.

66. G. Cuny, *La Bresse, cité vosgienne martyre sous l'occupation allemande, septembre, octobre, novembre 1944*, Buguet-Comptour, imprimeur-éditeur, Mâcon, 1946, p. 116-117.

67. Les historiens Yves Durand et Robert Vivier — qui fut préfet de l'Indre-et-Loire de 1944 à 1948 — ont qualifié la situation dans les Pays de Loire de la manière suivante : « [...] il est vrai aussi que la modération de l'opinion générale ne laissera qu'une place restreinte aux engagements passionnés en des foyers géographiques limités. De même, l'absence de terrains accidentés ou isolés ne prêtera que des abris restreints aux maquis. Rien qui ressemblât ici au Vercors ou même au Limousin, dans la Résistance ; rien de comparable à l'audace des forces révolutionnaires de Toulouse, Marseille et Lyon. » Voir *Libération des Pays de Loire*, p. 15.

68. Durand et Vivier, p. 147.

69. Abbé André Payon, *op. cit.*, p. 16-18.

70. Fernand Musso, *Après le raz de marée* : témoignage du préfet de Corrèze sur le Message de Maillé, Treillières (44240), Pierre Gauthier éditeur, 1980, p. 17-23.

71. Abbé André Payon, p. 10.

72. Archives nationales FI cl 223.

73. Centre d'information et de presse au Mexique du gouvernement provisoire de la République française, *Terreur en France : les atrocités allemandes et vichyssoises en France*, avec une préface de Jacques Berthet, D.F., Mexico, 1944, p. 13.

74. Voir Beau et Gaubusseau : « En retour, du fait même de l'activité de la Résistance, ce fut la R.5 [le centre de la France] qui subit les plus sévères représailles : 3 378 fusillés, 1 374 déportés et plus de quarante localités détruites dont seuls quelques noms sont connus du public, comme Oradour-sur-Glane », p. 22.

75. Ce jour-là, des miliciens déguisés en maquisards et conduisant un camion marqué d'une croix de Lorraine, symbole des FFI, tendit une embuscade aux FTP et en tua 11. 3 maquisards furent tués dans

la première fusillade. Les autres furent emmenés dans le cimetière local et abattus. Après la guerre, des plaques portant le nom des maquisards tués furent placées sur le monument aux morts de Saint-Victurnien et dans le cimetière. Comité de la Haute-Vienne de l'Association nationale des anciens combattants de la Résistance, *Mémorial de la Résistance et des victimes du nazisme en Haute-Vienne,* Limoges : A.N.A.C.R., 1988, p. 181-183.

76. *Oradour-sur-Glane, vision d'épouvante*, p. 12.

77. Hivernaud, p. 51.

78. Delarue, *op. cit.*, p. 473.

79. Les éléments matériels jouèrent aussi un rôle : Tulle était restée physiquement intacte. La géographie de la commémoration s'organise autour d'une cérémonie qui se déroule en dehors du centre-ville. Les Allemands avaient enterré les corps des hommes qu'ils avaient pendus dans une fosse commune à cinq kilomètres en dehors de Tulle, près de la décharge publique. C'est là que se situe aujourd'hui le site de commémoration inauguré en 1950. Le monument est très bas et échapperait à la vue du passant si une pancarte n'annonçait : « Silence ! champ des martyrs. »

Notes du Chapitre III
Entretenir le souvenir

1. Pour l'histoire de ces camps, voir Anne Grynberg, *Les Camps de la honte : les internés juifs des camps français, 1939-1944*, Paris, La Découverte, 1991 et Denis Peschanski, *La France des camps* : l'internement, 1938-1946, Paris, Gallimard, 2002.

2. Pour une analyse pénétrante de ces statistiques et de leur fiabilité, voir Peter Novick, *The Resistance versus Vichy : the Purge of Collaborators in Liberated France*, Londres, Chatto & Windus, 1968, appendix C, p. 202-208.

3. « Nos martyrs », *Le Populaire*, organe du Parti socialiste, édition de la zone nord, mai 1944, n° 33.

4. « Au pilori », *Le Populaire du Bas-Languedoc, Aude, Aveyron, Gard Hérault, Lozère, Pyrénées-Orientales*, n° 1, octobre 1943. Quand on tient compte des sévères restrictions de papier qui affectaient la longueur des journaux, l'importance accordée à l'annonce des futures représailles est encore plus remarquable.

5. Novick, p. 71. L'importance de la justice populaire a donné lieu à de nombreuses exagérations et à des discussions intenses. Deux enquêtes officielles, en 1946 et en 1948, aboutirent à un total de 9 673 exécutions : 5 234 avant les débarquements et 4 439 ensuite. Une troisième enquête en 1952 parvint à un chiffre de 10 882 exécutions de personnes soupçonnées de collaboration, 5 143 avant la Libération et 3 724 après. Ces chiffres sont ceux auxquels se réfère le général de Gaulle dans ses *Mémoires de guerre* II, p. 711. Ces statistiques ont été

contestées par de nombreux historiens mais l'historien américain Peter Novick réfute de manière convaincante les estimations très généreuses faites par certains (en particulier, Robert Aron dans *Histoire de l'épuration*, 3 vol., Fayard, 1967) et conclut que les chiffres officiels, « même s'ils représentent des minima, doivent, en l'état actuel des connaissances, être conservés ». Novick, *The Resistance Versus Vichy*, p. 108. L'Institut d'histoire de temps présent a lancé une longue enquête, menée dans chaque département, sur le nombre d'exécutions sommaires en France. Les résultats de cette étude sur 73 départements affinent et confirment ceux des enquêtes officielles déjà citées. Voir Marcel Baudot, « L'Épuration : bilan chiffré », *Bulletin de l'Institut d'histoire du temps présent*, 25 septembre 1986, 37-53.

6. Jean-Pierre Rioux, « L'Épuration en France, 1944-1945 », *Études sur la France de 1939 à nos jours*, Paris, Le Seuil, 1985 p. 162-177.

7. Marguerite Duras raconte un épisode urbain d'un règlement de compte dans ses écrits autobiographiques, *La Douleur*, Paris, P.O.L., 1985. L'histoire intitulée « Albert des Capitales » raconte la capture et la correction d'un informateur.

8. Le gouvernement avait établi un comité d'épuration de la magistrature dans les deux semaines qui suivirent la libération de Paris. Près de 20 % du corps judiciaire passèrent devant ce comité, et, en janvier 1945, la moitié des personnes qui avaient été entendues — soit 266 magistrats — étaient révoquées. Novick, *The Resistance*, p. 86.

9. Pour une analyse comparative, voir Novick, *The Resistance*, appendice D : législations et tribunaux d'épuration comparés.

10. L'observatrice américaine Janet Flanner a décrit cette peine de « déchéance nationale » : « [Cette peine] consiste à être privé de presque tout ce que les Français considèrent comme agréable — le droit de porter des décorations, le droit d'être avocat, notaire, instituteur, juge ou même témoin, le droit de diriger une société d'édition, de radio ou de cinéma, une banque. Avec le temps, il y aura peu de collaborateurs fusillés et, compte tenu des déchéances nationales, nombre d'entre eux seront à la recherche d'un emploi. » Janet Flanner, *Paris Journal, 1944-1965*, édité par William Shawn, New York, Atheneum, 1965, p. 15.

11. De Gaulle, *Mémoires de guerre*.

12. Jean-Pierre Rioux, *op. cit.*, p. 57-58.

13. Cela reste l'opinion de l'extrême droite aujourd'hui en France. Voir le numéro spécial sur l'épuration du *Crapouillot*, avril-mai 1985.

14. Jean-Pierre Rioux, *op. cit.*, p. 63.

15. Parmi les derniers survivants du massacre, deux personnes seulement vivent aujourd'hui à Oradour ou dans ses environs : Jeamotte Montazeaud et Marcel Darthout. Le père de Mlle Montazeaud, le notaire d'Oradour, fut tué au cours du massacre. Sa femme reprit sa charge et vint s'installer dans les baraquements avec sa fille. Marcel

Darthout, « rescapé » de la grange Laudy, venait de Saint-Victurnien. Il resta dans la région jusqu'en 1946, date à laquelle il vint s'installer à Paris. Il est retourné à Saint-Victurnien au moment de sa retraite.

16. « On touche ici un point capital : si Verdun n'est pas une bataille parmi d'autres mais la bataille qui résume à elle seule la Grande Guerre, c'est parce que toute l'armée française, ou presque, y a participé. » Antoine Prost, « Verdun », in Pierre Nora éditeur, *Les lieux de mémoire*, 7 volumes, Paris, Gallimard, 1984-1992, *La Nation* (3 volumes, 1984), tome III, p. 117.

17. AD Haute-Vienne 896W/481. Lettre de M. Georges Frugier-Laverine au maire de Limoges, 2 octobre 1944.

18. Au cours d'une réunion du 12 décembre 1944, le Comité décida que le nom de l'association n'était pas explicite et opta formellement pour le nom de « Comité du souvenir d'Oradour-sur-Glane ». Comité du souvenir, « Procès-verbal de la réunion du 12 décembre 1944 », *Procès-verbaux des séances du Comité actif de conservation des ruines et création d'un sanctuaire à Oradour-sur-Glane*, Rochechouart, imprimerie Justin Dupanier, n. d, p. 19.

19. Marcel Darthout, interviewé par Sarah Farmer à Saint-Victurnien. Darthout et Montazeaud avaient une vingtaine d'années à l'époque.

20. Hubert Desourteaux était le dernier fils survivant du maire Paul Desourteaux. Il était l'oncle d'André Desourteaux.

21. AD Haute-Vienne 986 W/481. Lettre de Frugier-Laverine au préfet de la Haute-Vienne du 27 février 1945. L'ANFM tint sa première réunion à Oradour le 11 mars 1945.

22. L'adhésion fut ouverte aux « personnes physiques ou morales ayant subi, par suite de guerre, des dommages mobiliers, immobiliers ou moraux sur le territoire de la commune d'Oradour-sur-Glane ». Les « sinistrés moraux » incluaient « les descendants des personnes apparentées à une victime en ligne directe ou indirecte (conjoints, descendants, frères ou sœurs et leurs conjoints) ». ANFM, *Statuts revus et corrigés après la réunion du bureau du 20 janvier 1945*, Limoges, imprimerie Charles-Lavauzelle et Cie, n.d.

23. AD Haute-Vienne 1 W/150. Extrait du registre des arrêtés du préfet du 13 juin 1945.

24. Archives de la direction du patrimoine. Dossier de protection d'Oradour-sur-Glane. Lettre de Pierre Masfrand, conservateur des ruines d'Oradour-sur-Glane à Rochechouart au préfet de la Haute-Vienne du 10 octobre 1944.

25. AD Haute-Vienne 896 W/481. Lettre du maire d'Oradour au préfet de la Haute-Vienne du 2 octobre 1944.

26. Le ministère des Beaux-Arts, division du ministère de l'Éducation nationale et responsable des institutions culturelles nationales, avait la charge des monuments et des sites historiques nationaux. Le ministère des Beaux-Arts devint une partie du ministère de la Culture quand il fut créé en 1959.

27. Comité du souvenir, « Procès-verbal de la réunion du 21 octobre 1944 », *Procès-verbaux*, p. 4.

28. *Ibid.*, p. 7-8.

29. Comité du souvenir, « Procès-verbal de la réunion du 14 novembre 1944 », *Procès-verbaux*, p. 7.

30. Comité du souvenir, « Procès-verbal de la réunion du 21 octobre 1944 », *Procès-verbaux* p. 6-7.

31. *Ibid.*, p. 5.

32. Dans le même esprit de commémoration spontanée, des sites à Paris sur lesquels des résistants ou des soldats avaient été tués faisaient l'objet d'un culte particulier. *Ce soir*, 5 septembre 1944 : « Il y a depuis huit jours des fleurs sur le trottoir du boulevard Saint-Michel, devant cette inscription écrite mais maladroite : « C'est ici qu'est mort un soldat des FFI. » Aux invalides devant la façade criblée de balles du quai d'Orsay, il y a un amas de ferraille. C'est un tank calciné sur lequel une couronne de roses n'en finit pas de se faner. Les passants se découvrent. Sur les tôles noircies on lit ces mots tracés à la craie : « Trois volontaires français sont morts ici ». Pendant toute la journée hier la foule s'est rendue, comme en un pèlerinage, dans ces vieilles rues de Paris où tant des nôtres sont morts au cours de cette insurrection victorieuse qui marque aux yeux du monde la résurrection de notre pays. »

33. M. Gabor Mester de Paradj, architecte en chef des Monuments historiques, interviewé par Sarah Farmer, Versailles, le 12 février 1988.

34. ADP. Dossier de protection d'Oradour-sur-Glane. L'architecte en chef à monsieur le directeur général des Beaux-Arts, 24 octobre 1944.

35. Bibliothèque du Patrimoine, carton 3 174. Communication de M. le ministre de l'Éducation nationale, 24 novembre 1944.

36. ADP. Dossier de protection d'Oradour-sur-Glane. L'architecte en chef à monsieur le directeur général des Beaux-Arts, 24 octobre 1944.

37. ADP. Dossier de protection d'Oradour-sur-Glane. L'inspecteur général directeur du Classement et Inspection des sites, Georges Lestel. Rapport sur le classement parmi les sites historiques.

38. Bibliothèque du Patrimoine, carton 3 174. Télégramme du ministre de l'Éducation nationale (René Capitant) au commissaire de la République à Limoges, 28 octobre 1944.

39. Comité du souvenir, « procès-verbal de la réunion du 14 novembre 1944 », *Procès-verbaux*, p. 12.

40. Comité du souvenir, « procès-verbal de la réunion du 21 octobre 1944 », *Procès-verbaux*, p. 9.

41. Bibliothèque du Patrimoine, carton 3 174. Le ministre de l'Éducation nationale au ministre de l'Urbanisme et de la Reconstruction, 28 décembre 1944.

42. Archives du ministère de l'Équipement, AFU 10975, dossier 1, chemise du dossier 1, Le président du gouvernement provisoire de la République à monsieur le ministre de l'Urbanisme et de la Reconstruction. Malheureusement pour l'historien, les archives présidentielles du général de Gaulle appartiennent à sa famille, qui n'a pas encore rendu publiques les archives du premier cabinet du GPRF.

43. ADP, Dossier de protection d'Oradour-sur-Glane. Inspecteur général, directeur du Classement et Inspection des sites, Georges Lestel. Rapport sur le classement parmi les sites historiques.

44. « N'oubliez jamais ! », *Ce soir*, 5 septembre 1944.

45. « Le souvenir des atrocités », *L'Aurore*, 22 septembre 1944.

46. AD Haute-Vienne 896W/481. Note des Chemins de fer départementaux de la Haute-Vienne à monsieur l'ingénieur en chef, 9 juillet 1945.

47. Comité du souvenir, « Procès-verbal de la réunion du 12 décembre 1944 », Procès-verbaux, p. 16-17.

48. Charles de Gaulle, *Mémoires de guerre, passim*.

49. « Par milliers les Limousins ont acclamé le général de Gaulle », *Le Libérateur*, 10 mars 1945.

50. « Après avoir rendu visite à Limoges, ville de la Résistance dont la population l'acclame, le général de Gaulle se rend en pèlerinage à Oradour », *La Marseillaise* (Berry-Marche-Touraine), organe quotidien du CDL de l'Indre, 5 mars 1945.

51. *Le Travailleur limousin*, bihebdomadaire régional du PCF, 7 mars 1945.

52. « Par milliers les Limousins ont acclamé le général de Gaulle », *Le Libérateur*, 10 mars 1945.

53. AD Haute-Vienne 896 W/744, le sous-préfet à M. le commissaire régional de la République, 12 février 1945.

54. « Accueil triomphal de Limoges au général de Gaulle, le chef du gouvernement accomplit un pieux pèlerinage à Oradour », *La Nouvelle République du Centre-Ouest*, 5 mars 1945.

55. *Ibid.* Cette citation est la plus complète qui soit parmi tous les comptes rendus qui furent donnés de cette visite.

56. « Par milliers les Limousins ont acclamé le général de Gaulle », *Le Libérateur*, 10 mars 1945. La visite du général de Gaulle fut considérée comme un grand succès à en juger par les très nombreux comptes rendus de la presse locale. La seule fausse note provint d'un journal communiste, qui déclara que la visite du Président avait souffert du malaise qui s'était développé dans la région. *Le Travailleur limousin*, bihebdomadaire régional du PCF (n.d.).

57. « La France et les États victimes », *L'Aurore*, 14 octobre 1944.

58. Jean-Pierre Rioux, *La IVe République*, p. 67.

59. Bibliothèque du Patrimoine, carton 3174, Oradour-sur-Glane, ruines du village, affaires générales, 1945-1971.

60. Bibliothèque du Patrimoine, carton 3174. Lettre du ministre de l'Éducation nationale à monsieur le commissaire régional de la République à Limoges, 11 avril 1945.

61. Ministère de l'Équipement et de l'Urbanisme, Mission auprès des archives nationales. AFU 10975, dossier 1, chemise de dossier 3, pièce 3.00.14. Note du directeur des Travaux, Brunot, à monsieur le directeur des études d'urbanisme, d'habitation et de construction, reçue le 28 avril 1945. Le ministre de la Reconstruction, René Dautry, faisait le raisonnement suivant : « Une fois que ce transfert sera réalisé, il sera facile de classer les ruines comme monument historique. Ce classement n'aurait pratiquement pas été possible compte tenu du nombre de propriétaires différents dont l'accord était nécessaire et qui pour la plupart ont disparu et ne sont plus représentés. » Bibliothèque du Patrimoine, carton 3174. Ministre de l'Éducation nationale au ministre de l'Intérieur, 11 avril 1945. Les deux ministères s'accordèrent pour que le ministère de la Reconstruction conduise toutes les opérations concernant les achats et les transferts de propriété concernant l'ancien et le nouveau bourg d'Oradour. Les services de la Reconstruction, au nom des services des Monuments historiques, auraient à exproprier la totalité des bâtiments en ruine qui composaient l'ancien bourg et à acheter les terrains pour la construction du nouveau bourg. Le ministère de l'Éducation nationale serait en dernière instance propriétaire des ruines. Une fois construites, les maisons du nouveau bourg serviraient à indemniser les propriétaires ou, plus précisément, leurs parents les plus proches. Il était prévu que le ministère de l'Éducation nationale rembourserait par la suite le ministère de la Reconstruction pour l'achat des ruines et pour les indemnisations liées à l'expropriation. Bibliothèque du Patrimoine, carton 3174. Note et lettre du ministre de la Reconstruction, 16 août 1945.

62. Note d'information officielle publiée par la presse le 5 janvier 1945 (citée par Delage, *Oradour, village martyr*, p. 111).

63. Bibliothèque du Patrimoine, carton 3174, Oradour-sur-Glane, ruines du village, affaires générales, 1945-1971. Communiqué de presse, 1er novembre 1945.

64. Sur le processus de l'enquête épiscopale, voir Thomas A. Kselman, *Miracles and Prophecies in Nineteenth-Century France*, New Brunswick, N.J., Rugers University Press, 1983, p. 147-160.

65. Delage, *Oradour* p. 63-64.

66. *Id., ibid.*, p. 64.

67. En 1858, à Lourdes, Bernadette Soubirous, jeune paysanne, eut une vision de la Vierge Marie annonçant : « Je suis l'Immaculée Conception. » Dans les jours qui suivirent, des pèlerins mentionnèrent des guérisons miraculeuses dans la grotte et à la fontaine où la Vierge était apparue.

68. Kselman, *Miracles and Phropecies* p. 163. « Des foules de 30 000 à 50 000 personnes sont censées avoir fait les pèlerinages de Lourdes (6 octobre 1872), d'Auray (8 décembre 1872), de Chartres (27 mai 1873) et de Paray-le-Monial (20 juin 1873). » Kselman, p. 114, note 2.

69. *Id.*, p. 178-179.

70. *Id.*, p. 114-116.

71. *Id.*, p. 195.

72. L'idée fut d'abord émise par le père jésuite de Boylesve du Mans en 1870. Trois ans plus tard, au moment où l'Assemblée nationale vota pour l'approbation de la construction, le public avait déjà fait don de 600 000 francs. Kselman, *Miracles and Phropecies*, p. 127.

73. *Id.*, p. 113.

74. *Journal officiel de la République française*, Documents de l'Assemblée Nationale Constituante, annexe n° 855, Projet de loi relatif à la conservation des ruines et à la reconstruction d'Oradour-sur-Glane. Annexe au procès-verbal de la 2ᵉ séance du 3 avril 1946.

75. *Journal officiel de la République française*, Documents de l'Assemblée Nationale Constituante, annexe n° 104. Rapport fait au nom de la commission de l'Éducation nationale et des Beaux-Arts, de la Jeunesse, des Sports et des Loisirs sur le projet de loi relatif à la conservation de ruines et à la reconstruction d'Oradour-sur-Glane, Annexe au procès-verbal de la 3ᵉ séance du 15 avril 1946.

76. Dans la mesure où le projet d'Oradour impliquait la préservation des ruines et la reconstruction sur un nouveau site, les deux ministères furent dès le départ concernés. Le ministère de l'Éducation nationale, qui incluait l'administration des Beaux-Arts et le bureau des Monuments historiques, qui s'occupait des ruines. Le ministère de la Reconstruction supervisait les travaux du nouveau bourg. Le projet exigeait une coordination étroite de ces deux départements ministériels.

77. Bibliothèque du Patrimoine, carton 3174, L'inspecteur général Pierre Paquet à messieurs les ministres de l'Éducation nationale, de la Reconstruction et de l'Urbanisme, 27 mars 1945.

78. « Pour la dignité du lieu, écrivait-il, il est indispensable d'entretenir les jardins en bon état et aussi bien que les ruines. Si on les laissait en friche, leur aspect serait désastreux et donnerait à l'ensemble de la nécropole une apparence d'abandon qui irait à l'encontre du but à atteindre. » Bibliothèque du Patrimoine, carton 3 176, vestiges : enceinte du village et jardin, 2ᵉ dossier, 1945 à 1949. Rapport présenté par M. l'architecte en chef Jean Creuzot [signé par Paquet]. Remise en état, entretien des jardins de l'ancien village et entretien des ruines au cours de l'exercice 1946, 14 avril 1946.

79. Bibliothèque du Patrimoine, carton 3174, consolidation du bourg détruit, rapport de Pierre Paquet, 16 juillet 1945.

80. Bibliothèque du Patrimoine, carton 3174, rapport de Pierre Paquet, 16 juillet 1945.

81. Bibliothèque du Patrimoine, carton 3175, restes du village, dossier 1945-1953, lettre de François Desourteaux, 8 février 1947.

82. Bibliothèque du Patrimoine, carton 3175, restes du village, dossier 1945-1953, lettre de René Danis, directeur général de l'architecture à François Desourteaux, 7 mai 1947.

83. Bibliothèque du Patrimoine, carton 3175, restes du village, dossier 1945-1953. Le ministre de l'Éducation nationale à M. le ministre de la Reconstruction et de l'Urbanisme, pour le ministre et par autorisation René Perchet, le directeur de l'architecture, 29 décembre 1949.

84. Bibliothèque du Patrimoine, carton 3175, restes du village, dossier 1945-1953. Lettre de Jean Creuzot, architecte en chef, à M. le directeur de l'architecture, direction des Monuments historiques, 5 novembre 1949.

Notes du Chapitre IV
Le site mémorial

1. Le sens du lieu et la réaction émotive à un site ont été souvent évoqués et explorés par les artistes et les écrivains. De façon traditionnelle, la lecture d'un site relevait plutôt de la sphère des géographes et des anthropologues que de celle des historiens. Voir par exemple Yi-fu Tuan, *Topophilia : A Study of Environmental Perception. Attitudes and Values*, Englewood Cliffs, N.J., Prentice-Hall, 1974, et *Space and Place : The Perspective of Experience*, Minneapolis, University of Minnesota Press, 1977. Toutefois, c'est devenu un axe original de recherches avec « l'histoire des sensibilités ». Alain Corbin a apporté une importante contribution à l'histoire du site et à l'histoire des sensibilités avec *Le Territoire du Vide*, Aubier 1988, histoire des conceptions du nord de l'Europe sur la plage comme frontière entre terre et mer. L'étude de David Lowenthal de nos perceptions, de notre usage et de notre transformation du passé combine les interrogations d'un géographe et d'un historien. David Lowenthal, *The Past is a Foreign Country*, Cambridge University Press, 1985.

2. Maurice Halbwachs, *La Mémoire collective*, Presses universitaires de France, 1968, p. 146.

3. *Id., ibid.*, p. 166.

4. Bien que Maurice Halbwachs ait reconnu l'existence de « groupes sans base spatiale apparente » — ces groupes pouvant être juridiques, économiques et religieux —, il soutenait néanmoins qu'en remontant suffisamment loin dans le passé on trouverait que le statut de ces groupes était à l'origine défini par leur relation à la terre. Halbwachs a exploré les relations entre géographie, histoire et mémoire dans *La Topographie légendaire des évangiles en Terre sainte*, Paris, Librairie Félix Alcan, 1925. Pour une discussion éclairante de la

nature de la mémoire religieuse juive, voir Yosef Hayim Yerushalmi, *Zakhor : Jewish History and Jewish Memory*, Seattle, University of Washington Press, 1982.

5. Halbwachs, *La Mémoire collective*, p. 133.

6. Halbwachs, *Les Cadres sociaux de la mémoire*, p. 279.

7. Halbwachs, *La Mémoire collective*, p. 133.

8. Le profil du visiteur type est tiré d'une étude sur les visiteurs des ruines en 1991 et une autre sur la clientèle du Centre de la Mémoire en 2002. Direction régionale des affaires culturelles du Limousin, note d'analyse, Oradour-sur-Glane, étude de fréquentation du site du 13 juillet au 14 septembre 1991. Centre de la Mémoire, étude des comportements de la clientèle réalisée du 15 juin au 15 septembre 2002.

9. Kselman, *op. cit.*, p. 41.

10. À la question de savoir si elle est croyante, Louise Bardet, mère de l'institutrice qui mourut dans le massacre, répond : « Oh, un peu. Mais pas comme certains. Si, dans le fond, je suis croyante. Je suis catholique, quoi. » Mais, quand on lui demande si sa foi lui a permis de se consoler de la perte de ses enfants, elle répond : « Non, je ne crois pas que ça m'a aidé. Parce que je ne méritais pas ça quand même. Oh non ! je ne crois pas que ça m'a aidée. » Mme Louise Bardet et son fils, interviewés par Marc Wilmart à La Grange du Bœil, 8 mars 1988.

11. Bibliothèque du Patrimoine, carton 3175, dossier du village (1945-1953). Lettre de M. le président de l'Association nationale des familles des martyrs d'Oradour-sur-Glane à monsieur le ministre de l'Éducation nationale, 3 août 1948.

12. Dans le rural Limousin d'aujourd'hui, on trouve encore des femmes dont les mères allaient régulièrement à une « bonne fontaine » quand leurs enfants étaient malades. Dans le village de Berneuil, à dix kilomètres d'Oradour, il y avait jusqu'à 1994 une « bonne fontaine » près d'un chêne, non loin de l'autoroute qui relie Limoges à Poitiers. On pouvait y aller en compagnie d'une vieille femme du village qui brûlait des sarments de genêt dans une bassine. La chute des cendres indiquaient quelles sont les chances de guérison de l'enfant. La mère devait attacher un morceau de vêtement de l'enfant à une croix de bois qui se trouve sous l'arbre. Annie Lajarige, interviewée par Sarah Farmer à Roussac-Berneuil, au printemps de 1988. Pour une discussion savante de la religion populaire dans le Limousin, voir Louis Perouas, *Les Limousins, leurs saints, leurs prêtres, du XVe au XXe siècle,* p. 172-206, les éditions du Cerf, 1988 ; du même auteur, « Ostentions et cultes des saints en Limousin : une approche ethno-historique », *Ethnologie française* 13, n° 4 (1983) : 323-36.

13. Kselman, p. 57. Pour une étude approfondie du phénomène religieux du pèlerinage à Lourdes, voir Alphonse Dupront, *Du sacré : croisades et pèlerinages, images et langages,* Gallimard, 1987, p. 340-

366. Ruth Harris, *Lourdes : Body and Spirit in the Secular Age*, New York, Penguin, 2000.

14. « En effet, le pèlerinage a été le premier, dès le [XIXe siècle], à exploiter comme immédiatement offertes les possibilités fournies par la révolution industrielle et le raccourcissement de l'espace par le développement des moyens de communication. Les "foules de Lourdes" ont précédé, et de plus d'un demi-siècle, le tourisme de masse. » Alphonse Dupront, « Tourisme et pèlerinage : réflexions de psychologie collective », *Communications, École pratique des hautes études, centre d'études des communications de masse*, 10 (1967) : 97-121.

15. Robert Lapuelle, interviewé par Sarah Farmer, Oradour-sur-Glane, 18 décembre 1988.

16. Dupront, p. 99. Pour Dean MacCannell, le tourisme est une réponse à la modernité : « Les visites touristiques sont une sorte de recherche collective de transcendance de la totalité moderne, d'incorporation de ses fragments au sein d'une expérience unifiée. » *The Tourist : A New Theory of the Leisure Class,* Schocken Books, New York, 1976, p. 13.

17. Jean Baudrillard a énoncé que nous ne faisions plus aujourd'hui de distinction entre le réel et l'imaginaire mais vivions dans le monde de l'« hyperréel », où les simulations existent sans référence à des objets réels.

18. Vanessa R. Schwartz, *Spectacular Realities : Early Mass Culture in Fin-de-Siècle Paris,* Berkeley, University of California Press, 1998. Pour une discussion de la quête touristique de l'authenticité, voir le chapitre v de Dean MacCannell, *The Tourist.* Pour la situation aux États-Unis, voir Miles Orvell, *The Real Thing : Imitation and Authenticity in American Culture, 1880-1940,* Chapel Hill, University of North Carolina Press, 1989, et Umberto Eco, *Travels in Hyperreality : Essays,* New York, Harcourt Brace Jovanovich, 1986.

19. L'ANFM organise une procession dans les ruines les jours de la Toussaint, de l'Armistice, de la Victoire et des Rameaux. Ces cérémonies ne sont guère suivies que par la communauté proche.

20. Robert Hébras, interviewé par Marc Wilmart, 18 mars 1988.

21. André Desourteaux, interviewé par Marc Wilmart, Oradour-sur-Glane, 17 mars 1988.

22. André Desourteaux, interviewé par Sarah Farmer, Limoges, 1er avril 1988.

23. Mme Desourteaux, interviewée par Sarah Farmer à Oradour-sur-Glane, août 1988.

24. André Desourteaux, interviewé par Michel Follin, Oradour-sur-Glane, 8 juin 1988.

25. Desourteaux, interview, 8 juin 1988.

26. Hebras, interview, 7 mars 1988.

27. Darthout, interview, 7 mars 1988.

28. Bachelard, *The Poetics of Space*, p. 18.

29. *Id.*, p. 27.

30. André Desourteaux, interview, 8 juin 1988.

31. Jeannette Montazeaud, interviewée par Sarah Farmer, Oradour-sur-Glane, 17 septembre 1988. Le 10 juin 1944, elle s'était rendue à Limoges avec sa mère. Elle se trouvait dans le tramway qui arriva à Oradour, le soir du 10 juin et parmi les résidents d'Oradour qui furent débarqués, retenus quelques heures puis relâchés. Son père, notaire d'Oradour, fut tué dans le massacre.

32. André Desourteaux, interviewé par Sarah Farmer, Oradour-sur-Glane, 28 août 1988.

33. Montazeaud, interview, Oradour-sur-Glane, 17 septembre 1988.

34. Lucette Bichaud, interviewée par Sarah Farmer, Limoges, 14 septembre 1988.

35. Montazeaud, interview, 17 septembre 1988.

36. Bien que la préservation des ruines n'ait pas pour but d'entretenir la haine ou l'esprit de vengeance, on trouve là des preuves des sentiments antiallemands encore puissants autour du sujet d'Oradour. Les citoyens d'une petite ville de l'Yonne ont fait poser en 1975 une plaque dont le texte est le suivant : « À la mémoire des martyrs d'Oradour-sur-Glane, victimes de la bestialité nazie, à la mémoire de tous les Français assassinés par l'envahisseur honni. De la part d'un trop faible nombre de citoyens du canton de Charny (89). Honte à l'Allemagne d'aujourd'hui qui hélas laisse revivre les formations pronazies et protège les anciens monstres hitlériens. » Il semble que l'incident qui ait provoqué cet accès de colère ait été la mort du général Lammerding, commandant de la division « Das Reich », qui s'était éteint dans son lit à Düsseldorf en 1975 sans avoir jamais comparu devant un tribunal pour les atrocités commises à Oradour.

37. Ils préférèrent, à une très forte majorité, un ambitieux programme de rénovation du centre de la ville et de construction à la périphérie d'infrastructures modernes pour attirer l'industrie. En fin de compte, peu d'innovations furent adoptées. Quinze rues seulement furent élargies, et les plans d'expansion restèrent lettre morte. Les Verdunois, en particulier les commerçants de la rue principale, manifestèrent leur obstination dans la volonté de reconstruire la ville telle qu'elle était. De plus, les plans de modernisation et de développement dépendaient de l'acquisition de terrains appartenant à l'armée, qui se révéla peu disposée à les céder. « Verdun : les débuts de la reconstruction, 1919-1922 », *Connaissance de la Meuse : revue trimestrielle de l'association Connaissance de la Meuse* (Bar-le-Duc), n° 6 (octobre 1987), p. 8-11.

38. Prost, « Verdun », *op. cit.*, p. 123-124.

39. Julian Tuwim, cité par James E. Young, « The Biography of a Memorial Icon », *Representations* 26, printemps 1989, p. 79.

40. David Lowenthal, *The Past is a Foreign Country*, p. 243.

41. L'assassinat de Heydrich avait été organisé par le gouvernement tchécoslovaque en exil à Londres et exécuté par des résistants tchèques entraînés en Angleterre puis parachutés en Tchécoslovaquie. Pour une histoire détaillée de cet assassinat, voir Callum MacDonald, *The Killing of Obergruppenführer Reinhard Heydrich*, Free Press, New York, 1989. Ivan Ciganek, *Lidice*, Orbis Press Agency, Prague, 1982, donne un compte rendu du massacre ainsi que des éléments historiques sur le village, la région et la commémoration du massacre. Uwe Naumann, *Lidice : ein Böhmisches Dorf*, Francfort-sur-le-Main, Röderberg-Verlag, 1983, consacre trois chapitres aux réactions internationales au massacre de Lidice et à sa commémoration.

42. Ce sont, de gauche à droite sur le mur : Dresde (Allemagne), Telaväg (Norvège) ; Djistimo (Grèce) ; Kragujevac (Serbie) ; Varsovie (Pologne) ; Coventry (Angleterre) ; Lidice (République Tchèque) ; Stalingrad (Union soviétique) ; Oradour (France) ; Marzabotto (Italie) ; Bande (Belgique) ; Rutten (Pays-Bas) ; Hiroshima (Japon).

Notes du chapitre V
1953, le procès de Bordeaux

1. En février 1953, pendant le procès, une délégation du gouvernement français en visite officielle à Londres demanda l'extradition de Lammerding. La délégation comprenait le président du Conseil et le ministre des Affaires étrangères. Vincent Auriol, *Journal du septennat*, édité par Pierre Nora et Jacques Ozouf, 7 volumes, Paris, Librairie Armand Colin, 1970-1971, 7 : 55. D'autres requêtes furent déposées devant la Haute-Commission britannique en Allemagne, qui répondit que le cas était « étudié » et qu'elle attendait des instructions de Londres. Elle ajouta que, depuis le 1er septembre 1948, elle n'extradait que les Allemands accusés d'homicide conformément à la loi allemande. *Le Figaro* rapporta que « [...] les milieux anglais de Bonn font observer que, pour que cette requête ait des chances d'être satisfaite, il convient que celui qui en fait l'objet soit accusé d'homicide. [...]. Au surplus, les auteurs de la demande devront justifier l'accusation portée contre l'ex-général Lammerding et pourquoi ils ont tant tardé à le réclamer ». *Le Figaro*, 3 février 1953. En 1985, le journaliste Jean-Marc Théolleyre apporta une information nouvelle : au début de la guerre froide, les Américains protégèrent Lammerding — comme ils le firent pour de nombreux nazis, tels que Klaus Barbie — en échange d'informations secrètes. « Pour eux, notait Théolleyre, les massacres commis à Tulle et à Oradour étaient de l'histoire ancienne, plus exactement de l'histoire dépassée. Chaque heure avait ses urgences. » Jean-Marc Théolleyre, *Procès d'après-guerre*, La Découverte-*Le Monde*, 1985), p. 39-40. Au moment du procès, on critiqua la volonté du gouvernement français d'obtenir l'extradition, voir *Journal officiel*, séance du 18 février 1953, p. 1115.

2. Le procès fut appelé dans la presse alsacienne comme dans la presse nationale le procès d'Oradour-sur-Glane. Dans le Limousin, il fut appelé le procès de Bordeaux, ce qui semblait préférable pour indiquer le lieu du procès. Pour un compte rendu excellent du procès, de sa complexité et de ses implications, voir Pierre Barral, « L'affaire d'Oradour, affrontement de deux mémoires », *Mémoire de la Seconde Guerre mondiale : actes du colloque de Metz, 6-8 octobre 1983*, éd. Alfred Wahl centre de recherches Histoire et civilisation de l'Europe occidentale, Metz, 1984, p. 243-252.

3. *Combat*, 20 et 25 octobre 1944, 5 et 11 janvier 1945 ; *Le Figaro*, 8 septembre 1944 ; 13, 19 et 22-23 octobre 1944 ; 7-8 et 12 janvier 1945.

4. Henry Rousso, *op. cit.*, p. 62.

5. *Ibid.*

6. Novick, *op. cit.*, p. 187-188.

7. *Id.*, p. 188.

8. *Id.*, p. 188, et Rousso, p. 64.

9. Jean-Marc Théolleyre, p. 39.

10. *Id.*, p. 40.

11. *Id.*, p. 125.

12. Joseph Bürkel, *Gauleiter* de Vienne, fut nommé administrateur civil de la Lorraine et de la Sarre-Palatinat. Robert Wagner, *Gauleiter* de Bade, étendit son contrôle à l'Alsace.

13. Bien que rarement mentionné par les défenseurs des « malgré-nous », les Allemands construisirent le camp de concentration de Struthof à Natzwiller, à onze kilomètres de Schirmeck. Alors que Schirmeck était un camp de rééducation pour les Alsaciens récalcitrants, le camp de Struthof était un véritable camp de concentration avec une chambre à gaz et des expérimentations sur les prisonniers faites par des médecins nazis. Certains prisonniers de Schirmeck furent exécutés à Struthof, mais le camp de concentration était réservé aux résistants et aux Juifs de toute l'Europe. Les prisonniers de Schirmeck étaient relâchés à la fin de leur peine, ceux de Struthof étaient travaillaient jusqu'à n'en plus pouvoir ou étaient exterminés. Dans la discussion des souffrances des Alsaciens et des « malgré-nous », personne n'en fit mention.

14. Marie-Joseph Bopp, « L'Enrôlement de force des Alsaciens dans la Wehrmacht et la SS », *Revue d'histoire de la Deuxième Guerre mondiale* n° 20, octobre 1955, p. 42. D'autres sources donnent 130 000 incorporés de force.

15. *Journal officiel de la République française*, Lois et Décrets, ordonnance du 28 août 1944 relative à la répression des crimes de guerre.

16. Cela ne signifie pas, toutefois, que les citoyens français n'étaient pas jugés par des cours martiales pendant l'épuration. On sait très peu de choses concernant l'activité de ces cours martiales ; les statistiques officielles concernant l'épuration ne font état que des

jugements des tribunaux civils. Voir Henry Rousso, *L'Epuration en France*, p. 94-96.

17. Il s'agissait de René Boos, qui avait reconnu s'être engagé volontairement dans les SS, et de Paul Graff, qui fut le seul à avouer avoir tué des gens à Oradour.

18. AN, 4 AG3. Relatif au voyage du président Vincent Auriol à Oradour-sur-Glane le 10 juin 1947. Discours du Président de la République. « Il y avait là un village, un doux village de France, charmante oasis de tranquillité et de labeur, où ne parvenaient qu'affaiblis les échos de la guerre ; un doux village de France, simple, accueillant, amical — grande famille fraternelle — en qui la nature semblait avoir voulu garder, malgré les temps, l'image de la paix perdue ; un doux village de France... »

19. *Id., ibid.*

20. *Id.* Télégramme.

21. Loi n° 48-1416 du 15 septembre 1948 relative à la répression des crimes de guerre.

22. Le procès de Bordeaux n'était pas la première occasion de l'application de la loi. En 1949, le tribunal militaire de Metz l'avait utilisée pour poursuivre des Allemands impliqués dans le massacre de civils à Ascq. Voir *L'Aurore*, 7 janvier 1953.

23. AN, F7 15431. Commissariat des Renseignements généraux, Colmar, n° 665/52, 9 décembre 1952.

24. AN, F7 15431. Commissariat des Renseignements généraux de Mulhouse, n° 5479/52, 23 décembre 1952 ; n° 23 1/1042/52, 29 décembre 1952 ; n° 1/1046/52, 30 décembre 1952. Renseignements généraux, Colmar, n° 710/52, 30 décembre 1952. Ces associations étaient les suivantes : l'Union nationale des combattants (UNC) ; l'Union départementale des anciens combattants (UDAC) ; l'Union des victimes et anciens combattants des deux guerres (UVAC) ; l'amicale des FFI ; l'amicale des anciens prisonniers de Tambow ; l'amicale des anciens du 75e RR ; l'amicale des SOR de Mulhouse ; l'amicale des anciens du groupe mobile d'Alsace ; l'amicale des sous-officiers de réserve de Mulhouse.

25. AN, F7 15431. Service des Renseignements généraux, Mulhouse, n° 1/1046/52, 30 décembre 1952.

26. AN, F7 15431. Service des Renseignements généraux, Strasbourg, n° 2034, 20 décembre 1952.

27. *L'Aurore*, 25 décembre 1952.

28. AN, F7 15431. Service des Renseignements généraux, Strasbourg, n° 2062, 29 décembre 1952.

29. *L'Aurore*, 12 décembre 1952.

30. AN, F7 15431. Service des Renseignements généraux, Colmar, n° 681/52, 16 décembre 1952.

31. René Hardy, « Langages et dialectes parlés en Alsace-Lorraine », rapport au Congrès international des amitiés françaises,

Mons, septembre 1911, *Témoignages pour les Alsaciens-Lorrains*, Librairie Plon, 1925, p. 467.

32. Eugen Weber, *Peasants into Frenchmen : The Modernization of Rural France, 1870-1914*, Stanford, Stanford University Press, 1976.

33. Le journal catholique *Courrier du Haut-Rhin* sonna l'alarme : « À travers le pays résonne un cri d'outrage devant les mesures d'un gouvernement maçonnique contre les écoles confessionnelles en Alsace. C'est la première gifle [...] c'est le début d'une répression systématique contre les institutions religieuses et les traditions de notre pays, c'est le début d'un viol outrageant contre la majorité de notre population. » Cité dans *Le Temps*, 8 mars 1924.

34. *Le Nouveau Rhin français*, 28-29 décembre 1952.

35. Georges Lamousse, « Les Alsaciens à Oradour », *Le Populaire du Centre*, 5 janvier 1953.

36. Jean-Marc Théolleyre, *Procès d'après-guerre*, p. 112.

37. *Ibid.*, p. 115-116.

38. *Ibid.*, p. 113.

39. *Ibid.*, p. 119. Le président Nussy Saint-Saëns expliqua aux journalistes les conséquences d'une reconnaissance des arguments et des requêtes des avocats des Alsaciens : « Si la demande de disjonction est acceptée [...] nous jugerons les Allemands sur-le-champ mais pour les Alsaciens il sera impossible de statuer. En effet, disjoindre le procès c'est en même temps nous déclarer incompétents. C'est en effet rejeter la loi de 1948 sur la responsabilité collective en vertu de laquelle ils sont poursuivis. Or comme ces Alsaciens ont reçu un non-lieu pour atteinte à la sûreté extérieure de l'État, on ne peut plus désormais les juger que pour crime de droit commun : assassinat, violences ou incendie. Donc c'est la cour d'assises de Limoges qui est compétente. On en voit les conséquences, le retard une fois de plus apporté à ce procès, les remous juridiques et politiques, les pourvois en cassation inéluctables. [...] et ainsi ce dramatique débat se perdrait une fois de plus dans le marais où il a manqué plusieurs fois déjà de se noyer. » *France-Soir*, 14 janvier 1953.

40. *Ibid.* p. 125.

41. *Journal officiel de la République française*, Débats parlementaires, Assemblée nationale, séance du mardi 27 janvier 1953, p. 464.

42. *Ibid.*, p. 466.

43. *Ibid.*, p. 466.

44. *Ibid.*, p. 474.

45. Ce débat révéla et exacerba un autre conflit régional. Le département de la Moselle, en Lorraine, avait été aussi annexé et avait vu ses hommes incorporés de force. Mais il n'y avait aucun Mosellan dans la compagnie qui massacra Oradour. Plus précisément : 44 réfugiés de la ville de Charly en Lorraine avaient été tués à Oradour. L'ADEIF de Moselle ne vint pas soutenir les Alsaciens poursuivis à Bordeaux. M. Raymond Mondon, maire de Metz et député de la

Moselle, s'opposa à la modification de la loi du 15 septembre 1948. Son collègue Jules Thiriet évoqua le sort des 300 000 Lorrains expulsés de leur département en 1939 et les souffrances des habitants de Charly qui avait été rebaptisé Charly-Oradour. Lui aussi vota contre l'exemption des « malgré-nous ». Cependant, alors que se déroulait le procès, la Moselle manifesta une sympathie de plus en plus marquée pour les malgré-nous. Le 31 janvier, l'Association départementale des anciens combattants « malgré-nous et réfractaires » adopta une motion de solidarité avec leurs camarades alsaciens. « Une motion des "malgré-nous" de la Moselle ». *Le Figaro*, 3 février 1953.

46. *Journal officiel*, séance du 18 février 1953, p. 1114.

47. AN, F7 15431, commissariat des Renseignements généraux, Colmar, n° 56/53, 30 janvier 1953.

48. AN, F7 15431, commissariat des Renseignements généraux, Strasbourg, n° 132, 30 janvier 1953.

49. Le Président nota sa réaction dans son journal : « Le procès d'Oradour continue. La Chambre s'affole. Il a suffi qu'il y ait du côté de l'Alsace un mouvement d'opinion pour qu'aussitôt les députés qui avaient voté la loi de 1948 veuillent maintenant l'abroger. C'est la chose la plus attristante qui se soit passée sous ma législature. En 1948, on vota une loi pour donner satisfaction à la population d'Oradour. À ce moment-là l'indignation était telle qu'on céda à cette indignation et on vota une absurdité. Mais voilà que maintenant c'est l'Alsace qui proteste et immédiatement la Chambre revient sur sa décision. Il suffit dans cette Assemblée que quelqu'un éternue pour que tout le monde s'enfuie de tous côtés. Il n'y a plus de démocratie et la peur pèse sur tout ce monde médiocre. C'est attristant. Il faudra évidemment qu'un jour ou l'autre je le dise. Mais je ne puis pas le dire étant ici. » Auriol, *Journal du septennat*, 7, p. 38.

50. « Le président Nussy-Saint-Saëns [*sic*] précise la portée exacte du vote de l'Assemblée Nationale sur la responsabilité collective », *Le Figaro*, 29 janvier 1953.

51. Théolleyre, *Procès d'après-guerre*, p. 149.

52. « Le président Nussy-Saint-Saëns... » *Le Figaro*, 29 janvier 1953. Le président approuva le sang-froid du magistrat : « Le président Saint-Saens est un homme remarquable, qui a prouvé son indépendance en rejetant à deux reprises les conclusions de disjonction et il a apaisé les gens d'Oradour qui voulaient partir en disant que le tribunal continuerait à faire comme par le passé ; il a jusqu'ici statué d'après les lois françaises, les lois normales, le bon vieux code pénal qui a été fait par des hommes qui savaient ce qu'ils faisaient. Personne n'a relevé cela, mais moi j'ai l'intention de lui dire toute ma sympathie. » Auriol, *Journal du septennat*, 7, p. 38.

53. « Des témoins de l'annexion ont révoqué le martyre de l'Alsace », *Le Monde*, 1er-2 février 1953.

54. Théolleyre, *Procès d'après-guerre*, p. 149.

55. Pierre Scize, « Mme Rouffanche dit ce que fut le martyre des femmes et des enfants dans l'église d'Oradour, » *Le Figaro*, 2 février 1953.

56. Théolleyre, *Procès d'après-guerre*, p. 154.

57. Pierre Scize, « Mme Rouffanche..., » *Le Figaro*, 2 février 1953.

58. AN, F7 15431. Renseignements généraux, Guéret, n° 367/53. « D'après eux [les habitants de la Creuse], les Alsaciens qui invoquent la contrainte morale et physique pour se justifier et camoufler leurs actes n'ont rien fait pour atténuer la barbarie [...]. En outre, la lecture des comptes rendus du procès démontre, d'après les Creusois, la duplicité des Alsaciens qui se posent en victimes... »

59. *Ibid.* Les accusés alsaciens furent souvent appelés « les douze ». À la fin du procès, ils devinrent « les treize » quand il fut établi que Paul Graff, le soldat alsacien qui était emprisonné depuis la fin de la guerre, avait été lui aussi incorporé de force.

60. « Des témoins de l'annexion... », *Le Monde*, 1er-2 février 1953.

61. Scize, « Mme Rouffanche... », *Le Figaro*, 2 février 1953.

62. « 40 000 personnes ont célébré à Limoges le sacrifice des martyrs d'Oradour-sur-Glane », *Le Figaro*, 4 février 1953.

63. « Les choses qui doivent être dites », *Le Nouveau Rhin français*, 5 février 1953.

64. « Manifestation à Bordeaux en mémoire du massacre d'Oradour », *L'Alsace*, 13 février 1953 ; « Une impressionnante manifestation », *Dernières Nouvelles d'Alsace*, 13 février 1953.

65. « Das Elsass wird dieses Schandurteil nicht annehmen », *Le Nouveau Rhin français*, 13 février 1953.

66. « Après le verdict de Bordeaux », *Le Franc-Tireur*, 14 février 1953.

67. « Ici Mulhouse », *Le Nouveau Rhin français*, 14 février 1953.

68. « L'Alsace, unanime, s'élève avec véhémence contre l'arrêt de Bordeaux », *Le Figaro*, 14 février 1953.

69. *Ibid.*

70. « Die Reaktion im Haut-Rhin », *L'Alsace*, 14 février 1953.

71. « Après le verdict de Bordeaux », *Le Franc-Tireur*, 14 février 1953.

72. « Die Vereinigung der Maires des Haut-Rhin hat eine Reihe von Massnahmen beschlossen », *L'Alsace*, 14 février 1953.

73. Merry Bromberger, « Les parlementaires alsaciens donnent quatre jours au gouvernement », *Paris-Presse-l'Instransigeant*, 15 février 1953.

74. « Après le verdict de Bordeaux », *Le Monde*, 15 février 1953.

75. « De Strasbourg à Mulhouse », *Le Figaro*, 14 février 1953.

76. « Après le verdict du procès d'Oradour », *Le Monde*, 15 février 1953.

77. « Manifestation du deuil », *Le Figaro*, 16 février 1953.

78. « Détente en Alsace », *L'Aurore*, 16 février 1953.

79. Paul Ahne, « Le Monument aux morts de Strasbourg », *Archives alsaciennes d'histoire de l'art, 1936 extrait*, Strasbourg, Librairie Istra, 1936, 167-75.

80. « L'Assemblée discutera ce soir la proposition d'amnistie pleine et entière aux Français incorporés de force », *Le Figaro*, 18 février 1953.

81. Cité dans « Les élus socialistes du Limousin reprochent à leurs collègues d'Alsace leur attitude contradictoire », *Le Figaro*, 18 février 1953.

82. *L'Aurore*, 16 février 1953 (*L'Aurore* citait le commentaire de *Libération*). Pour sa part, le gouvernement allemand réserva son jugement sur le verdict jusqu'à ce que les dossiers légaux aient été étudiés. Mais le parti démocrate chrétien au pouvoir donna une appréciation positive sur le fait que le tribunal n'avait pas fait de distinction en fonction de la nationalité des accusés. Le parti démocrate-chrétien ajouta toutefois que les Allemands et les Alsaciens devraient bénéficier d'une mesure de grâce « dans l'intérêt de l'humanité et de la coopération européenne ». *Le Franc-tireur*, 14 février 1953.

83. Auriol, *Journal du septennat*, 7, p. 54-55.

84. Auriol, *Journal du septennat*, 7, p. 707, note 30.

85. *Journal officiel*, séance du 18 février 1953, p. 1112-1113.

86. *Ibid.*, p. 1123.

87. Charles de Gaulle, *Discours et messages : Dans l'attente, février 1946-avril 1958*, Plon, 1970, p. 563-564.

88. *Journal officiel*, séance du 18 février 1953, p. 1116.

89. *Ibid.*, p. 1126.

90. « Wie die Kammer abstimmte » *Le Nouvel Alsacien*, 20 février 1953.

91. « Comment les "treize" sont rentrés », *Les Dernières Nouvelles d'Alsace*, 24 février 1953 ; « Le retour des "treize" au pays d'Alsace », *Le Nouveau Rhin français*, 24 février 1953.

92. *Le Populaire du Centre*, 21 février 1953.

93. AN, F7 15431. Renseignements généraux, 22 février 1953. Les groupes de vétérans qui y participèrent étaient les suivants : la Fédération nationale des déportés et internés résistants et patriotes (FNDIRP), l'Amicale des anciens déportées de Ravensbrück, l'Association nationale des familles de résistants et d'otages morts pour la France.

94. AN, F7 15431. Renseignements généraux, La Roche-sur-Yon, 16 mars 1953.

95. AD Haute-Vienne. Le préfet de la Haute-Vienne à Monsieur le Ministre de l'Intérieur, Limoges le 21 février 1953. *Le Populaire du Centre* publia une déclaration de la Fédération socialiste de la Haute-Vienne appelant la population du Limousin à ne pas participer aux manifestations organisées par le PCF. Le parti socialiste avait reconquis Limoges en 1947 : Léon Betoulle battit le chef de la Résistance

communiste Georges Guingouin. Au début des années cinquante, Guingouin fut en défaveur au sein de son propre parti. En 1953, pendant le procès de Bordeaux, il démissionna du conseil municipal. Quelques mois plus tard, Betoulle et la presse socialiste lancèrent une « campagne d'information » sur les excès du chef de la Résistance pendant la guerre.

96. AN, F7 15431. Renseignements généraux, AY-NI n° 89, 5 mars 1953.

97. « ... vichysme, collaboration et Résistance appartiennent à un passé révolu ; tandis que les souffrances, les privilèges à l'envers et l'état d'"émigrés de l'intérieur" des victimes de l'épuration sont encore, en 1953, choses bien réelles et présentes, auxquelles il n'est que temps de mettre un terme. » « Pour une amnistie une et indivisible », *Rivarol*, 27 février 1953.

98. Novick, *The Resistance*, p. 188.

NOTES DU CHAPITRE VI
LES GENS D'ORADOUR

1. Françoise Pastaud, *op. cit.*, p. 92. Donnée pour l'année 1939, tirée de ADHV/1M175.

2. Robert Savy, « Recherches sur le personnel politique en Haute-Vienne, 1945-1965 », mémoire pour le DESS de sciences politiques (université de Poitiers, n.d.), p. 97.

3. Par exemple, aux élections législatives de 1919 les socialistes obtinrent à Oradour des résultats nettement meilleurs que dans les autres communes du département, obtenant 62,44 % et 69,93 % pour une moyenne de 51,16 % dans la Haute-Vienne. Voir Laird Boswell, « Rural Communisme in France », p. 241, carte 17.

4. AD Haute-Vienne, 896W/482. M. Faugeras, maire communiste d'Oradour...

5. « La Croix d'Oradour », *L'Humanité*, 18 mai 1949.

6. AD Haute-Vienne 896W/482. Le préfet de la Haute-Vienne à monsieur le ministre de l'Intérieur, 27 mai 1949.

7. AD Haute-Vienne 896W/482. « La Légion d'honneur d'Oradour-sur-Glane », *Le Populaire*, 3 juin 1949.

8. AD Haute-Vienne 896W/482. Renseignements généraux n° 1708, 13 juin 1949.

9. Robert Schmidt, « Oradour, deux fois martyr », *La Liberté du Centre*, 13 juin 1949.

10. « 11 Juin : Oradour de la Paix », *L'Écho du Centre*, 7 juin 1950.

11. AD Haute-Vienne 896W/482. Renseignements généraux n° 2034. Limoges, 21 juin 1950.

12. AD Haute-Vienne 896W/482. L'Association nationale des familles des martyrs d'Oradour-sur-Glane, communiqué du 30 juin 1950.

13. AD Haute-Vienne 896W/482. Note manuscrite, n.d. ; « Des milliers de personnes font le serment la paix », *L'Écho du Centre*, 11 juin 1951.

14. *L'Écho du Centre*, 9 juin 1952.

15. Bibliothèque du Patrimoine, carton 3174, rapport de l'inspecteur général Pierre Paquet, 16 juillet 1945. Ces baraquements comprenaient une mairie, une poste, une gare de tramway, des écoles, le bureau du conservateur des hypothèques, une cantine pour les ouvriers, les échoppes de quelques commerçants.

16. Docteur Robert Lapuelle interviewé par Marc Wilmart à Oradour-sur-Glane le 7 mars 1988.

17. AD Haute-Vienne 896 W/482. En 1953, une exception fut faite pour le préfet de la Haute-Vienne. Dans une lettre au préfet, Brouillaud le remerciait pour « son dévouement total à notre cause et [sa] sensibilité à tout ce qui touche Oradour ». Lettre du maire d'Oradour-sur-Glane à monsieur le préfet, 4 juin 1953. Toutefois, le préfet fut informé qu'il serait le bienvenu s'il ne venait pas en uniforme. Pendant les vingt années qui suivirent, aucun représentant du gouvernement ne participa à la cérémonie commémorative du massacre. Une exception fut faite à nouveau en 1962 quand le président de Gaulle fut invité à Oradour. Ce ne fut ensuite qu'en 1982 qu'un autre président de la République, François Mitterrand, se rendit à Oradour pour la commémoration.

18. Bibliothèque du Patrimoine, carton 3176, Oradour-sur-Glane, vestiges du village : tombeau 1947-1952, engagements de dépenses. Le travail sur la crypte avait commencé en 1948. Quand tout fut terminé en 1952, la totalité des frais de construction s'élevait à 35 400 561 anciens francs. Dans l'attente de la fin des travaux, les restes des victimes qui avaient été identifiées furent gardés dans une chapelle de bois rudimentaire. Les restes des victimes non identifiées avaient été enterrés dans trois fosses communes dans le cimetière.

19. AD Haute-Vienne 896 W/482. Rapport de M. Mandon-Joly, architecte des Bâtiments de France, 17 novembre 1953.

20. Lapuelle interviewé par Sarah Farmer à Oradour-sur-Glane, mars 1988.

21. AD Haute-Vienne 896W/483. Préfet Georges Briand à M. Friol, directeur de cabinet de M. le président de la République, 1er août 1955.

22. Robert Lapuelle interviewé par Marc Wilmart à Oradour-sur-Glane, mars 1988.

23. *Le Courrier du Centre*, 11 juin 1952.

24. Janique de Catheu interviewée par Sarah Farmer, Oradour-sur-Glane, le 13 février 1988.

25. Lapuelle interviewé le 7 mars 1988.

26. Amélie Lebraud interviewée par Marc Wilmart à Oradour-sur-Glane, 14 mars 1988.

27. Christiane Jude interviewée par Marc Wilmart à Oradour-sur-Glane, 16 mars 1988. La mère de Christiane Jude est considérée comme une miraculée. Le 10 juin 1944, elle se trouvait parmi un groupe de gens qui furent arrêtés par deux officiers sur le chemin d'Oradour. La jeune fille de seize ans n'avait pas ses papiers d'identité mais, quand elle déclara qu'elle venait du hameau des Bordes, les officiers la laissèrent partir sur la route nationale. Un moment après, elle fut arrêtée par un autre groupe de soldats qui à nouveau la laissèrent partir. Le reste du groupe fut tué au cours du massacre. Ses deux frères qui étaient à l'école furent aussi tués. Quelques années plus tard, elle épousa un homme d'Oradour dont les parents, la grand-mère et sept de ses huit frères et sœurs avaient été tués. Le couple s'installa dans une des premières maisons construites dans le nouveau bourg.

28. Lapuelle, interview, mars 1988.

29. Jean Thévenet, « Vingt ans après le massacre de la population d'Oradour : près du bourg martyr, ceux de la nouvelle agglomération veulent gagner leur droit au bonheur », *Le Populaire du Centre*, 3 juin 1964.

30. Albert Valade interviewé par Guy Pouget à Oradour-sur-Glane, mars 1988.

31. Lapuelle, interview, mars 1988.

32. Lebraud, interview, 14 mars 1988.

33. De Catheu, interview, le 13 février 1988.

34. La communauté avait fait pression pour obtenir ce changement. En 1986, le comité des fêtes avait prévu une fête au cours du mois de juin et l'ANFM avait demandé au conseil municipal de ne pas l'autoriser. L'année suivante, une jeune femme, membre de l'ANFM, demanda l'autorisation de se marier à Oradour au mois de juin. Le conseil municipal refusa de lui louer la salle municipale pour la réception. Mais, afin de mettre un terme à de tels incidents, le conseil municipal vota une résolution prévoyant que les limitations concernant la salle municipale ne s'étendraient pas au-delà de dix jours autour de la date de la cérémonie commémorative. Comme le note le docteur Lapuelle : « À partir du moment où les membres mêmes de l'ANFM ne le respectaient plus, c'était idiot. » L'ANFM révisa donc ses statuts. Lapuelle, interview, mars 1988.

35. Lapuelle, interview, mars 1988.

36. Jude, interview, 16 mars 1988.

37. Jean-François Beaulieu interviewé par Sarah Farmer à Oradour-sur-Glane, septembre 1988.

38. Le scénario de ce film était tiré du roman de David Hugues intitulé *The Pork Butcher*, New York, Schocken Books, 1985.

39. Michaël Lonsdale, « Le jour où j'ai trouvé Dieu », *Télé 7-Jours*, 18 juillet 1987.

40. « On ne "joue" pas avec Oradour... même pour un film », *Le Populaire du Centre*, 24 juillet 1987.

41. *Journal officiel de la République française*, Assemblée nationale, questions écrites, n° 48, séance du 7 décembre 1987, réponse de M. le ministre de la Coopération à M. Marcel Rigout faite le 28 septembre 1987.

42. Robin Mackness « The Secret of Oradour », *Sunday Times Magazine*, 6 mars 1988.

43. Le 29 juillet 1952, le président du syndicat d'initiative d'Oradour demanda l'autorisation de placer à une entrée des ruines et à l'intersection principale du nouveau bourg des pancartes annonçant : « Touristes, VISITEZ LE NOUVEAU BOURG. » Le secrétaire d'État à l'Éducation nationale rejeta cette demande. Bibliothèque du Patrimoine, carton 3175, ruines du village. Le 13 juin 1955, au cours d'une visite à Oradour, l'architecte en chef remarqua une pancarte placée à l'entrée inférieure des ruines faisant de la publicité pour l'hôtel-restaurant Milord. Il demanda que le préfet fasse retirer cette pancarte. Bibliothèque du Patrimoine, carton 3174. L'architecte en chef à M. le directeur général de l'architecture, sous-direction des Monuments historiques, 27 juin 1955.

44. ABCD, étude de fréquentation du site, 28 novembre 1991. Sur ce quart de visiteurs, 40 % prennent un repas dans un des restaurants ou cafés, 58 % font un pique-nique, 4 % s'arrêtent chez des amis ou des parents.

45. Lapuelle, interview, septembre 1988.

46. Voir Daniel Milo, « Le nom des rues, » dans *Lieux de mémoire*, Pierre Nora, éd. Paris, Gallimard, 1984-1993, vol. 2, 3ᵉ partie : 281-305.

47. Bibliothèque du Patrimoine, carton 3175, ruines du village. réponse au rapport de Jean Creuzot, l'architecte en chef à M. le directeur général de l'architecture, sous-direction des monuments historiques. Bureau des travaux et classements des monuments historiques, 4 août 1958.

48. Bibliothèque du Patrimoine, carton 3175, ruines du village. Rapport de Pierre Paquet à M. le ministre d'État chargé des Affaires culturelles, 23 mars 1961.

49. Bibliothèque du Patrimoine, carton 3174. M. René Bec, conservateur régional des Bâtiments de France de Clermont-Ferrand à M. le directeur de l'architecture, bureau des travaux et classements, 18 mai 1966.

50. Robert Paxton, *La France de Vichy*, Paris, Le Seuil, 1973 ; Eberhard Jaeckel, *La France dans l'Europe de Hitler*, Paris, Fayard, 1968.

51. Henry Rousso, *Le Syndrome de Vichy*, p. 322.

52. ADP. Jacques Gérard, le préfet, commissaire de la République de la région Limousin et du département de la Haute-Vienne à M. le ministre de la Culture, 16 juin 1983.

53. Gabor Mester de Paradj, « Oradour-sur-Glane, rapport sur la conservation des vestiges du village martyr, août 1983, p. 1.

54. *Ibid.*, p. 2.
55. Darthout, interview, 7 mars 1988.
56. Desourteaux, interview, 1er avril 1988. Des photos prises peu de temps après le massacre montrent les voitures à leurs places originelles. Voir Poitevin, *Dans l'enfer d'Oradour*, p. 2-3.
57. « La 202 du docteur Desourteaux restaurée », *Centre-France-Dimanche*, 4 octobre 1992.
58. Kurt Foster, « Monument/Memory and the Mortality of Architecture, » *Oppositions* 25 (Fall 1982) : 6.

NOTES DE LA POSTFACE

1. Henry Rousso considère les années 1971-1974 comme étant celles qui voient le miroir se briser, voir *Le Syndrome de Vichy*, p. 111-145.
2. Henry Rousso, *Le Syndrome de Vichy* et, avec Eric Conan, *Vichy : un passé qui ne passe pas*, Fayard, Paris, 1994.
3. Jean-Baptiste de Montvalon, « M. Chirac reconnaît la faute collective commise envers les Juifs, » *Le Monde*, 18 juillet 1995.
4. L'histoire de Sarah relie Oradour à la région environnante où se cachaient d'autres Juifs, comme à Saint-Victurnien par exemple. Marguerite Lederberg, aujourd'hui psychiatre à New York, se souvient d'avoir été cachée avec ses parents dans le grenier d'une grange par Antoine Bardet, maire de Saint-Victurnien pendant la guerre. Le père de Lederberg, Adam Stein, médecin, était né en Pologne en 1910. Il avait fait ses études de médecine en France et était devenu citoyen français dans les années 1930. Au début de 1942, sa femme, sa fille de quatre ans et lui se réfugièrent à Saint-Victurnien. Lederberg se souvient qu'une autre famille juive se cachait à Saint-Victurnien — un couple avec un tout jeune enfant. Bien que ses parents n'en aient jamais parlé explicitement, Lederberg savait intuitivement que ces gens étaient confrontés aux mêmes dangers que sa famille : « Ils étaient extraordinairement tristes. Ils avaient la même allure que mes parents. » Selon la fille de Bardet, Valérie Billes, son père avait abrité d'autres gens : des réfugiés de Lorraine et deux Espagnols. V. Billes, qui avait tout juste vingt ans à l'époque, se souvient aussi de trois autres familles juives dans le village, ainsi que d'un rabbin qui venait tous les jours se procurer du lait.
5. Service Historique de la Gendarmerie Nationale (SHGN), GN012747, Section de la Haute-Vienne, Section de Rochechouart, 19 octobre 1942. Jean-Jacques Fouché a aussi retracé l'histoire du GTE à Oradour, voir *Oradour*, Éditions Liana Levi, 2001, p. 101-102, 109-114.
6. L'existence des Groupements de Travailleurs Etrangers sous Vichy reste peu connue, même si l'histoire des années de guerre, de la Résistance et de la Collaboration est aujourd'hui bien établie. Cette méconnaissance a été partiellement comblée avec la publication des livres de Daniel Peschanski, *La France des camps : l'internement 1938-1946*, Paris, Gallimard, 2002 et d'Antoinette Maux-Robert, *La lutte contre le chômage à Vichy : Henri Maux, le Juste oublié, 1939-1944*,

Charles Lavauzelle, Limoges, 2002. L'utilisation par les Français de travailleurs étrangers conscrits pendant cette période a été étudiée très attentivement par quelques historiens du travail et de la politique de l'emploi : Jacques Desmarest, *La politique de la main-d'œuvre en France*, Paris, Presses universitaires de France, 1946 ; Bernd Zielinski, « Le chômage et la politique de la main-d'œuvre de Vichy (1940-1942) », in Denis Peschanski et Jean-Louis Robert, *Les ouvriers en France pendant la Seconde Guerre mondiale : actes du colloque, Paris, CNRS, 22-24 octobre 1992*, Institut du temps présent, Paris, supplément aux Cahiers de l'Institut, n° 20 ; Patrick Weil, *La France et ses étrangers*, Paris, Calmann-Lévy, 1991, p. 48-74.

7. *La France et ses étrangers*, p. 26. Patrick Weil a établi que l'année 1938 constituait un moment clé de cette politique.

8. Décret-lois du 20 mars et du 12 avril 1939.

9. Desmarest, p. 145.

10. Desmarest, p. 132.

11. SHGN, 12e Légion, Compagnie de la Haute-Vienne, 0212749/BT : Saint-Junien.

12. Interview de Robert Hébras, 15 septembre 2003, Oradour-sur-Glane.

13. Interview de Marcel Darthout, 15 septembre 2003, Saint-Victurnien.

14. Ce recrutement de la main-d'œuvre en zone sud par le CLC (en zone nord) provoqua un vif conflit entre le chef de la CLC pour la zone nord, François Lehideux, et le commissaire-adjoint en zone sud, Henri Maux, qui opéraient chacun de façon indépendante. En zone sud, Henri Maux poursuivait la formation et la répartition de la main-d'œuvre disponible. Anti-pétainiste, Maux devait entrer en conflit ouvert avec Lehideux. Voir Antoinette Maux-Robert, déjà cité.

15. Eggers, p. 33.

16. Maux, « Chômage », p. 20.

17. Selon Gilbert Lesage, c'était délibérément qu'Henri Maux éparpillait les étrangers dans les zones rurales. Voir Antoinette Maux-Robert, déjà cité, p. 63. Il importe de signaler que s'il était facile de s'échapper d'un GTE ou de quitter la résidence à laquelle on avait été assigné, les travailleurs étrangers avaient donné leurs papiers à l'administration du GTE, ne disposaient pas de tickets de rationnement et étaient souvent sans argent. Voir Eggers, p. 39.

18. Maux-Robert, p. 170.

19. Maux-Robert, p. 172.

BIBLIOGRAPHIE

ARCHIVES

Archives départementales Corrèze. 58 W 2168.
Archives départementales Haute-Vienne. 6M157, 185W1/49, 187W/199, 893W/114, 893W/118, 893W/119, 893W/124, 893W/130, 893W/132, 893W/133, 896W/386, 896W/481, 896W/482, 896W/483, 896W/744, 896W/1914, 896W/2414, 993W/387, 993W/388, 993W/572, 996W/389, 998W/284, 1W/150, 1W/151, 1W/152, 119W/1, 1M 175.
Archives de la direction du Patrimoine. Dossier de protection d'Oradour-sur-Glane.
Archives du ministère de l'Équipement et du Logement, Mission auprès des Archives nationales. AFU 10975.
Archives nationales (Section contemporaine). 4 AG 3, 4 AG 92, F7 15431, F4135, F1cI/223, F1cI/227.
Bibliothèque de documentation internationale contemporaine.
Bibliothèque du Patrimoine. Carton 3174 (Martyrium, 1951-1954 ; ruines du village, affaires générales, 1945-1971). Carton 3175 (restes du village, 1945-1953 ; ruines du village, 1948-1961 ; vestiges de l'ancien village, 1946-1959 ; vestiges de l'église, 1945-1948). Carton 3176 (vestiges : enceinte du village et jardins, 1945-1950 ; vestiges : tombeaux, 1947-1952).
Hoover Institution Archives. Collections consacrées à la Seconde Guerre mondiale, boîte 10, #246.
Service historique de la Gendarmerie nationale. GNO12747, GNO212749.

SOURCES DIRECTES

Interviews

BARDET, Louise et Camille BARDET. Interview par Marc Wilmart, La Grange-du-Boeil, 8 mars 1988.

BEAULIEU, Jean-François. Interview par Sarah Farmer, Oradour-sur-Glane, 17 septembre 1988.

BICHAUD, Lucette. Interview par Sarah Farmer, Limoges, 14 septembre 1988.

BONTHOUX, Louis. Interview par Sarah Farmer, La Chapelle-en-Vercors, 4 septembre 1989.

DE CATHEU, Janique. Interview par Sarah Farmer, Oradour-sur-Glane, 13 février 1988.

DARTHOUT, Marcel. Interview par Marc Wilmart, St-Victurnien, 7 mars 1988. Interview par Sarah Farmer, St-Victurnien, 31 mars 1988. Oradour-sur-Glane, 15 septembre 2003.

DESOURTEAUX, André. Interviews par Marc Wilmart, Javerdat, 17 mars 1988, avec Robert Hébras, Oradour-sur-Glane, 11 juin 1988. Interview par Michel Follin, Oradour-sur-Glane, 8 juin 1988. Interviews par Sarah Farmer, Limoges, 1er avril 1988 ; Oradour-sur-Glane, 28 août 1988, avec Madame Desourteaux.

GODFRIN, Roger. Interview par Sarah Farmer, Michel Follin, et Marc Wilmart, Bas-Ham (Moselle), janvier 1988. Interview par Marc Wilmart, Bas-Ham (Moselle), 22 mars 1988.

HÉBRAS, Robert. Interview par Marc Wilmart, Javerdat, 17 mars 1988, avec André Desourteaux. Oradour-sur-Glane, 15 septembre 2003.

HYVERNAUD, Jean-Jacques. Enregistrement du discours du guide prononcé dans l'église en ruine, Oradour-sur-Glane, 24 septembre 1988.

JAKOBOWICZ, Michel. Interview par Sarah Farmer, Paris, 18 septembre 2003.

JUDE, Christiane. Interview par Marc Wilmart, Oradour-sur-Glane, 16 mars 1988.

KREMP, Vincenz. Interview par Sarah Farmer, Michel Follin, et Marc Wilmart, Friburg-en-Brisgau (Allemagne), janvier 1988. Interview par Sarah Farmer et Marc Wilmart, Chaptelat, 7 juin 1988.

LAJARIGE, Annie. Interview par Sarah Farmer, Roussac/Berneuil, mars 1988.

LAPUELLE, Dr. Robert. Interviews par Sarah Farmer, Oradour-sur-Glane, mars 1988 ; 21 mai 1988 ; septembre 1988 ; 18 décembre 1988. Interview par Marc Wilmart, Oradour-sur-Glane, 7 mars 1988.

LEBRAUD, Amélie. Interview par Marc Wilmart, Oradour-sur-Glane, 14 mars 1988. Interview par Sarah Farmer, Oradour-sur-Glane, 27 mars 1988.

LEDERBERG, Marguerite. Conversation téléphonique, 13 septembre 1995.

MARGUERIN, Jean-François. Interviews par Marc Wilmart, Oradour-sur-Glane, 15 mars 1988 ; Limoges, 9 juin 1988.

MESTER DE PARAJD, Gabor. Interview par Sarah Farmer, Versailles, 12 février 1988.

MONTAZEAUD, Jeannette. Interview par Sarah Farmer, Oradour-sur-Glane, 17 septembre 1988.

PICARELLA, J.-L. Interview par Sarah Farmer, Vassieux-en-Vercors, 3 septembre 1989.

PONCET, Philippe. Interviews par Marc Wilmart, Oradour-sur-Glane, 15 mars 1988 ; Limoges 9 juin 1988.

VALADE, Albert. Interview par Guy Pouget, Oradour-sur-Glane, mars 1988. Interview par Marc Wilmart, Oradour-sur-Glane, 3 juin 1988.

Comptes rendus, documents, pamphlets, tracts

ABCD. « Création d'un Équipement d'Accueil et de muséographie, Dossier de Consultation des Concepteurs » (document provisoire dans sa forme). Janvier 1993.

–. Étude sur la fréquentation du site, 28 novembre 1991.

Association Nationale des Familles des Martyrs d'Oradour-sur-Glane, Statuts. « Assemblée Générale du 6 mars 1988, compte rendu financier. » Photocopie.

–. « Projet de modification présenté à l'Assemblée Générale du 6 Mars 1988. » Photocopie.

–. *Statuts, revus et corrigés après la réunion de bureau du 20 janvier 1945*. Limoges, Imprimerie Charles-Lavauzelle et Cie, n.d.

Bombed Churches as War Memorials. Avec une introduction de Hugh Casson, doyen du collège de Saint-Paul, The Architectural Press, 1945.

Comité scientifique. « Dossier pour l'exposition permanente », Centre de la Mémoire du Village Martyr d'Oradour-sur-Glane, Conseil général de la Haute-Vienne, Limoges, 13 juin 1995. Photocopie.

Comité du Souvenir d'Oradour-sur-Glane. *Procès-Verbaux des séances du Comité actif de conservation des ruines et création d'un sanctuaire à Oradour-sur-Glane*. Rochechouart, Imprimerie Justin Dupanier, 1945.

Direction régionale des Affaires culturelles, Limoges, Oradour-sur-Glane, étude sur la fréquentation du site, note d'analyse, 1992. Photocopie.

Front national. *Atrocités nazies*. Préface d'Henri Wallon. Paris, 1945.

–. *Nous accusons : les calvaires de la Résistance*, Imprimerie du Front national, n.d.

Français, Françaises debout contre les monstres nazis ! Voici comment un ecclésiastique relate le massacre d'Oradour, Limoges, juin 1944.

GROC, Léon. *Oradour*. Collection « Patrie Libérée, » n° 9. Paris, Rouff, 1945.

Journal officiel de la République française. Documents de l'Assemblée nationale constituante, Annexes aux procès-verbaux des séances. Annexe n° 855, projet de loi relatif à la conservation des ruines et à la reconstruction d'Oradour-sur-Glane, annexe au procès-verbal de la 2ᵉ séance du 3 avril 1946, pp. 825-26.

–. Documents de l'Assemblée nationale constituante, annexes aux procès-verbaux des séances. Annexe n° 1041, rapport fait au nom de la Commission de l'Éducation Nationale et des Beaux-Arts, de la Jeunesse, des Sports et des Loisirs, sur le projet de loi relatif à la conservation des ruines et à la reconstruction d'Oradour-sur-Glane, annexe au procès-verbal de la 3ᵉ séance du 15 avril 1946, pp. 1014-15.

–. Débats parlementaires. Assemblée nationale, séance du mercredi 18 février 1953, pp. 1109-31.

–. [Alger], Lois et Décrets. Ordonnance du 28 août 1944 relative à la répression des crimes de guerre, pp. 780.

–. Lois et Décrets. Loi n° 48-1416 du 15 septembre 1948 modifiant et complétant l'ordonnance du 28 août 1944 relative à la répression des crimes de guerre, pp. 9138.

–. Assemblée générale, questions écrites, n° 48, séance du 7 décembre 1987.

Le Massacre d'Oradour-sur-Glane par les hordes hitlériennes, Limoges, Imprimerie Brégeras, 1945.

« Le Massacre d'Oradour-sur-Glane. » Série « Ordre Nouveau » et Collaboration V-9, n° 9, n.p., juin 1945.

MESTER DE PARAJD, Gabor. « Oradour-sur-Glane. Conservation des vestiges du village martyr. » Étude pour le ministère de la Culture, Paris, 1983.

Mouvement de libération nationale, *Les Huns à Oradour*, Limoges, La Société PERFRAC, 25 janvier 1945.

Mouvement national contre le racisme. *Récits d'atrocités nazies*, éditions de la clandestinité, n.p., [1944].

Oradour-sur-Glane, souviens-toi, remember !, Limoges, Imprimerie Lavauzelle, n.d.

PALLIER, Jean. « Ma mission des 9, 10, 11, 12 et 13 juin 1944 à Limoges. » N.p. : 23 juin 1944. Compte rendu des événements d'Oradour-sur-Glane. Mission effectuée par un ingénieur français les 9/10/11/12/13 juin, tapuscrit, Bibliothèque de documentation internationale contemporaine.

VALLIÈRE, Claude. *Oradour-sur-Glane, souviens-toi, remember !* Lyon, Imprimerie Hélio-Bellecour, 1953.

Livres et Mémoires

AURIOL, Vincent. *Journal du septennat, 1947-1954*, édité par Pierre Nora et Jacques Ozouf, 7 vol, Paris, Librairie Armand Colin, 1970-71.

BARRANX, Serge. *Mouleydier, village martyr*, Bordeaux, Éditions Bière, 1945.

BREHEC, Sophie. *Souviens-toi, Oradour-sur-Glane*, Paris, Encre, 1984.

CARTER, Raymond. *Le Scandale d'Oradour*, Les Sables-d'Olonne, Éditions le Cercle d'Or, 1975.

Centre d'information et de presse au Mexique du gouvernement provisoire de la République française. *Terreur en France : les atrocités allemandes et vichystes en France*, Préface de Jacques Berthet, Mexico, D.F., 1944.

Comité de la Haute-Vienne de l'Association nationale des anciens combattants de la Résistance. *Mémorial de la Résistance et des victimes du nazisme en Haute-Vienne*, Limoges, Imprimerie Technique, n.d.

CUNY, Georges. *La Bresse : cité vosgienne martyre sous l'occupation allemande, septembre, octobre, novembre, 1944*, Macon, Buguet-Comptour, imprimeur-éditeur, 1946.

DE GAULLE, Charles. *Mémoires de guerre*, Paris, Presses Pocket, 1980.

–. *Discours et messages : dans l'attente, février 1946-avril 1958*, Paris, Librairie Plon, 1970.

DELAGE, Franck. *Oradour, ville martyre*. Paris, éditions Mellottée, 1945.

DURAS, Marguerite. *La Douleur*, Paris, P.O.L., 1985.

FLANNER, Janet. *Paris Journal, 1944-1965*, édité par William Shawn, New York, Atheneum, 1965.

GUINGOUIN, Georges. *Quatre ans de lutte sur le sol limousin*, Paris, Hachette, 1974.

HÉBRAS, Robert. *Comprendre le drame d'Oradour-sur-Glane*, Aérodrome Saumur (49 400), éditions CMD.

HUGHES, David. *The Pork Butcher*, New York, Schocken Books, 1985.

LECORNU, Bernard. *Un Préfet sous l'occupation allemande, Châteaubriant, Saint-Nazaire, Tulle*, Paris, éditions France-Empire, 1984.

MALRAUX, André. *Oraisons funèbres*, Paris, Gallimard, 1971.

MAYRAN, Camille. *Larmes et lumières à Oradour*, préface de Gabriel Marcel, Paris, Plon, 1952.

MORHANGE-BÉGUÉ, Claude. *Chamberet : Recollections from an Ordinary Childhood*, traduit par Austryn Wainhouse, Marlboro, Vermont, The Marlboro Press, 1987.

MUSSO, Fernand. *Après le raz de marée : témoignage du préfet de Corrèze sur le massacre de Maillé*, Treillières (44240), Pierre Gauthier éditeur, 1980.

NARDAIN, Bernard Beuer. *Les Francs-Tireurs et partisans français et l'insurrection nationale*, Paris, 1947.

PAUCHOU, Guy, et le docteur Pierre MASFRAND. *Oradour-sur-Glane : vision d'épouvante* (ouvrage officiel du Comité du Souvenir et de l'Association Nationale des Familles des Martyrs d'Oradour-sur-Glane, Limoges, Charles-Lavauzelle et Cie, 1945.

PAYON, abbé André. *Un Village martyr, Maillé : récit du massacre du 25 août 1944*, Tours, Arrault et Cie, 1945.

POITEVIN, Pierre. *Dans l'enfer d'Oradour*, Limoges, Société des Journaux et Publications du Centre, 1945.

THÉOLLEYRE, Jean-Marc. *Procès d'après-guerre*, Paris, éditions La Découverte / *Le Monde*, 1985.

TROUILLÉ, Pierre. *Journal d'un préfet pendant l'occupation allemande*, Paris, Gallimard, 1964.

VINCENT, Madeleine avec Liseron VINCENT-DOUCET-BON. *C'était un village de France...*, Lyon, éditions de la Belle Cordière, n.d.

Journaux

L'Alsace
L'Aurore
Aspects de la France
Le Centre libre, organe des comités de Libération
Centre Ce Soir France dimanche
Combat
Le Courrier du Centre
Le Courrier du Haut-Rhin
Le Crapouillot
Le Dauphiné libéré
Les Dernières Nouvelles d'Alsace
L'Écho du Centre
Le Figaro
Le Franc-Tireur (édition sud)
Le Franc-Tireur (édition de Paris)
France-soir
L'Humanité
Le Journal de Genève
Les Lettres françaises
Le Libérateur
La Liberté du Centre
La Marseillaise (Berry-Marche-Touraine)
Le Monde
Le Nouveau Rhin français
Le Nouvel Alsacien
Le Nouvel observateur
La Nouvelle République du Centre-Ouest

Paris-Presse l'Intransigeant
Le Populaire du Bas-Languedoc, Aude, Aveyron, Gard, Hérault, Lozère, Pyrénées-Orientales
Le Populaire du Centre
Le Populaire, organe du Parti Socialiste, édition de la zone nord
Rivarol
Sunday Times Magazine
Télé 7 jours
Le Temps
Le Travailleur limousin
Die Zeit

Films mentionnés

Oradour : « Les Voix de la douleur » (1re partie) ; « Aujourd'hui la mémoire. » (2nde partie). Coproduit par FR3 Limousin-Poitou-Charentes et le Conseil général de la Haute-Vienne ; réalisé par Michel Follin ; écrit par Marc Wilmart. 1989 ; couleurs, 130 minutes.

Les Ya-Ya. Produit par FR3, Alsace ; réalisé par Alfred Elter ; écrit par Alain Dugrand et Monique Seeman. 1989 ; couleurs, 52 minutes.

SOURCES SECONDAIRES

AHNE, Paul. « Le Monument aux morts de Strasbourg, » *Archives alsaciennes d'histoire de l'art,* 1936 extrait, Strasbourg, Librairie Istra, 1936.

AGULHON, Maurice. « Les Communistes et la Libération de la France, » in *La Libération de la France, actes du colloque international tenu à Paris du 28 au 31 octobre 1974*, pp. 67-90, Paris, éditions du Centre national de la recherche scientifique, 1976.

AMOUROUX, Henri. *La Grande Histoire des Français sous l'Occupation.* 8 vol, Paris, Robert Laffont, 1988, vol. 8, *Joies et douleurs du peuple libéré*, pp. 159-197.

ARON, Robert. *Histoire de l'épuration*, 3 vol, Paris, Fayard, 1967-1975.

BAAS, Émile. *Situation de l'Alsace*, Strasbourg, Les éditions de l'Est, 1946.

BACHELARD, Gaston. *La Poétique de l'espace*, Paris, PUF, 1989.

BARRAL, Pierre. « L'Affaire d'Oradour, affrontement de deux mémoires », in *Mémoire de la Seconde Guerre mondiale : actes du Colloque de Metz, 6-8 octobre 1983*, édité par Alfred Wahl, pp. 243-52, Metz, Centre de recherche « Histoire et civilisation de l'Europe occidentale », 1984.

BARTOV, Omer. *The Eastern Front, 1941-1945 : German Troops and the Barbarisation of Warfare*, Londres, Macmillan, en association avec St. Anthony's College, Oxford, 1985.

BAUDOT, Marcel. « L'Épuration : bilan chiffré. » in *Bulletin de l'Institut d'histoire du temps présent* 25 septembre 1986.

BAUDRILLARD, Jean. *Simulacres et simulation*, Paris, Galilée, 1981.

BEAU, Georges, et Léopold GAUBUSSEAU. *R.5 : les S.S. en Limousin, Périgord, Quercy*, Paris, Presses de la Cité, 1969.

BECK, Philip. *Oradour, Village of the Dead*, Londres, Leo Cooper, 1979.

BECKER, Jean-Jacques. *1914 : comment les Français sont entrés dans la guerre*, Presses FNSP, 1977.

BÉDARIDA, François. « L'histoire dans la pensée et dans l'action du général de Gaulle. » In *De Gaulle en son siècle, actes des journées internationales tenues à l'Unesco. Paris, 19-24 novembre 1990.* Vol. 1, pp. 141-49. Paris, Institut Charles de Gaulle, 1991.

BELLANGER, Claude, *Histoire générale de la presse française*, Vol. 4, *De 1940 à 1958*, Paris, Presses Universitaires de France, 1975.

BOPP, Marie-Joseph. « L'Enrôlement de force des Alsaciens dans la Wehrmacht et la S.S., » *Revue d'histoire de la Deuxième Guerre mondiale* 20 octobre 1955, p. 33-42.

BOSWELL, Laird. *Rural Communism in France, 1920-1939*, Ithaca, Cornell University Press, 1998.

–. « Rural Communism in France, 1920-1939 : The Example of the Limousin and the Dordogne. » Ph. D. dissertation, University of California, Berkeley, 1988.

BOURGET, Christian. « Entre amnistie et l'imprescriptible. » In *Le Pardon : briser la dette et l'oubli*, édité par Olivier Abel, Série Morales, n° 4, Paris, éditions Autrement, 1991.

Cahiers de l'Institut d'histoire du temps présent n° 4 : « Questions à l'histoire orale, table ronde du 20 juin 1986 ».

CASE, Malcolm et Christopher SHAW. *The Imagined Past : History and Nostalgia.* Manchester, Manchester University Press, 1989.

COBB, Gerald. *London City Churches*, Londres, B. T. Batsford, 1989.

CIGANEK, Ivan. *Lidice*, Prague, Orbis Press Agency, 1982.

COBB, Richard. *French and Germans, Germans and French : A Personal Interpretation of France under Two Occupations, 1914-1918/1940-1944*, Hanover, N.H., University Press of New England, 1983.

COHEN, Monique-Lise et Éric MALO, *Les Camps du sud-ouest de la France, 1939-1944*, Toulouse, éditions Privat, 1994.

Comité de la Haute-Vienne de l'Association Nationale des Anciens Combattants de la Résistance. *Mémorial de la Résistance et des victimes du nazisme en Haute-Vienne*, Limoges, A.N.A.C.R., 1988.

CONAN, Éric et ROUSSO, Henry. *Vichy : un passé qui ne passe pas*, Paris, Fayard, 1994.

CORBIN, Alain. *Le Territoire du vide : l'Occident et le désir du rivage*, Paris, Aubier, 1988.

COSGROVE, Denis et Stephen DANIELS, *The Iconography of Landscape : Essays on Symbolic Representation, Design and Use of Past Environments*, Cambridge, Cambridge University Press, 1988.

COURTOIS, Stéphane. *Le PCF dans la guerre : de Gaulle, la Résistance, Staline*, Paris, Ramsay, 1980.

DANNOWSKI, Hans Werner, et al. *Kirche in der Stadt : Erinnern und Gedenken*, Hamburg, Stienmann and Steinmann, 1991.

DELARUE, Jacques. *Trafics et crimes sous l'Occupation*, Paris, Fayard, 1968.

DELOFFRE, Jacqueline. « Manche Hände zittern noch : in Oradour hat niemand vergessen, daß deutsche Soldaten alle Bewohner des Dorfes ermordeten. » *Die Zeit*, 29 septembre 1990.

DELPERRIE DE BAYAC, J. *Histoire de la Milice*, Paris, Fayard, 1969.

DESMAREST, Jacques. *La Politique de la main-d'œuvre en France*, Paris, PUF, 1946.

« Dispensaire d'hygiène sociale, ensemble du souvenir d'Ascq. » Les Frères Arsène-Henry, architectes. D.P.E.G. *L'Architecture française* [Paris : Société et éditions techniques] 10, n° 87-88 (1949) : 5-12.

DU CHALARD, Roland, Claude LACAN et Georges-Marc PROUX. *Le Limousin de la défaite et de l'Occupation. Chronique des années 1940-1944*, Limoges, René Desange, 1978.

DUPRONT, Alphonse. *Du Sacré : croisades et pèlerinages, images et langages*, Paris, Gallimard, 1987.

« Tourisme et pèlerinage : réflexions de psychologie collective. » *Communications, École pratique des hautes études, centre d'études des communications de masse* 10 (1967), 97-121.

DURAND, Yves, and Robert VIVIER. *Libération des pays de Loire : Blésois, Orléanais, Touraine*, Paris, Librairie Hachette, 1974.

DURAS, Marguerite, *La Douleur*, Paris, P.O.L., 1985.

ECO, Umberto. *Travels in Hyperreality : Essays*, New York, Harcourt Brace Jovanovich, 1986.

EDWARDS, Derek et David MIDDLETON, *Collective Remembering*. Introduction, Newbury Park and London, Sage Publications, 1990.

ENGLUND, Steven. « The Ghost of Nation Past. » *Journal of Modern History* 64 (1992), 299-320.

FARMER, Sarah. « The Communist Resistance in the Haute-Vienne. » *French Historical Studies* 14, n° 1, (printemps 1985) : 89-116.

–. « Memorial Landscapes of World War II in France. » *French Historical Studies* 19, n° 1 (printemps 1995) : 27-47.

FELMAN, Shoshanna. « À l'âge du témoignage : *Shoah* de Claude Lanzmann. » In *Au sujet de Shoah*, édité par Michel Deguy, Paris, Belin, 1990.

FENTRESS, James et Chris WICKHAM. *Social Memory*, Oxford, Blackwell, 1992.

FOGG, Shannon Lee. « Foreigners, Undesirables, and Strangers : Material Shortages and Social Interactions in Vichy France. » Ph. D. diss., University of Iowa, 2003.

FORSTER, Kurt. « Monument/Memory and the Mortality of Architecture. » *Oppositions* 25 (automne 1982) : 2-19.

FOUCHÉ, Jean-Jacques. *Oradour*, Liana Levi, Paris, 2001.

FOULON, Charles-Louis. *Le Pouvoir en province à la Libération : les commissaires de la République, 1943-1946*, Paris, Presses de la Fondation nationale des sciences politiques, 1975.

FRANK, Robert. « Bilan d'une enquête. » In *La Mémoire des Français*, éd. Institut d'histoire du temps présent, pp. 371-93, Paris, éditions du Centre national de la recherche scientifique, 1986.

FUSSELL, Paul. *The Great War and Modern Memory*, Londres, Oxford University Press, 1975.

GILLIS, John, *Commemorations : The Politics of National Identity*. Princeton, Princeton University Press, 1994.

GIRARD, Bruno. « Les Grands Voyages du général de Gaulle en province après la Libération. » Mémoire de maîtrise, Université de Paris IV, 1980-1981.

GRENIER, Fernand. *Ceux de Châteaubriant*, Paris, éditions Sociales, 1961.

GROSSER, Alfred. *Le Crime et la Mémoire*, Paris, Flammarion, 1989.

GRYNBERG, Anne. *Les Camps de la honte : les internés juifs des camps français, 1939-1944*, Paris, éditions la Découverte, 1991.

GUICHETEAU, Gérard, *La « Das Reich » et le cœur de la France*, Paris, éditions Daniel, L'Écho du Centre, 1974.

GUINGOUIN, Georges et Gérard MONDÉDIARE. *Georges Guingouin : premier maquisard de France*, Limoges, éditions L. Souny, 1983.

HACKING, Ian. *Rewriting the Soul : Multiple Personality and the Sciences of Memory*, Princeton, Princeton University Press, 1995.

HALBWACHS, Maurice. *Les Cadres sociaux de la mémoire*, Paris, Librairie Félix Alcan, 1925.

–. *La Mémoire collective*. Paris, Presses Universitaires de France, 1950.

–. *La Topographie légendaire des évangiles en terre sainte*, Paris, Presses Universitaires de France, 1941.

HARDY, René. « Langages et dialectes parlés en Alsace-Lorraine. » Rapport au Congrès international des amitiés françaises, Mons, septembre 1911, cité dans *Témoignages pour les Alsaciens-Lorrains*, Paris, Librairie Plon, 1925.

HASTINGS, Max. *Das Reich : Resistance and the March of the 2nd Panzer Division through France, June 1944*, Londres, Michael Joseph, 1981.

HELSEY, Édouard. *Notre Alsace : l'enquête du « Journal » et le procès de Colmar*, Paris, Albin Michel, 1927.

History and Anthropology 2 : Between Memory and History, édité par Maire-Noelle Bourget, Lucette Valensi, et Nathan Watcher.

HIVERNAUD, Albert. *Petite histoire d'Oradour-sur-Glane*, Limoges, Imprimerie A. Bontemps, 1985.

HORNE, Donald. *The Great Museum : The Re-presentation of the History*. Londres et Sydney ; Pluto Press, 1984.

HOSTACHE, René. *Le Conseil national de la Résistance : les institutions de la clandestinité*, Paris, Presses Universitaires de France, 1958.

Institut d'histoire du temps présent. « Les Commémorations françaises de la Seconde Guerre mondiale : actes du colloques de Sèvres du 4 et 5 février 1985, Centre international d'études pédagogiques. »

–. *La Mémoire des français*. Paris, éditions du Centre national de la recherche scientifique, 1986.

JACKSON, J.B. *The Necessity for Ruins, and Other Topics*, Amherst, University of Massachusetts Press, 1980.

JAECKEL, Eberhard. *Frankreich in Hitlers Europa : Die Deutsche Frankreichpolitik im Zweiten Weltkrieg*, Stuttgart, Deutsche Verlags-Anhalt, 1966.

Journal of American History 75 : Memory and History : A Special Issue, mars 1989.

JOUTARD, Philippe. *Ces voix qui nous viennent du passé*, Paris, Hachette, 1983.

JUDT, Tony. *Past Imperfect : French Intellectuals, 1944-1956*, Berkeley, University of California Press, 1992.

KEDWARD, H.R. *Resistance in Vichy France : A Study of Ideas and Motivation in the Southern Zone, 1940-1942*, Oxford, Oxford University Press, 1978.

–. *In Search of the Maquis : Rural Resistance in Southern France, 1942-1944*, Oxford, Clarendon Press, 1993.

KLARSFELD, Serge. *Le Livre des otages*, préface par Marie-Claude Vaillant Couturier, Paris, Les Éditeurs Français Réunis, 1979.

KSELMAN, Thomas A. *Miracles and Prophecies in Nineteenth-Century France*, New Brunswick, N.J., Rutgers University Press, 1983.

Laboratoire « Espace Rural et Montagne », École d'Architecture de Grenoble. *La Chapelle-en-Vercors (Drôme), village reconstruit, 1944-1984*. Catalogue pour une exposition de 1985 par les archives départementales de l'Isère (Grenoble) et la mairie de La Chapelle-en-Vercors.

LANGER, Lawrence L. *Holocaust Testimonies : The Ruins of Memory*, New Haven, Yale University Press, 1991.

LARKIN, Maurice. *France since the Popular Front : Government and People, 1936-1986*. Oxford, Oxford University Press, 1988.

LEVI, Primo. *The Drowned and the Saved*, New York, Vintage Books, 1989.

LEWIS, Pierce F. « Axioms for Reading the Landscape : Some Guides to the American Scene. » In *The Interpretation of Ordinary Landscapes*, éd. D.W. Meining, New York et Oxford, Oxford University Press, 1979.

LIMAGNE, Pierre. *Ephémérides de quatres années tragiques*, 3 vol., Bonne Presse, 1987.

LOWENTHAL, David. *The Past Is a Foreign Country*, Cambridge, Cambridge University Press, 1985.

MACCANNELL, Dean. *The Tourist : A New Theory of the Leisure Class*, New York, Schocken Books, 1976.

MACDONALD, Callum. *The Killing of Obergrüppenführer Reinhard Heydrich*, New York, Free Press, 1989.

MACKNESS, Robin. *Oradour : Massacre and Aftermath*, introduction par John Fowles, Londres, Bloomsbury Publishing Ltd., 1988.

MAUX-ROBERT, Antoinette. *La lutte contre le chomâge à Vichy : Henri Maux, le juste oublié, 1939-1944*, Limoges, Charles Lavauzelle, 2002.

MAYO, Arno. « Memory and History : On the Poverty of Remembering and Forgetting the Judeocide. » *Radical History Review 56* (printemps 1993) : 5-20.

MAYO, James M. *War Memorials as Political Landscape in the American Experience*, New York, Praeger, 1988.

MEINIG, D.W. Introduction to *The Interpretation of Ordinary Landscapes : Geographical Essays*, éd. D.W. Meinig, pp. 11-32, New York et Oxford, Oxford University Press, 1979.

MICHEL, Henri. *The Shadow War*, Londres, Deutsch, 1972.

MIDDLETON, David et Derek EDWARDS, introduction to *Collective Remembering*, Middleton et Edwards, pp. 1-22, Newbury Park et Londres, Sage Publications, 1990.

MILO, Daniel. « Le Nom des rues », In *Les Lieux de mémoire*, Pierre Nora. Vol. 2, 3e partie : 281-315, Paris, Gallimard, 1986.

MILTON, Sybil. *In Fitting Memory : The Art and Politics of Holocaust Memorials*. Detroit, Wayne State University, 1991.

–. *Collective Remembering*. Newbury Park et Londres, Sage Publications, 1990.

NAMER, Gérard. *Batailles pour la mémoire : la commémoration en France de 1945 à nos jours*, Paris, S.P.A.G/Papyrus, 1983.

NARDAIN, Bernard Beuer. *Les Francs-tireurs et partisans français et l'insurrection nationale (juin 1940-août 1944)*, Paris, Les éditions Internationales de Presse et de Publicité, 1947.

NAUMANN, Uwe. *Lidice : Ein böhmisches Dorf*, Frankfort-sur-le-Main, Röderberg-Verlag Frankfurt, 1983.

NOGUÈRES, Henri. *Histoire de la Résistance en France*. 5 vol. Paris, Robert Laffont, 1967-1981.

NORA, Pierre. « Between Memory and History : *Les Lieux de Mémoire*. » Trad. Marc Raudebush. *Representations* 26 (printemps 1989) : numéro spécial « *Memory and Counter-Memory* », 7-25.

NORA, Pierre. Préface des *Lieux de mémoire*. Vol. 1, 1re partie : vii-xlii, Paris, Gallimard, 1984-1993.

NOVICK, Peter. *The Resistance versus Vichy : The Purge of Collaborators in Liberated France*, New York, Columbia University Press, 1968.

ORVELL, Miles. *The Real Thing : Imitation and Authenticity in American Culture, 1880-1940*, Chapel Hill, University of North Carolina Press, 1989.

OPHULS, Marcel. *Le Chagrin et la Pitié*, Paris, A. Moreau, 1980.

OZOUF, Mona. « Peut-on commémorer la Révolution française ? » *Le Débat* 26 septembre 1983 : 161-72.

PASTAUD, Françoise. « Contribution à l'étude des maquis F.T.P.F. en Haute-Vienne », Mémoire de maîtrise, Université de Poitiers, 1969.

PAXTON, Robert. *Vichy France : Old Guard and New Order, 1940-1944*. New York, Columbia University Press, 1972.

PEROUAS, Louis. *Les Limousins, leurs saints, leurs prêtres, du XVe au XXe siècle*, Paris, les éditions du Cerf, 1988.

–. « Ostentions et cultes des saints en Limousin : une approche ethno-historique. » *Ethnologie française* 13, n° 4 (1983) : *Les Ostentions limousines*, 323-36.

PESCHANSKI, Denis. *La France des camps : L'internement 1938-1946*, Paris, Gallimard, 2002.

PROST, Antoine. *Les Anciens Combattants*, Paris, Gallimard, 1977.

–. « Verdun. » In *Les Lieux de mémoire*, vol. 2, 3e partie : 111-41, Paris, Gallimard, 1986.

–. « Les Monuments aux morts : culte républicain ? culte civique ? culte patriotique ? » In *Les Lieux de mémoire*, vol. 1, 1re partie : 195-225, Paris, Gallimard, 1984.

QUANTRILL, Malcolm. *The Environmental Memory : Man and Architecture in the Landscape of Ideas*, New York, Shocker Books, 1987.

RENAN, Ernst. « What Is a Nation ? » In *Becoming National : A Reader*, Geoff Eley and Ronald Grigor Suny, Oxford, Oxford University Press, 1996.

Representations 26 (printemps 1989). *Special Issue : Memory and Counter-Memory*.

RIOUX, Jean-Pierre. « L'Épuration en France, 1944-1945. » In *Etudes sur la France de 1939 à nos jours*, 162-77, Paris, éditions du Seuil, 1985.

–. *The Fourth Republic, 1944-1958*. Trad. Godfrey Rogers. The Cambridge History of Modern France, n° 7, Cambridge University Press, 1987.

ROSCH, Lea et Günther SCHWARBERG. *Der letze Tag von Oradour*, Göttingen, Steidl Verlag, 1988.

ROUQUET, François. *L'Épuration dans l'administration française*, Paris, CNRS éditions, 1993.

ROUSSO, Henry. *Le Syndrome de Vichy, 1944-198...*, Paris, éditions du Seuil, 1987.

–. « L'Épuration en France : une histoire inachevée. » *Vingtième siècle* 33 (janvier-mars 1992) : 78-105.

SANTER, Eric L. *Stranded Objects : Mourning and Memory and Film in Postwar Germany*, Ithaca, N.Y., Cornell University Press, 1990.

SAVY, Robert. « Recherches sur le personnel politique en Haute-Vienne, 1945-1965. » Mémoire pour le D.E.S. de Sciences Politiques, Université de Poitiers, n.d.

SCHAMA, Simon. *Landscape and Memory*, New York, Knopf, 1995.

SCHWARTZ, Vanessa R. *Spectacular Realities : Early Mass Culture in Fin-de-Siècle Paris*, Berkeley, University of California Press, 1998.

SHERMAN, Daniel. « Art, Commerce, and the Production of Memory in France after World War I. » In *Commemorations : The Politics of National Identity*, éd. John Gillis, pp. 186-211, Princeton, Princeton University Press, 1994.

SILVERMAN, Dan. *Reluctant Union : Alsace-Lorraine and Imperial Germany, 1871-1919*, University Park and London, University of Pennsylvannia Press, 1972.

SMITH, Valene. Introduction to *Hosts and Guests : The Anthropology of Tourism*, éd. Valene Smith, pp. 1-14, Philadelphia, University of Pennsylvannia Press, 1977.

SOLLERS, Pierre. « Littérature : le retour des précieux. » *Le Nouvel Observateur* 525 (28 décembre 1974).

SWEETS, John F. *Choices in Vichy France : The French under Nazi Occupation*. New York, Oxford University Press, 1986.

–. *The Politics of Resistance in France, 1940-1944 : A History of the Mouvements Unis de la Résistance*, Dekalb, Northern Illinois Press, 1976.

TAUBMANN, Michel. *L'Affaire Guingouin*, Limoges, Lucien Souny, 1994.

TILLON, Charles. *Les F.T.P., la guérilla en France*, Paris, Juillard, 1967.

TODOROV, Tzvetan. *Une Tragédie française, été 1944 : scènes de guerre civile*, Paris, éditions du Seuil, 1994.

TROYANSKY, David G. « Monumental Politics : National History and Local Memory in French *Monuments aux Morts* in the Department of the Aisne since 1870. » *French Historical Studies*, 15, n° 1 (été 1987) : 121-41.

TUAN, Yi-fu. *Topophilia : A Study of Environmental Perception, Attitudes and Values*, Englewood Cliffs, N.J., Prentice-Hall, 1974.

–. *Space and Place : The Perspective of Experience*, Minneapolis, University of Minnesota Press, 1977.

VALLIN, Pierre. *Paysans Rouges du Limousin*, Paris, L'Harmattan, 1985.

VALLATTON, Griout et Annie. *C'était au jour le jour : carnets de guerre, 1939-1944*, Paris, Payot & Rivages, 1995.

VEILLON, Dominique. *Vivre et Survivre en France (1939-1947)*, Paris, éditions Payot & Rivages, 1995.

« Verdun : les débuts de la reconstruction, 1919-1922. » *Connaissance de la Meuse : revue trimestrielle de l'Association Connaissance de la Meuse* (Bar-le-Duc) 6 (octobre 1987) : 8-11.

WAHL, Alfred. Introduction to *Mémoire de la Seconde Guerre mondiale : Actes du Colloque de Metz, 6-8 octobre 1983*, éd. Alfred Wahl, pp. 227-42. Metz : Centre de Recherche Histoire et Civilisation de l'Université de Metz, 1984.

WEBER, Eugen. *Peasants Into Frenchmen : The Modernisation of Rural France, 1870-1914*, Stanford, Stanford University Press, 1976.

WEIL, Patrick. *La France et ses étrangers*, Paris, éditions Calmann-Lévy, 1991.

WIEVIORKA, Annette. « Un Lieu de mémoire : le mémorial du martyr juif inconnu. » *Revue Pardès* 2 (1985), 80-98.

WILKINSON, James. « Remembering World War II : The Perspective of the Losers », *American Scholar* (été 1985) : 329-43.

YERUSHALMI, Yosef Hayim. *Zakhor : Jewish History and Jewish Memory*, Seattle, University of Washington Press, 1982.

YOUNG, James E. « The Biography of a Memorial Icon. » *Representations* 26 (printemps 1989) : *Special Issue : Memory and Counter-Memory*, 69-106.

–. *The Texture of Memory : Holocaust Memorials and Meaning*, New Haven, Yale University Press, 1993.

–. *Writing and Rewriting the Holocaust : Narrative and the Consequences of Interpretation*, Bloomington, Indiana University Press, 1988.

ZIELINSKI, Bernd. « Le chômage et la politique de la main-d'œuvre de Vichy (1940-1942) », dans PESCHANSKI, Denis et ROBERT, Jean-Louis, *Les ouvriers en France pendant la Seconde Guerre mondiale : actes du colloque, Paris, CNRS, 22-24 octobre 1992*, Paris, Institut d'histoire du temps présent, supplément à *Cahiers de l'institut*, n° 20.

TABLE

Cet ouvrage a été imprimé par la
SOCIÉTÉ NOUVELLE FIRMIN-DIDOT
Mesnil-sur-l'Estrée
pour le compte des Éditions Perrin
76, rue Bonaparte
Paris 6e
en avril 2004

Imprimé en France
Dépôt légal : avril 2004
N° d'édition : 1909 - N° d'impression : 68163